Treaty Series

Treaties and international agreements registered or filed and recorded with the Secretariat of the United Nations

VOLUME 2987

Recueil des Traités

Traités et accords internationaux enregistrés ou classés et inscrits au répertoire au Secrétariat de l'Organisation des Nations Unies

United Nations • Nations Unies
New York, 2021

Print ISBN: 978-92-1-900963-9
e-ISBN: 978-92-1-004521-6
ISSN: 0379-8267
e-ISSN: 2412-1495

TABLE OF CONTENTS

I

Treaties and international agreements registered in May 2014 Nos. 51924 to 51955

TABLE DES MATIÈRES

I

Traités et accords internationaux
enregistrés en mai 2014
Nos 51924 à 51955

NOTE BY THE SECRETARIAT

Under Article 102 of the Charter of the United Nations, every treaty and every international agreement entered into by any Member of the United Nations after the coming into force of the Charter shall, as soon as possible, be registered with the Secretariat and published by it. Furthermore, no party to a treaty or international agreement subject to registration which has not been registered may invoke that treaty or agreement before any organ of the United Nations. The General Assembly, by resolution 97 (I), established regulations to give effect to Article 102 of the Charter (see text of the regulations, vol. 859, p. VIII; https://treaties.un.org/Pages/Resource.aspx?path=Publication/Regulation/Page1_en.xml).

The terms "treaty" and "international agreement" have not been defined either in the Charter or in the regulations, and the Secretariat follows the principle that it acts in accordance with the position of the Member State submitting an instrument for registration that, so far as that party is concerned, the instrument is a treaty or an international agreement within the meaning of Article 102. Registration of an instrument submitted by a Member State, therefore, does not imply a judgement by the Secretariat on the nature of the instrument, the status of a party or any similar question. It is the understanding of the Secretariat that its acceptance for registration of an instrument does not confer on the instrument the status of a treaty or an international agreement if it does not already have that status, and does not confer upon a party a status which it would not otherwise have.

*

* *

Disclaimer: All authentic texts in the present Series are published as submitted for registration by a party to the instrument. Unless otherwise indicated, the translations of these texts have been made by the Secretariat of the United Nations, for information.

NOTE DU SECRÉTARIAT

Aux termes de l'Article 102 de la Charte des Nations Unies, tout traité ou accord international conclu par un Membre des Nations Unies après l'entrée en vigueur de la Charte sera, le plus tôt possible, enregistré au Secrétariat et publié par lui. De plus, aucune partie à un traité ou accord international qui aurait dû être enregistré mais ne l'a pas été ne pourra invoquer ledit traité ou accord devant un organe de l'Organisation des Nations Unies. Par sa résolution 97 (I), l'Assemblée générale a adopté un règlement destiné à mettre en application l'Article 102 de la Charte (voir texte du règlement, vol. 859, p. IX; https://treaties.un.org/Pages/Resource.aspx?path=Publication/Regulation/Page1_fr.xml).

Les termes « traité » et « accord international » n'ont été définis ni dans la Charte ni dans le règlement, et le Secrétariat a pris comme principe de s'en tenir à la position adoptée à cet égard par l'État Membre qui a présenté l'instrument à l'enregistrement, à savoir que, en ce qui concerne cette partie, l'instrument constitue un traité ou un accord international au sens de l'Article 102. Il s'ensuit que l'enregistrement d'un instrument présenté par un État Membre n'implique, de la part du Secrétariat, aucun jugement sur la nature de l'instrument, le statut d'une partie ou toute autre question similaire. Le Secrétariat considère donc que son acceptation pour enregistrement d'un instrument ne confère pas audit instrument la qualité de traité ou d'accord international si ce dernier ne l'a pas déjà, et qu'il ne confère pas à une partie un statut que, par ailleurs, elle ne posséderait pas.

*

* *

Déni de responsabilité : Tous les textes authentiques du présent Recueil sont publiés tels qu'ils ont été soumis pour enregistrement par l'une des parties à l'instrument. Sauf indication contraire, les traductions de ces textes ont été établies par le Secrétariat de l'Organisation des Nations Unies, à titre d'information.

I

Treaties and international agreements

registered in

May 2014

Nos. 51924 to 51955

Traités et accords internationaux

enregistrés en

mai 2014

N°s 51924 à 51955

No. 51924

Argentina
and
El Salvador

Agreement on the recognition of titles and certificates of primary education, general basic education and secondary education or other equivalent denominations between the Argentine Republic and the Republic of El Salvador (with annex). Buenos Aires, 6 November 2012

Entry into force: *16 November 2013, in accordance with article 7*

Authentic text: *Spanish*

Registration with the Secretariat of the United Nations: *Argentina, 30 May 2014*

Not published in print, in accordance with article 12(2) of the General Assembly regulations to give effect to Article 102 of the Charter of the United Nations, as amended.

Argentine
et
El Salvador

Accord sur la reconnaissance des diplômes et certificats de l'éducation primaire, l'éducation générale de base et l'éducation secondaire ou d'autres dénominations équivalentes entre la République argentine et la République d'El Salvador (avec annexe). Buenos Aires, 6 novembre 2012

Entrée en vigueur : *16 novembre 2013, conformément à l'article 7*

Texte authentique : *espagnol*

Enregistrement auprès du Secrétariat de l'Organisation des Nations Unies : *Argentine, 30 mai 2014*

Non disponible en version imprimée, conformément au paragraphe 2 de l'article 12 du règlement de l'Assemblée générale destiné à mettre en application l'Article 102 de la Charte des Nations Unies, tel qu'amendé.

No. 51925

Argentina
and
Chile

Memorandum of Understanding between the Government of the Argentine Republic and the Government of the Republic of Chile relating to emergency medical evacuation in humanitarian demining activities (with annex). Santiago, 27 March 2012

Entry into force: *9 January 2014 by notification, in accordance with article 7*

Authentic text: *Spanish*

Registration with the Secretariat of the United Nations: *Argentina, 30 May 2014*

Argentine
et
Chili

Mémorandum d'accord entre le Gouvernement de la République argentine et le Gouvernement de la République du Chili relatif à l'évacuation médicale d'urgence dans les activités de déminage humanitaire (avec annexe). Santiago, 27 mars 2012

Entrée en vigueur : *9 janvier 2014 par notification, conformément à l'article 7*

Texte authentique : *espagnol*

Enregistrement auprès du Secrétariat de l'Organisation des Nations Unies : *Argentine, 30 mai 2014*

[SPANISH TEXT – TEXTE ESPAGNOL]

MEMORÁNDUM DE ENTENDIMIENTO ENTRE EL GOBIERNO DE LA REPÚBLICA ARGENTINA Y EL GOBIERNO DE LA REPÚBLICA DE CHILE PARA LA EVACUACIÓN MÉDICA DE EMERGENCIA EN TAREAS DE DESMINADO HUMANITARIO

En el marco de la Convención sobre la Prohibición de Empleo, Almacenamiento, Producción y Transferencia de Minas Antipersonal y sobre su Destrucción ("Convención de Ottawa"), adoptada el 18 de septiembre de 1997;del Acuerdo Relativo a Vuelos Humanitarios entre la República de Argentina y la República de Chile, suscrito el 20 de agosto de 1999; del tratado de Maipú de Integración y Cooperación entre la República Argentina y la República de Chile, suscrito el 30 de octubre de 2009, y del Comité Permanente de Seguridad (COMPERSEG), creado por el Memorándum de Entendimiento entre la República de Argentina y la República de Chile para el Fortalecimiento de la Cooperación en Materia de Seguridad de Interés Mutuo, firmado el 08 de noviembre de 1995, el Gobierno de la República de Argentina y el Gobierno de la República de Chile, en adelante "las Partes";

Resaltando la importancia que las acciones de desminado poseen para la paz mundial y para la seguridad de las personas, y lo pertinente que resulta en estas materias la cooperación internacional;

Reconociendo el valor humanitario de la cooperación en materia de desminado mediante formas que permitan actuar con mayor eficacia y rapidez ante eventuales emergencias médicas que se produzcan en las tareas de desminado, particularmente en el proceso de limpieza que en sus territorios australes ha iniciado la República de Chile, y comprometiéndose las Partes a estudiar la eventual ampliación de este acuerdo a otras zonas de la frontera común, si ello resultara necesario, acuerdan celebrar el presente Memorándum de Entendimiento (MdE):

ARTÍCULO 1
OBJETO

Las Partes, a través de sus organismos competentes, cooperarán mutuamente a fin de prestar la atención médica necesaria ante cualquier accidente de minas que se produzca durante la limpieza de los campos minados en la zona sur de la República de Chile y que derive en heridas de cualquier naturaleza al personal involucrado en la tarea.

ARTÍCULO 2
ASISTENCIA

La República Argentina, a través de su Ministerio de Defensa, proveerá la asistencia para el período de estabilización de los eventuales heridos, a través del Hospital de la Base Naval de Ushuaia o, de ser necesario, en otros hospitales de la zona con los cuales existen acuerdos previos, a fin de permitir la continuidad de la evacuación hacia territorio de la República de Chile.

En conformidad al Plan de Evacuación de Emergencia de que trata el Artículo tercero de este Mide, y en cuanto las condiciones atmosféricas o las circunstancias médicas concretas lo impongan o permitan, según sea el caso, las aeronaves chilenas de evacuación de emergencia podrán sobrevolar el territorio argentino en su trayecto hacia Punta Arenas, sin perjuicio de las oportunas comunicaciones que corresponda realizar a las autoridades aeronáuticas correspondientes.

ARTÍCULO 3
PLAN DE EVACUACIÓN DE EMERGENCIA

Las Partes se comprometen a elaborar en conjunto un Plan de Evacuación de Emergencia, cuyo contenido debe contemplar principalmente y sin perjuicio de otros agregados, los aspectos mencionados en el ANEXO adjunto al presente Mide así como los que se determinen en las visitas de conocimiento y coordinación previas.

ARTÍCULO 4
CONDUCCIÓN DE LA COOPERACIÓN

Se designan como autoridades de coordinación, redacción y ejecución del Plan de Evacuación de Emergencia, al Comandante del Área Naval Austral por el Ministerio de Defensa de La República Argentina y al Comandante en Jefe de la Tercera Zona Naval por el Ministerio de Defensa de la República de Chile.

ARTÍCULO 5
PLAZO DE PRESENTACIÓN
DEL PLAN DE EVACUACIÓN DE EMERGENCIA

Las autoridades designadas deberán presentar el Plan de Evacuación de Emergencia para ser aprobado por los respectivos Ministerios de Defensa, con la mayor anticipación posible al inicio de las actividades de limpieza de los campos minados.

Dicho plan se actualizará cada vez que sea necesario. Al efecto, cualquiera de las autoridades citadas en el Artículo cuarto podrá citar a la otra para que participe de las reuniones de coordinación que sean pertinentes.

Al inicio del primer período de ejecución de este MdE, en los intervalos regulares que se definan en el Plan de Evacuación de Emergencia y al menos cada vez que el Plan sufra modificaciones sustanciales, las Partes se comprometen a efectuar ejercicios de simulación de evacuación de emergencia en la zona de operaciones, que permita entrenar a su personal y mantener un nivel óptimo de preparación para el rescate aeromédico de heridos.

ARTÍCULO 6
FINANCIAMIENTO

Las Partes acuerdan que el financiamiento de las actividades, tales como los gastos de traslados, la estadía del personal, los costos vinculados a la operación de los medios técnicos, los insumos médicos, etc., serán asumidos por la Parte que preste los servicios y posteriormente reembolsados por la Parte solicitante de acuerdo al mecanismo establecido en el Plan de Evacuación de Emergencia.

ARTÍCULO 7
ENTRADA EN VIGOR Y TERMINACIÓN

El presente MdE entrará en vigor en la fecha de la última notificación escrita en que una de las Partes comunique a la otra haber dado cumplimiento a los requisitos previstos para tal efecto en su ordenamiento jurídico interno y terminará en la fecha en que el Gobierno de la República de Chile notifique por escrito al Gobierno de la República Argentina que se ha finalizado con las operaciones de desminado en la zona prevista en el artículo 1 del presente Memorándum.

ARTÍCULO 8
RESOLUCIÓN DE CONTROVERSIAS

Cualquier divergencia vinculada con la interpretación o implementación del presente Memorándum será solucionada solamente a través de consultas entre las Partes.

ARTÍCULO 9
DENUNCIA

El presente MdE podrá ser denunciado por cualquiera de las Partes en cualquier momento con aviso previo de doce (12) meses.

Firmado en Santiago, Chile, a los veintisiete días del mes de marzo del año dos mil doce, en dos originales del mismo tenor.

POR EL GOBIERNO DE LA REPÚBLICA ARGENTINA

ARTURO PURICELLI
MINISTRO DE DEFENSA

POR EL GOBIERNO DE LA REPÚBLICA DE CHILE

ANDRÉS ALLAMAND
MINISTRO DE DEFENSA NACIONAL

ANEXO

AL MEMORÁNDUM DE ENTENDIMIENTO ENTRE EL GOBIERNO DE LA REPÚBLICA ARGENTINA Y EL GOBIERNO DE LA REPÚBLICA DE CHILE PARA LA EVACUACIÓN MÉDICA DE EMERGENCIA EN TAREAS DE DESMINADO HUMANITARIO

CONTENIDOS DEL PLAN DE EVACUACIÓN DE EMERGENCIA

1°. LOS PROCEDIMIENTOS.

a) Procedimiento de comunicaciones. Mecanismos de alerta. Horarios de salida y arribo estimados.

b) Traslado de los heridos. Personal médico/sanidad acompañante (salida desde Chile y recepción en la Base Naval de Ushuaia). Tipos y condiciones del medio utilizado en el traslado. Procedimiento de recepción y despacho de helicópteros en Ushuaia.

c) Estado de los heridos. Informe de atención primaria recibida en el campo. Oportunidad de entrega de informes sobre el estado general del herido.

d) Descripción de los Protocolos de atención médica efectuados en Chile y Argentina. Tipo de atención en Argentina. Procedimiento de estabilización.

e) Tiempo de estadía de los heridos en territorio argentino.

f) Rutas de vuelo para aeronaves de evacuación de emergencia.

2°. EL APOYO DE MEDIOS TÉCNICOS Y LOGÍSTICOS.

a) Medios de transporte a utilizar. Identificación de los mismos.

b) Provisión de alimentos y medicamentosdurante su estadía en Argentina.

c) Documentación a completar por Chile y Argentina relacionada con la atención de los heridos.

d) Registro de las actividades y notificaciones correspondientes.

e) Condiciones del Hospital para la atención de los heridos. Condiciones y disponibilidad de apoyos clínicos. Disponibilidad de personal médico de las especialidades requeridas.

f) Criterios para autorizar la continuación de la evacuación.

g) Procedimientos y aspectos legales relativos a la repatriación de personal fallecido.

h) Costos estimativos por estadías e insumos médicos.

3°. ENTRADA Y SALIDA DEL PERSONAL CHILENO EN TERRITORIO ARGENTINO.

a) Notificación.

b) Trámites de ingreso.

c) Aduanas.

d) Migraciones.

e) Exención de gravámenes.

4°. RESPONSABILIDADES MUTUAS.

a) Responsabilidades de la autoridad Argentina.

b) Responsabilidades de la autoridad Chilena.

[TRANSLATION – TRADUCTION]

MEMORANDUM OF UNDERSTANDING BETWEEN THE GOVERNMENT OF THE ARGENTINE REPUBLIC AND THE GOVERNMENT OF THE REPUBLIC OF CHILE RELATING TO EMERGENCY MEDICAL EVACUATION IN HUMANITARIAN DEMINING ACTIVITIES

In the framework of the Convention on the Prohibition of the Use, Stockpiling, Production and Transfer of Anti-Personnel Mines and on Their Destruction ("Ottawa" Convention), adopted on 18 September 1997; of the Agreement on humanitarian flights between the Argentine Republic and the Republic of Chile, signed on 20 August 1999; of the Maipú Treaty of integration and cooperation between the Argentine Republic and the Republic of Chile, signed on 30 October 2009, and of the Standing Committee on Security (COMPERSEG), established by the Memorandum of Understanding between the Republic of Argentina and the Republic of Chile for the strengthening of cooperation in security matters of mutual interest, signed on 8 November 1995, the Government of the Argentine Republic and the Government of the Republic of Chile (hereinafter referred to as the "Parties"),

Highlighting the importance of demining for world peace and the safety of individuals, and the relevance of international cooperation in these matters,

Recognizing the humanitarian value of cooperation in demining in ways that allow for more effective and rapid responses to any medical emergencies arising as a result of demining work, particularly in the clearance process begun by the Republic of Chile in its southern territories, and undertaking to study the possible expansion of this Agreement to other areas of the common border, should this prove necessary, the Parties agree to sign this Memorandum of Understanding:

Article 1. Purpose

The Parties, through their competent bodies, shall cooperate with each other in order to provide the required medical care in the event of any mine accident arising during the clearance of the minefields in the southern part of the Republic of Chile, resulting in injuries of any kind to personnel involved in the work.

Article 2. Assistance

The Argentine Republic, through its Ministry of Defence, shall provide assistance to any injured through the Ushuaia Naval Base Hospital or, as needed, in other hospitals in the area with which there are prior agreements, until these injured are stabilized and can be evacuated to the territory of the Republic of Chile.

In accordance with the Emergency Evacuation Plan referred to in article 3 of this Memorandum of Understanding, as atmospheric conditions or specific medical circumstances so require or permit, as the case may be, Chilean emergency evacuation aircraft may fly over the territory of Argentina on their way to Punta Arenas, notwithstanding the obligation to send the required communications to the corresponding aeronautical authorities.

Article 3. Emergency Evacuation Plan

The Parties undertake to develop a joint Emergency Evacuation Plan, the content of which must include, principally and without prejudice to other aspects, the matters referred to in the Annex attached to this Memorandum of Understanding as well as those identified in prior fact-finding and coordination visits.

Article 4. Cooperation channels

The authorities designated for the coordination, drafting and execution of the Emergency Evacuation Plan shall be the Commander of the Southern Naval Area, for the Ministry of Defence of the Argentine Republic, and the Commander-in-Chief of the Third Naval Zone, for the Ministry of Defence of the Republic of Chile.

Article 5. Deadline for the submission of the Emergency Evacuation Plan

The designated authorities shall submit the Emergency Evacuation Plan for approval by the respective Ministries of Defence as far in advance of minefield clearance activities as possible.

The plan shall be updated whenever necessary. To that end, either of the authorities mentioned in article 4 may summon the other to participate in coordination meetings as appropriate.

At the beginning of the first period of implementation of this Memorandum of Understanding, the Parties undertake to carry out emergency evacuation simulation exercises in the area of operations at the regular intervals defined in the Emergency Evacuation Plan and at least every time the Plan undergoes substantial modifications, in order to train their staff and maintain an optimal level of preparedness for the medical evacuation by air of the injured.

Article 6. Financing

The Parties agree that the financing of activities, such as the costs of transfers, stay of personnel, costs associated with the operation of technical resources, medical supplies and so forth, shall be borne by the Party providing the services and subsequently reimbursed by the requesting Party in accordance with the mechanism established in the Emergency Evacuation Plan.

Article 7. Entry into force and termination

This Memorandum of Understanding shall enter into force on the date of the last written notification in which one Party informs the other of having complied with the requirements established to that effect in its domestic laws and shall terminate on the date on which the Government of the Republic of Chile gives written notice to the Government of the Argentine Republic that it has completed the demining operations in the area described in article 1 of this Memorandum.

Article 8. Settlement of disputes

Any dispute related to the interpretation or implementation of this Memorandum shall be settled only through consultations between the Parties.

Article 9. Termination

This Memorandum of Understanding may be terminated by either Party at any time with 12 months' notice.

SIGNED at Santiago, Chile, on 27 March 2012, in duplicate, both original copies being equally authentic.

For the Government of the Argentine Republic:

ARTURO PURICELLI
Minister of Defence

For the Government of the Republic of Chile:

ANDRÉS ALLAMAND
Minister of National Defence

ANNEX TO THE MEMORANDUM OF UNDERSTANDING BETWEEN THE GOVERNMENT OF THE ARGENTINE REPUBLIC AND THE GOVERNMENT OF THE REPUBLIC OF CHILE RELATING TO EMERGENCY MEDICAL EVACUATION IN HUMANITARIAN DEMINING ACTIVITIES

CONTENTS OF THE EMERGENCY EVACUATION PLAN

1. Procedures.
   (a) Communications procedure. Alert mechanisms. Estimated departure and arrival times.
   (b) Transfer of the injured. Accompanying medical/nursing staff (departure from Chile and reception at the Ushuaia Naval Base). Types and conditions of the means used in the transfer. Procedure to receive and dispatch helicopters at Ushuaia.
   (c) Condition of the injured. Report on primary care received in the field. Timeliness of reporting on the overall condition of the injured.
   (d) Description of health-care Protocols implemented in Chile and Argentina. Type of care in Argentina. Stabilization procedure.
   (e) Length of stay of the injured in Argentine territory.
   (f) Emergency evacuation aircraft flight routes.
2. Technical and logistical resource support.
   (a) Means of transport to be used. Identification of means of transport.
   (b) Provision of food and medication during the stay in Argentina.
   (c) Documentation to be completed by Chile and Argentina in connection with the care of the injured.
   (d) Registration of activities and corresponding notifications.
   (e) Hospital conditions to care for the injured. Conditions and availability of clinical support. Availability of medical staff with the necessary specialties.
   (f) Criteria to authorize the continuation of evacuation.
   (g) Procedures and legal aspects relating to the repatriation of deceased personnel.
   (h) Estimated costs for stays and medical supplies.
3. Arrival in and departure from Argentine territory of Chilean staff.
   (a) Notification.
   (b) Arrival procedures.
   (c) Customs.
   (d) Migration.
   (e) Exemption from taxes.
4. Mutual responsibilities.
   (a) Responsibilities of the Argentine authority.
   (b) Responsibilities of the Chilean authority.

[TRANSLATION – TRADUCTION]

MÉMORANDUM D'ACCORD ENTRE LE GOUVERNEMENT DE LA RÉPUBLIQUE ARGENTINE ET LE GOUVERNEMENT DE LA RÉPUBLIQUE DU CHILI RELATIF À L'ÉVACUATION MÉDICALE D'URGENCE DANS LES ACTIVITÉS DE DÉMINAGE HUMANITAIRE

Dans le cadre de la Convention sur l'interdiction de l'emploi, du stockage, de la production et du transfert des mines antipersonnel et sur leur destruction (« Convention d'Ottawa »), adoptée le 18 septembre 1997, de l'Accord sur les vols humanitaires entre la République argentine et la République du Chili, signé le 20 août 1999, du Traité de Maipú sur l'intégration et la coopération entre la République argentine et la République du Chili, signé le 30 octobre 2009, et du Comité permanent pour la sécurité (COMPERSEG), créé par le Mémorandum d'accord entre la République argentine et la République du Chili pour le renforcement de la coopération en matière de sécurité d'intérêt commun, signé le 8 novembre 1995, le Gouvernement de la République argentine et le Gouvernement de la République du Chili (ci-après dénommés « les Parties »),

Soulignant l'importance du déminage pour la paix mondiale et la sécurité des personnes, et l'importance de la coopération internationale dans ce domaine,

Reconnaissant la valeur humanitaire de la coopération en matière de déminage, qui permet de faire face plus efficacement et plus rapidement à toute urgence médicale découlant de travaux de déminage, en particulier dans le cadre des activités de ce type lancées par la République du Chili dans ses territoires du sud, et s'engageant à envisager d'élargir le présent Accord à d'autres zones de la frontière commune, si cela se révélait nécessaire, les Parties conviennent de signer le présent Mémorandum d'accord :

Article premier. Objet

Les Parties, par l'intermédiaire de leurs organismes compétents, coopèrent afin de fournir les soins médicaux nécessaires en cas d'accident de mines lors d'activités de déminage des champs de mines situés dans la partie sud de la République du Chili et entraînant des blessures de toute nature pour le personnel impliqué dans les activités.

Article 2. Assistance

La République argentine fournit, par l'intermédiaire de son Ministère de la défense, une assistance aux éventuels blessés à l'hôpital de la Base navale d'Ushuaia ou, selon que de besoin, dans d'autres hôpitaux de la région avec lesquels il existe des accords préalables, jusqu'à ce que ces blessés soient stabilisés et puissent être évacués vers le territoire de la République du Chili.

Conformément au plan d'évacuation d'urgence visé à l'article 3 du présent Mémorandum d'accord, selon que les conditions atmosphériques ou les circonstances médicales l'exigent ou le permettent, les avions d'évacuation d'urgence chiliens peuvent survoler le territoire de l'Argentine pour se rendre à Punta Arenas, nonobstant l'obligation d'envoyer les communications requises aux autorités aéronautiques concernées.

Article 3. Plan d'évacuation d'urgence

Les Parties s'engagent à élaborer ensemble un plan d'évacuation d'urgence, dont le contenu doit comprendre, principalement et sans préjudice d'autres aspects, les points mentionnés dans l'annexe jointe au présent Mémorandum d'accord ainsi que ceux établis lors des missions préalables d'information et de coordination.

Article 4. Voies de coopération

Les autorités désignées pour la coordination, l'élaboration et l'exécution du plan d'évacuation d'urgence sont, pour le Ministère de la défense de la République argentine, le Commandant de la zone navale sud et, pour le Ministère de la défense de la République du Chili, le Commandant en chef de la troisième zone navale.

Article 5. Date limite de présentation du plan d'évacuation d'urgence

Les autorités désignées soumettent le plan d'évacuation d'urgence pour approbation par les Ministères de la défense respectifs, le plus tôt possible avant le début des activités de déminage des champs de mines.

Le plan est mis à jour chaque fois que nécessaire. À cette fin, l'une ou l'autre des autorités visées à l'article 4 peut convoquer l'autre à participer aux réunions de coordination pertinentes.

Au début de la première période de mise en œuvre du présent Mémorandum d'accord, les Parties s'engagent à procéder à des exercices de simulation d'évacuation d'urgence dans la zone d'opérations, à intervalles réguliers définis dans le plan d'évacuation d'urgence et au moins chaque fois que le plan subit des modifications substantielles, pour former leur personnel et maintenir un niveau de préparation optimal en vue de l'évacuation sanitaire aérienne des blessés.

Article 6. Financement

Les Parties conviennent que le financement des activités, notamment les frais de transfert, de séjour du personnel, et les frais relatifs à la gestion des ressources techniques et des fournitures médicales, sont pris en charge par la Partie qui fournit les services, puis remboursés par la Partie les ayant demandés, conformément au mécanisme établi dans le plan d'évacuation d'urgence.

Article 7. Entrée en vigueur et dénonciation

Le présent Mémorandum d'accord entre en vigueur à la date de la dernière notification écrite par laquelle l'une des Parties informe l'autre qu'elle satisfait aux exigences prévues à cet effet dans sa législation nationale et prend fin à la date à laquelle le Gouvernement de la République du Chili informe par écrit le Gouvernement de la République argentine qu'il a terminé les activités de déminage dans la zone visée à l'article premier du présent Mémorandum.

Article 8. Règlement des différends

Tout différend relatif à l'interprétation ou à l'application du présent Mémorandum est réglé uniquement par la voie de consultations entre les Parties.

Article 9. Dénonciation

Le présent Mémorandum d'accord peut être dénoncé à tout moment par l'une ou l'autre Partie, sous réserve d'un préavis de 12 mois.

SIGNÉ à Santiago, au Chili, le 27 mars 2012, en deux exemplaires originaux faisant également foi.

Pour le Gouvernement de la République argentine :

ARTURO PURICELLI
Ministre de la défense

Pour le Gouvernement de la République du Chili :

ANDRÉS ALLAMAND
Ministre de la défense nationale

ANNEXE AU MÉMORANDUM D'ACCORD ENTRE LE GOUVERNEMENT DE LA RÉPUBLIQUE ARGENTINE ET LE GOUVERNEMENT DE LA RÉPUBLIQUE DU CHILI RELATIF À L'ÉVACUATION MÉDICALE D'URGENCE DANS LES ACTIVITÉS DE DÉMINAGE HUMANITAIRE

CONTENU DU PLAN D'ÉVACUATION D'URGENCE

1. Procédures.
   a) Procédure de communication. Mécanismes d'alerte. Horaires de départ et d'arrivée prévus.
   b) Déplacement des blessés. Personnel médical/personnel soignant accompagnant, (départ du Chili et réception des blessés à la Base navale d'Ushuaia). Moyen de transport employé pour le transfert et conditions du transfert. Procédure de réception et envoi d'hélicoptères à Ushuaia.
   c) État des blessés. Rapport sur les premiers soins prodigués sur place. Communication d'informations concernant l'état général du blessé.
   d) Description des protocoles de soins prodigués au Chili et en Argentine. Type de soins en Argentine. Procédure de stabilisation.
   e) Temps passé par les blessés sur le territoire argentin.
   f) Routes des aéronefs d'évacuation d'urgence.
2. Appui technique et logistique.
   a) Moyens de transport à utiliser. Recensement desdits moyens.
   b) Fourniture de repas et de médicaments pendant le séjour en Argentine.
   c) Formulaires à remplir par le Chili et l'Argentine concernant les soins prodigués aux blessés.
   d) Enregistrement des soins et notifications correspondantes.
   e) Conditions de l'hôpital concernant les soins aux blessés. Conditions et disponibilité des appuis cliniques. Disponibilité du personnel médical dans les disciplines requises.
   f) Conditions à remplir pour autoriser la poursuite de l'évacuation.
   g) Procédures et aspects juridiques relatifs au rapatriement des membres du personnel décédés.
   h) Coûts estimatifs du séjour et des soins.

3. Entrée et sortie du territoire argentin du personnel chilien.
    a) Notification.
    b) Formalités d'entrée sur le territoire.
    c) Douanes.
    d) Immigration.
    e) Exemption d'impôts.
4. Responsabilités mutuelles.
    a) Responsabilités des autorités argentines.
    b) Responsabilités des autorités chiliennes.

No. 51926

Argentina
and
South Africa

Agreement between the Argentine Republic and the Republic of South Africa regarding mutual assistance between their customs administrations. Buenos Aires, 2 August 2013

Entry into force: *1 December 2013, in accordance with article 20*

Authentic texts: *English and Spanish*

Registration with the Secretariat of the United Nations: *Argentina, 30 May 2014*

Not published in print, in accordance with article 12(2) of the General Assembly regulations to give effect to Article 102 of the Charter of the United Nations, as amended.

Argentine
et
Afrique du Sud

Accord entre la République argentine et la République d'Afrique du Sud relatif à l'assistance mutuelle entre leurs administrations douanières. Buenos Aires, 2 août 2013

Entrée en vigueur : *1er décembre 2013, conformément à l'article 20*

Textes authentiques : *anglais et espagnol*

Enregistrement auprès du Secrétariat de l'Organisation des Nations Unies : *Argentine, 30 mai 2014*

Non disponible en version imprimée, conformément au paragraphe 2 de l'article 12 du règlement de l'Assemblée générale destiné à mettre en application l'Article 102 de la Charte des Nations Unies, tel qu'amendé.

No. 51927

Argentina and Kazakhstan

Agreement between the Government of the Argentine Republic and the Government of the Republic of Kazakhstan on the removal of visa requirements for holders of diplomatic, official and service passports. Buenos Aires, 1 October 2013

Entry into force: *25 February 2014 by notification, in accordance with article 11*

Authentic texts: *English, Kazakh, Russian and Spanish*

Registration with the Secretariat of the United Nations: *Argentina, 30 May 2014*

Argentine et Kazakhstan

Accord entre le Gouvernement de la République argentine et le Gouvernement de la République du Kazakhstan relatif à l'exemption des formalités de visas pour les titulaires de passeports diplomatiques, officiels et de service. Buenos Aires, 1er octobre 2013

Entrée en vigueur : *25 février 2014 par notification, conformément à l'article 11*

Textes authentiques : *anglais, kazakh, russe et espagnol*

Enregistrement auprès du Secrétariat de l'Organisation des Nations Unies : *Argentine, 30 mai 2014*

[ENGLISH TEXT – TEXTE ANGLAIS]

AGREEMENT BETWEEN THE GOVERNMENT OF THE ARGENTINE REPUBLIC AND THE GOVERNMENT OF THE REPUBLIC OF KAZAHSTAN ON THE EXEMPTION OF VISA REQUIREMENTS FOR HOLDERS OF DIPLOMATIC, OFFICIAL AND SERVICE PASSPORTS

The Government of the Argentine Republic and the Government of the Republic of Kazakhstan, hereinafter referred to as "Parties",

Desirous of promoting their bilateral relations,

Considering the interest in strengthening the existing friendly relationship and with a view to facilitate the travel of nationals of either State of one Party to the territory of the State of the other Party,

Have agreed as follows:

Article 1

The nationals of the Argentine Republic, holders of valid diplomatic and official passports and not accredited in the territory of the State of the other Party, shall be exempt from visa requirements to enter, transit through and leave the territory of the Republic of Kazakhstan for a period not exceeding 90 (ninety) calendar days.

The nationals of the Republic of Kazakhstan, holders of valid diplomatic and service passports and not accredited in the territory of the State of the other Party, shall be exempt from visa requirements to enter, transit through and leave the territory of the Argentine Republic for a period not exceeding 90 (ninety) calendar days.

Article 2

Holders of valid diplomatic, official and service passports, mentioned in Article 1 of this Agreement, who intend to extend their stay in the territory of the State of the other Party by the end of the mentioned above period, must receive the appropriate permit of the competent authorities of the host State according to the acting legislation of that State.

Article 3

The nationals of the State of either Party, holders of valid diplomatic, official and service passports, who are members of the diplomatic mission or consular post, as well as their family members, who are part of the same household, holders of valid diplomatic, official and service passports, may enter, stay and exit the territory of the State of the other Party without visas during the period of their assignment.

The persons, mentioned in the first paragraph of this Article shall comply with the necessary procedures for accreditation before the relevant authorities of the host country within 30 (thirty) calendar days from the date of their admission.

Article 4

Without prejudice to the provisions of the Vienna Convention on Diplomatic Relations of 1961 and the Vienna Convention on Consular Relations of 1963 the nationals of the State of either Party, holders of valid diplomatic, official and service passports, mentioned in Articles 1 and 3 of this Agreement, may enter or exit the territory of the State of the other Party at all border crossing points open to international passengers' traffic.

Article 5

The visa exemption established in this Agreement does not exempt holders of valid diplomatic, official and service passports, mentioned in Articles 1 and 3 of this Agreement, from the obligation to observe the national legislation during their stay in the territory of the State of the other Party.

The Parties shall inform each other of any changes in their national legislations concerning entry, transit through, stay and exit of foreigners.

Article 6

Each Party reserves the right to refuse the entry, shorten or terminate the stay of any national of the State of the other Party, who is considered undesirable in the territory of its State.

Article 7

The Parties shall exchange through diplomatic channels specimens of their valid diplomatic, official and service passports within 30 (thirty) calendar days after the date of signature of this Agreement.

In case of introduction of new diplomatic, official and service passports or modification of the existing ones, the Parties shall convey to each other through diplomatic channels specimens of these passports not later than 30 (thirty) calendar days prior to their introduction.

Article 8

For reasons of national security and public order each Party reserves the right to suspend temporarily, either in whole or in part, the implementation of this Agreement.

The Party that has decided to suspend implementation shall notify the other Party through diplomatic channels not later than 5 (five) calendar days before taking such a decision.

The Party that has decided to suspend the implementation of this Agreement for the reasons mentioned in the first paragraph of this Article shall notify the other Party in the same way of the resumption of the implementation of this Agreement.

The suspension of implementation of this Agreement shall not affect legal rights of the nationals, mentioned in Articles 1 and 3 of this Agreement, who are already staying in the territory of the host State.

Article 9

With mutual consent the Parties may amend or alter this Agreement in the form of additional Protocols, which are to be considered as integral parts of this Agreement.

Article 10

Any differences or disputes arising out of the interpretation or implementation of the provisions of this Agreement shall be settled amicably by consultations or negotiations between the Parties.

Article 11

This Agreement shall enter into force after 30 (thirty) calendar days from the date of the receipt through diplomatic channels of the last written notification of the Parties on completion of their internal legal procedures, necessary for its entry into force.

This Agreement is concluded for an indefinite period and shall cease to be in force 90 (ninety) calendar days after the date of receipt by one of the Parties through diplomatic channels of the written notification of the other Party on its intention to denounce this Agreement.

Done at Buenos Aires city on 1st of October 2013, in two originals, each in Spanish, Kazakh, Russian and English languages, being both equally authentic. In case of divergence of interpretation, the English text shall prevail.

FOR THE GOVERNMENT OF THE ARGENTINE REPUBLIC

FOR THE GOVERNMENT OF THE REPUBLIC OF KAZAKHSTAN

[KAZAKH TEXT – TEXTE KAZAKH]

АРГЕНТИНА РЕСПУБЛИКАСЫНЫҢ ҮКІМЕТІ МЕН ҚАЗАҚСТАН РЕСПУБЛИКАСЫНЫҢ ҮКІМЕТІ АРАСЫНДАҒЫ ДИПЛОМАТИЯЛЫҚ, РЕСМИ ЖӘНЕ ҚЫЗМЕТТІК ПАСПОРТТАРДЫҢ ИЕЛЕРІН ВИЗАЛЫҚ ТАЛАПТАРДАН БОСАТУ ТУРАЛЫ КЕЛІСІМ

Бұдан әрі «Тараптар» деп аталатын Аргентина Республикасының Үкіметі мен Қазақстан Республикасының Үкіметі,

Екіжақты қатынастарды дамытуға жәрдемдесуге тілек білдіре отырып,

Орнатылған достық қатынастарды нығайтуға мүдделікті назарға ала отырып және бір Тарап мемлекеті азаматтарының екінші Тарап мемлекетінің аумағына сапарлар рәсімін жеңілдету ниетін басшылыққа ала отырып,

Төмендегілер туралы келісті:

1-бап

1. Жарамды дипломатиялық және ресми паспорттары бар және екінші Тарап мемлекетінің аумағында аккредиттелмеген Аргентина Республикасының азаматтары күнтізбелік 90 (тоқсан) күннен аспайтын мерзімге Қазақстан Республикасының аумағына келу, транзитпен өту және одан кету үшін визалық талаптардан босатылады.

2. Жарамды дипломатиялық және қызметтік паспорттары бар және екінші Тарап мемлекетінің аумағында аккредиттелмеген Қазақстан Республикасының азаматтары күнтізбелік 90 (тоқсан) күннен аспайтын мерзімге Аргентина Республикасының аумағына келу, транзитпен өту және одан кету үшін визалық талаптардан босатылады.

2-бап

Осы Келісімнің 1-бабында көрсетілген жарамды дипломатиялық, ресми және қызметтік паспорттардың иелері бір Тарап мемлекетінде өзінің болу мерзімін ұзартуға ниет білдіруші жоғарыда аталған мерзімнің аяқталуы бойынша сол мемлекеттің қолданыстағы заңнамасына сәйкес құзыретті мемлекеттік органдардың тиісті рұқсатын алуға міндетті.

3-бап

Әрбір Тарап мемлекетінің азаматтары, екінші Тарап мемлекетінің аумағында дипломатиялық өкілдік немесе консулдық мекеменің қызметкері болып табылатын жарамды дипломатиялық, ресми және қызметтік паспорттардың иелері, сондай-ақ жарамды дипломатиялық, ресми және қызметтік паспорттары бар бірге тұратын отбасы мүшелері, өздерінің өкілеттіктері кезеңі ішінде визасыз келе алады, бола алады және одан кете алады.

Осы Келісімнің 1-бабында көрсетілген адамдар болу елінің уәкілетті органы алдында олар кірген күннен бастап күнтізбелік 30 (отыз) күн ішінде аккредитацияның қажетті шарттарына жауап беру тиіс.

4-бап

1961 жылғы Дипломатиялық қатынастар туралы Вена конвенциясының және 1963 жылғы Консулдық қатынастар туралы Вена конвенциясының ережелеріне залал тигізбей, осы Келісімнің 1 және 3-баптарында көрсетілген жарамды дипломатиялық, ресми және қызметтік паспорттардың иелері халықаралық жолаушылар қатынасы үшін ашық мемлекеттік шекарада барлық өткізу пункттері арқылы екінші Тарап мемлекетінің аумағына келе алады немесе одан кете алады.

5-бап

Осы Келісімде көзделген визалардан босату осы Келісімнің 1 және 3-баптарында көрсетілген жарамды дипломатиялық, реми және қызметтік паспорттардың иелерін екінші Тарап мемлекетінің аумағында болуы кезінде оның ұлттық заңнамасын сақтау міндеттігінен босатпайды.

Тараптар шетел азаматтарының келуіне, кетуіне, транзитпен өтуіне және болуына қатысты өз мемлекеттерінің ұлттық заңнамаларындағы кез келген өзгерістер туралы бір-бірін хабардар етеді.

6-бап

Тараптардың әрқайсысы қабылдаушы мемлекеттің аумағында болуы қолайсыз деп танылған, екінші Тарап мемлекеті азаматының келуінен бас тарту, болу мерзімін қысқарту немесе тоқтату құқығын сақтайды.

7-бап

Тараптар осы Келісімде көрсетілген жарамды дипломатиялық, ресми және қызметтік паспорттардың үлгілерімен осы Келісімге қол қойылған күннен бастап күнтізбелік 30 (отыз) күн ішінде дипломатиялық арналар арқылы алмасады.

Жаңа дипломатиялық, ресми және қызметтік паспорттарды енгізген немесе қолданыстағы паспорттар өзгерген жағдайда, Тараптар оларды қолданысқа енгізгенге дейін кемінде күнтізбелік 30 (отыз) күн бұрын аталған паспорттардың үлгілерін дипломатиялық арналар арқылы бір-біріне жолдайды.

8-бап

Тараптардың әрқайсысы қауіпсіздікті және қоғамдық тәртіпті қамтамасыз ету мақсатында осы Келісімнің қолданылуын уақытша, ішінара немесе толық тоқтата тұру құқығын сақтайды.

Қолданылуын тоқтата тұру туралы шешім қабылдаған Тарап екінші Тарапты осындай шешімді қабылдағанға дейін күнтізбелік 5 (бес) күннен кешіктірмей дипломатиялық арналар арқылы хабардар етеді.

Осы баптың бірінші абзацында көрсетілген себептер бойынша осы Келісім ережелерінің қолданылуын тоқтата тұру туралы шешім қабылдаған Тарап, осы тәртіпте екінші Тарапты осы Келісімнің ережелерін қолдануын қайта жаңғырту туралы хабардар етеді.

Осы Келісімнің қолданысын тоқтата тұру осы Келісімнің 1 және 3-баптарында көрсетілген, қабылдаушы мемлекеттің аумағында жүрген азаматтардың құқықтарын қозғамайды.

9-бап

Тараптардың өзара келісімі бойынша осы Келісімге өзгерістер немесе толықтырулар енгізілуі мүмкін, олар жеке хаттамалармен ресімделеді және осы Келісімнің ажырамас бөліктері болып табылады.

10-бап

Осы Келісімнің ережелерін түсіндіру немесе қолдану бойынша кез келген келіспеушіліктер мен даулар Тараптар арасында консультациялар немесе келіссөздер арқылы достық жолмен шешіледі

11-бап

Осы Келісім оның күшіне енуі үшін қажетті мемлекетішілік рәсімдерді Тараптардың орындағаны туралы соңғы жазбаша хабарлама дипломатиялық арналар арқылы алынған күннен бастап күтізбелік 30 (отыз) күн өткен соң күшіне енеді.

Осы Келісім белгіленбеген мерзімге жасалады және осы Келісімнің қолданылуын тоқтату ниеті туралы екінші Тараптың дипломатиялық арналар арқылы жазбаша хабарламасын Тараптардың бірі алған күннен бастап күнтізбелік 90 (тоқсан) күн өткенге дейін күшінде қалады.

2013 жылғы 1 қазан Буэнос-Айрес қаласында әрқайсысы испан, қазақ, орыс және ағылшын тілдерінде екі дана жасалды, әрі барлық мәтіндердің күші бірдей. Ережелерді түсіндіру кезінде келіспеушіліктер туындаған жағдайда Тараптар ағылшын тіліндегі мәтінге жүгінетін болады.

АРГЕНТИНА РЕСПУБЛИКАСЫНЫҢ ҮКІМЕТІ ҮШІН

ҚАЗАҚСТАН РЕСПУБЛИКАСЫНЫҢ ҮКІМЕТІ ҮШІН

[RUSSIAN TEXT – TEXTE RUSSE]

СОГЛАШЕНИЕ МЕЖДУ ПРАВИТЕЛЬСТВОМ АРГЕНТИНСКОЙ РЕСПУБЛИКИ И ПРАВИТЕЛЬСТВОМ РЕСПУБЛИКИ КАЗАХСТАН ОБ ОСВОБОЖДЕНИИ ОТ ВИЗОВЫХ ТРЕБОВАНИЙ ВЛАДЕЛЬЦЕВ ДИПЛОМАТИЧЕСКИХ, ОФИЦИАЛЬНЫХ И СЛУЖЕБНЫХ ПАСПОРТОВ

Правительство Аргентинской Республики и Правительство Республики Казахстан, далее именуемые «Стороны»,

Желая способствовать развитию двусторонних отношений,

Принимая во внимание заинтересованность в укреплении установившихся дружественных отношений и руководствуясь намерением упростить процедуру поездок граждан государства одной из Сторон на территорию государства другой Стороны,

Согласились о нижеследующем:

Статья 1

1. Граждане Аргентинской Республики, владельцы действительных дипломатических и официальных паспортов и не аккредитованные на территории государства другой Стороны, освобождаются от визовых требований для въезда, следования транзитом и выезда с территории Республики Казахстан на срок, не превышающий 90 (девяносто) календарных дней.

2. Граждане Республики Казахстан, владельцы действительных дипломатических и служебных паспортов и не аккредитованные на территории государства другой Стороны, освобождаются от визовых требований для въезда, следования транзитом и выезда с территории Аргентинской Республики на срок, не превышающий 90 (девяносто) календарных дней.

Статья 2

Владельцы действительных дипломатических, официальных и служебных паспортов, упомянутые в статье 1 настоящего Соглашения, намеревающиеся продлить свое пребывание в одном из государств Сторон по завершении вышеупомянутого срока, обязаны получить соответствующее разешение компетентных органов государства пребывания в соответствии с действующим законодательством этого государства.

Статья 3

Граждане государств любой Стороны, владельцы действительных дипломатических, официальных и служебных паспортов, являющиеся сотрудниками дипломатического представительства или консульского учреждения, а также совместно с ними проживающие члены их семей, владеющие действительными дипломатическими, официальными и служебными паспортами, могут въезжать, пребывать и выезжать с территории государства другой Стороны без виз в течение периода их полномочий.

Лица, указанные в Статье 1 настоящего Соглашения, должны отвечать необходимым условиям аккредитации перед уполномоченными органами страны пребывания в течение 30 (тридцати) календарных дней с даты их въезда.

Статья 4

Без ущерба для положений Венской Конвенции о дипломатических сношениях от 1961 года и Венской Конвенции о консульских сношениях от 1963 года граждане государств любой Стороны, владельцы действительных дипломатических, официальных и служебных паспортов, упомянутые в Статьях 1 и 3 настоящего Соглашения, могут въезжать или выезжать с территории государства другой Стороны через все пункты пропуска на государственной границе, открытые для международного пассажирского сообщения.

Статья 5

Освобождение от виз, предусмотренное в настоящем Соглашении, не освобождает владельцев действительных дипломатических, официальных и служебных паспортов, упомянутых в Статьях 1 и 3 настоящего Соглашения, от обязанности уважать национальное законодательство во время их пребывания на территории государства другой Стороны.

Стороны уведомляют друг друга о любых изменениях в национальных законодательствах своих государств, касающихся въезда, следования транзитом, пребывания и выезда иностранных граждан.

Статья 6

Каждая Сторона сохраняет за собой право отказать во въезде, сократить или прекратить пребывание любого гражданина государства другой Стороны, чье пребывание признано нежелательным на территории своего государства.

Статья 7

Стороны обмениваются образцами их действительных дипломатических, официальных и служебных паспортов по дипломатическим каналам в течение 30 (тридцати) календарных дней с даты подписания настоящего Соглашения.

В случае введения новых дипломатических, официальных и служебных паспортов или при изменении уже существующих, Стороны направляют друг другу по дипломатическим каналам их образцы не позднее 30 (тридцати) календарных дней до введения их в действие.

Статья 8

Каждая из Сторон в целях обеспечения государственной безопасности и общественного порядка сохраняет за собой право временно, частично или полностью приостановить действие настоящего Соглашения.

Сторона, которая приняла решение о приостановлении действия, уведомляет другую Сторону об этом по дипломатическим каналам не позднее чем за 5 (пять) календарных дней до принятия такого решения.

Сторона, принявшая решение о приостановлении применения положений настоящего Соглашения по причинам, указанным в первом абзаце настоящей статьи, в том же порядке уведомляет другую Сторону о возобновлении применения положений настоящего Соглашения.

Приостановление действия настоящего Соглашения не затрагивает прав граждан, упомянутых в Статьях 1 и 3 настоящего Соглашения, которые уже находятся на территории принимающего государства.

Статья 9

В настоящее Соглашение по взаимному согласию Сторон могут вноситься изменения или дополнения, которые оформляются отдельными Протоколами и являются неотъемлемыми частями настоящего Соглашения.

Статья 10

Любые разногласия или споры по толкованию или применению положений настоящего Соглашения разрешаются дружественным путем посредством консультаций или переговоров между Сторонами.

Статья 11

Настоящее Соглашение вступает в силу по истечении 30 (тридцати) календарных дней с даты получения по дипломатическим каналам последнего письменного уведомления о выполнении Сторонами внутригосударственных процедур, необходимых для его вступления в силу.

Настоящее Соглашение заключается на неопределенный срок и остается в силе до истечения 90 (девяносто) календарных дней с даты получения по дипломатическим каналам одной Стороной письменного уведомления другой Стороны о намерении прекратить действие настоящего Соглашения.

Совершено в городе Буэнос-Айрес 1 октября 2013 года в двух экземплярах, каждый на испанском, казахском, русском и английском языках, причем все тексты имеют одинаковую силу. В случае возникновения разногласий при толковании положений настоящего Соглашения, Стороны обращаются к тексту на английском языке.

ЗА ПРАВИТЕЛЬСТВО АРГЕНТИНСКОЙ РЕСПУБЛИКИ

ЗА ПРАВИТЕЛЬСТВО РЕСПУБЛИКИ КАЗАХСТАН

[SPANISH TEXT – TEXTE ESPAGNOL]

ACUERDO
ENTRE
EL GOBIERNO DE LA REPÚBLICA ARGENTINA
Y
EL GOBIERNO DE LA REPÚBLICA DE KAZAJSTÁN
SOBRE SUPRESIÓN DE VISAS PARA TITULARES DE PASAPORTES DIPLOMÁTICOS, OFICIALES Y DE SERVICIO

El Gobierno de la República Argentina y el Gobierno de la República de Kazajstán, en adelante "las Partes",

Deseosos de promover sus relaciones bilaterales,

Considerando el interés de fortalecer las relaciones de amistad existentes y con vistas a facilitar los viajes de los nacionales de un Estado Parte al territorio del otro Estado Parte,

Han acordado lo siguiente:

Artículo 1

Los nacionales de la República Argentina, titulares de pasaportes diplomáticos y oficiales válidos y no acreditados en el territorio del Estado de la otra Parte, estarán exentos de los requerimientos de visa para entrar, transitar y salir del territorio de la República de Kazajstán por un período que no supere los 90 (noventa) días.

Los nacionales de la República de Kazajstán, titulares de pasaportes diplomáticos y de servicio válidos y no acreditados en el territorio del Estado de la otra Parte, estarán exentos de los requerimientos de visa para entrar, transitar y salir del territorio de la República Argentina por un período que no supere los 90 (noventa) días.

Artículo 2

Los titulares de pasaportes diplomáticos, oficiales y de servicio mencionados en el Artículo 1 del presente Acuerdo que deseen prorrogar su estadía en el territorio del Estado de la otra Parte una vez cumplido el plazo antes mencionado deberán obtener la autorización correspondiente de las autoridades competentes del país receptor, de conformidad con la legislación vigente en dicho Estado.

Artículo 3

Los nacionales de los Estados de ambas Partes, titulares de pasaportes diplomáticos, oficiales o de servicio válidos y que sean miembros de una misión diplomática u oficina consular, así como los miembros de sus familias que sean titulares de pasaportes diplomáticos, oficiales y de servicio válidos y con quienes compartan domicilio, podrán entrar, permanecer y salir del territorio del Estado de la otra Parte sin requerimiento de visa durante el tiempo que duren sus funciones.

Las personas mencionadas en el primer párrafo de este Artículo deberán cumplir con los procedimientos necesarios para su acreditación ante las autoridades competentes del país receptor dentro de los 30 (treinta) días contados a partir de la fecha de su admisión.

Artículo 4

Sin perjuicio de lo dispuesto en la Convención de Viena sobre Relaciones Diplomáticas de 1961 y la Convención de Viena sobre Relaciones Consulares de 1963, los nacionales de ambas Partes que sean titulares de pasaportes diplomáticos, oficiales o de servicio válidos, mencionados en los Artículos 1 y 3 del presente Acuerdo, podrán entrar o salir del territorio del Estado de la otra Parte desde todos los puntos de cruce de su frontera abiertos al tránsito de pasajeros internacionales.

Artículo 5

La supresión de visas dispuesta en el presente Acuerdo no exime a los titulares de pasaportes diplomáticos, oficiales y de servicio válidos, mencionados en los Artículos 1 y 3, de cumplir con la legislación nacional durante su permanencia en el territorio del Estado de la otra Parte.

Las Partes se informarán mutuamente de cualquier cambio en su legislación nacional relativa a la entrada, tránsito, permanencia y partida de extranjeros.

Artículo 6

Cada una de las Partes se reserva el derecho de denegar la entrada y de reducir o poner fin a la permanencia en su territorio de un nacional de la otra Parte que fuera considerado persona no grata en el territorio del Estado receptor.

Artículo 7

Las Partes intercambiarán, a través de la vía diplomática y dentro de los 30 (treinta) días contados a partir de la firma del presente Acuerdo, los modelos de sus pasaportes diplomáticos, oficiales y de servicio válidos.

En caso de introducirse nuevos pasaportes diplomáticos oficiales y de servicio, o modificaciones en los ya existentes, las Partes se enviarán mutuamente, a través de la vía diplomática, modelos de dichos pasaportes, a más tardar 30 (treinta) días antes de su introducción.

Artículo 8

Ambas Partes se reservan el derecho de suspender temporalmente, en forma total o parcial, la implementación del presente Acuerdo por razones de seguridad nacional y orden público.

La Parte que decida suspender la implementación del presente Acuerdo deberá notificar a la otra a través de la vía diplomática, a más tardar 5 (cinco) días antes de tomar tal decisión.

La Parte que decida suspender la implementación del presente Acuerdo por las razones mencionadas en el primer párrafo del presente Artículo deberá notificar a la otra Parte, de igual manera, respecto de la reanudación de la implementación del Acuerdo.

La suspensión de la implementación del presente Acuerdo no afectará los derechos de los nacionales mencionados en los artículos 1 y 3 que ya se encuentren en el territorio del Estado receptor.

Artículo 9

El presente Acuerdo podrá ser modificado o enmendado mediante el consentimiento mutuo de las Partes, a través de Protocolos adicionales que serán considerados parte integral del presente.

Artículo 10

Cualquier diferencia o disputa que surja de la interpretación o implementación de las disposiciones del presente Acuerdo será resuelta a través de consultas o negociaciones amistosas entre las Partes.

Artículo 11

El presente Acuerdo entrará en vigor una vez cumplidos los 30 (treinta) días desde la fecha de recepción de la última notificación escrita, enviada a través de la vía diplomática, en que las Partes informen que se ha cumplido con los requerimientos legales internos necesarios para su entrada en vigor.

El presente Acuerdo permanecerá en vigor por un período indefinido y finalizará 90 (noventa) días después de la fecha en que cualquiera de las Partes reciba, a través de la vía diplomática, notificación escrita de la intención de terminarlo por parte de la otra.

Hecho en Buenos Aires, el día 1 de octubre del año 2013, en dos originales en los idiomas español, kazajo, inglés y ruso, siendo ambos igualmente auténticos. En caso de divergencia en la interpretación, prevalecerá el texto en idioma inglés.

POR EL GOBIERNO DE LA REPÚBLICA ARGENTINA	POR EL GOBIERNO DE LA REPÚBLICA DE KAZAJSTÁN

[TRANSLATION – TRADUCTION]

ACCORD ENTRE LE GOUVERNEMENT DE LA RÉPUBLIQUE ARGENTINE ET LE GOUVERNEMENT DE LA RÉPUBLIQUE DU KAZAKHSTAN RELATIF À L'EXEMPTION DES FORMALITÉS DE VISAS POUR LES TITULAIRES DE PASSEPORTS DIPLOMATIQUES, OFFICIELS ET DE SERVICE

Le Gouvernement de la République argentine et le Gouvernement de la République du Kazakhstan, ci-après dénommés « les Parties »,

Désireux de promouvoir leurs relations bilatérales,

Ayant à cœur de consolider les relations d'amitié déjà existantes et, ainsi, de faciliter les déplacements des ressortissants d'une Partie vers le territoire de l'autre Partie,

Sont convenus de ce qui suit :

Article premier

Les ressortissants de la République argentine, titulaires d'un passeport diplomatique ou officiel en cours de validité et qui ne sont pas accrédités sur le territoire de l'autre Partie, sont exemptés de l'obligation d'obtenir un visa pour entrer, transiter et sortir du territoire de la République du Kazakhstan pendant une période n'excédant pas 90 jours civils.

Les ressortissants de la République du Kazakhstan, titulaires d'un passeport diplomatique ou officiel en cours de validité et qui ne sont pas accrédités sur le territoire de l'autre Partie, sont exemptés de l'obligation d'obtenir un visa pour entrer, transiter et sortir du territoire de la République argentine pendant une période n'excédant pas 90 jours civils.

Article 2

Les titulaires de passeports diplomatiques, officiels ou de service visés à l'article premier du présent Accord qui envisagent de prolonger leur séjour sur le territoire de l'autre Partie à la fin de la période susmentionnée doivent obtenir le permis correspondant auprès des autorités compétentes de l'État hôte conformément à la législation en vigueur de cet État.

Article 3

Les ressortissants d'une Partie, titulaires d'un passeport diplomatique, officiel ou de service en cours de validité qui sont membres d'une mission diplomatique ou d'un poste consulaire, ainsi que les membres de leur famille qui font partie de leur ménage et sont titulaires d'un passeport du même type en cours de validité, peuvent entrer sur le territoire de l'autre Partie, y séjourner et en sortir sans visa pendant la durée de leur affectation.

Les personnes visées au paragraphe précédent du présent article accomplissent les démarches nécessaires à leur accréditation auprès des autorités concernées du pays hôte dans les 30 jours civils suivant leur admission.

Article 4

Sans préjudice des dispositions de la Convention de Vienne sur les relations diplomatiques de 1961 et de la Convention de Vienne sur les relations consulaires de 1963, les ressortissants d'une Partie titulaires d'un passeport diplomatique, officiel ou de service en cours de validité, visés à l'article premier et à l'article 3 du présent Accord, peuvent entrer sur territoire de l'autre Partie et en sortir en empruntant tous les points de passage de la frontière ouverts au trafic international de voyageurs.

Article 5

L'exemption des formalités de visa prévue par le présent Accord ne dispense pas les titulaires d'un passeport diplomatique, officiel ou de service en cours de validité, visés à l'article premier et à l'article 3 du présent Accord, de respecter la législation interne de l'autre Partie pendant leur séjour sur son territoire.

Les Parties se notifient mutuellement toute modification des dispositions de leurs législations internes respectives régissant l'entrée, le transit, le séjour et la sortie des étrangers.

Article 6

Chaque Partie se réserve le droit de refuser l'entrée sur son territoire aux ressortissants de l'autre Partie qu'elle juge indésirables, d'écourter leur séjour ou de les expulser.

Article 7

Dans les 30 jours civils suivant la date de signature du présent Accord, les Parties s'échangent par la voie diplomatique les spécimens de leurs passeports diplomatiques, officiels et de service en cours de validité.

Si une Partie introduit de nouveaux passeports diplomatiques, officiels et de service ou modifie les passeports existants, elle communique par la voie diplomatique à l'autre Partie les spécimens des passeports concernés, au plus tard 30 jours civils avant leur entrée en vigueur.

Article 8

Chaque Partie se réserve le droit de suspendre, entièrement ou en partie, l'application du présent Accord pour des raisons de sécurité nationale et d'ordre public.

La Partie à l'origine de la suspension en notifie l'autre Partie par la voie diplomatique au plus tard cinq jours civils avant de prendre une telle décision.

La Partie à l'origine de la suspension du présent Accord pour les raisons indiquées au premier paragraphe du présent article notifie l'autre Partie, de la même façon, de la reprise de l'application du présent Accord.

Ladite suspension n'affecte pas les droits prévus par la loi dont jouissent les ressortissants, visés à l'article premier et à l'article 3 du présent Accord, qui séjournent déjà sur le territoire de l'État hôte.

Article 9

Les Parties peuvent, d'un commun accord, modifier ou changer le présent Accord en concluant des protocoles additionnels, qui seront réputés en faire partie intégrante.

Article 10

Les divergences ou les différends découlant de l'interprétation ou de l'application des dispositions du présent Accord sont réglés à l'amiable au moyen de consultations ou de négociations entre les Parties.

Article 11

Le présent Accord entre en vigueur 30 jours civils après la date de réception de la dernière des notifications écrites par lesquelles les Parties s'informent par la voie diplomatique de l'accomplissement de leurs procédures juridiques internes nécessaires à cet effet.

Le présent Accord reste en vigueur pour une durée indéterminée, sauf si une Partie envoie par la voie diplomatique une notification écrite à l'autre Partie l'informant de son intention de le dénoncer. Dans ce cas, la dénonciation prend effet 90 jours après la date de réception de ladite notification.

FAIT à Buenos Aires, le 1er octobre 2013, en deux exemplaires originaux, en langues anglaise, kazakhe, russe et espagnole, tous les textes faisant également foi. En cas de divergence d'interprétation, le texte anglais prévaut.

Pour le Gouvernement de la République argentine :

[SIGNÉ]

Pour le Gouvernement de la République du Kazakhstan :

[SIGNÉ]

No. 51928

Argentina
and
Spain

Convention between the Argentine Republic and the Kingdom of Spain for the avoidance of double taxation with respect to taxes on income and on capital (with protocol and memorandum of understanding). Buenos Aires, 11 March 2013

Entry into force: *23 December 2013 by the exchange of the instruments of ratification, in accordance with article 28*

Authentic text: *Spanish*

Registration with the Secretariat of the United Nations: *Argentina, 30 May 2014*

Argentine
et
Espagne

Convention entre la République argentine et le Royaume d'Espagne tendant à éviter la double imposition et à prévenir l'évasion fiscale en matière d'impôts sur le revenu et sur la fortune (avec protocole et mémorandum d'accord). Buenos Aires, 11 mars 2013

Entrée en vigueur : *23 décembre 2013 par l'échange des instruments de ratification, conformément à l'article 28*

Texte authentique : *espagnol*

Enregistrement auprès du Secrétariat de l'Organisation des Nations Unies : *Argentine, 30 mai 2014*

[SPANISH TEXT – TEXTE ESPAGNOL]

CONVENIO
ENTRE
LA REPÚBLICA ARGENTINA
Y
EL REINO DE ESPAÑA
PARA EVITAR LA DOBLE IMPOSICIÓN Y PREVENIR LA EVASIÓN FISCAL EN MATERIA DE IMPUESTOS SOBRE LA RENTA Y SOBRE EL PATRIMONIO

La República Argentina y el Reino de España, deseando concluir un Convenio para evitar la doble imposición y prevenir la evasión fiscal en materia de impuestos sobre la renta y sobre el patrimonio, han acordado lo siguiente:

Artículo 1
ÁMBITO PERSONAL

El presente Convenio se aplica a las personas residentes de uno o ambos Estados Contratantes.

Artículo 2
IMPUESTOS COMPRENDIDOS

1. El presente Convenio se aplica a los impuestos sobre la renta y sobre el patrimonio exigibles por cada uno de los Estados Contratantes, cualquiera que sea el sistema de su exacción.

2. Se consideran impuestos sobre la renta y sobre el patrimonio los que gravan la totalidad de la renta o del patrimonio o cualquier parte de los mismos, incluidos los impuestos sobre las ganancias derivadas de la enajenación de bienes muebles o inmuebles, los impuestos sobre el importe de sueldos o salarios pagados por las empresas, así como los impuestos sobre las plusvalías.

3. Los impuestos a los que se aplica el presente Convenio son en la actualidad:

a) En el Reino de España;

I. El Impuesto sobre la Renta de las Personas Físicas.
II. El Impuesto sobre Sociedades.

III. El Impuesto sobre la Renta de No Residentes.
IV. El Impuesto sobre el Patrimonio.
Denominados en lo sucesivo "impuesto español".

b) En la República Argentina:

I. El impuesto a las ganancias.
II. El impuesto a la ganancia mínima presunta.
III. El impuesto sobre los bienes personales.
Denominados en lo sucesivo "impuesto argentino".

4. El presente Convenio se aplicará también a los impuestos de naturaleza idéntica o análoga que se establezcan con posterioridad a la fecha de la firma del mismo y que se añadan a los actuales o les sustituyan. Las autoridades competentes de los Estados Contratantes se comunicarán mutuamente cualquier modificación relevante que se haya introducido en sus respectivas legislaciones fiscales.

Artículo 3
DEFINICIONES GENERALES

1. En el presente Convenio, a menos que de su texto se infiera una interpretación diferente:

a) El término "España" significa el Reino de España y, utilizado en sentido geográfico, significa el territorio del Reino de España, incluyendo el espacio aéreo, sus aguas interiores, su mar territorial y las áreas exteriores a su mar territorial en las que, con arreglo al Derecho internacional y en virtud de su legislación interna, el Reino de España ejerza o pueda ejercer en el futuro jurisdicción o derechos de soberanía respecto del fondo marino, su subsuelo y aguas suprayacentes, y sus recursos naturales;

b) El término "Argentina" significa el territorio sujeto a la soberanía de la República Argentina, de conformidad con sus normas constitucionales y legales.

c) Las expresiones "un Estado Contratante y el otro Estado Contratante" designan, según el caso, a la Argentina o a España.

d) El término "persona" comprende las personas físicas, las sociedades y cualquier otra agrupación de personas.

e) El término "sociedad" significa cualquier persona jurídica o cualquier entidad que sea considerada persona jurídica a efectos impositivos.

f) Las expresiones "empresa de un Estado Contratante" y "empresa del otro Estado Contratante" significan, respectivamente, una empresa explotada por un residente de un Estado Contratante y una empresa explotada por un residente del otro Estado Contratante.

g) El término "nacional" significa:

i) Todas las personas físicas que posean la nacionalidad de un Estado Contratante;

ii) Todas las personas jurídicas, sociedades de personas y asociaciones constituidas conforme a la legislación vigente en un Estado Contratante.

h) La expresión "transporte internacional" significa cualquier transporte por buque o aeronave explotado por una empresa que tiene su sede de dirección efectiva establecida en un Estado Contratante, excepto cuando el buque o la aeronave es objeto de explotación solamente entre lugares del otro Estado Contratante.

i) La expresión "autoridad competente" significa:

i) En el Reino de España: El Ministro de Hacienda y Administraciones Públicas o su representante debidamente autorizado;

ii) En la República Argentina: El Ministerio de Economía y Finanzas Públicas (Secretaría de Hacienda).

2. Para la aplicación del Convenio en cualquier momento por un Estado Contratante, cualquier término o expresión no definida en el mismo tendrá, a menos que de su contexto se infiera una interpretación diferente, el significado que en ese momento le atribuya la legislación de ese Estado relativa a los impuestos que son objeto del Convenio, prevaleciendo el significado atribuido por la legislación fiscal sobre el que resultaría de otras ramas del derecho de ese Estado.

Artículo 4
RESIDENCIA

1. A los efectos de este Convenio, la expresión "residente de un Estado Contratante" significa toda persona que, en virtud de la legislación de este Estado, esté sujeta a imposición en el mismo por razón de su domicilio, residencia, sede de dirección o cualquier otro criterio de naturaleza análoga previsto en dicha legislación, incluyendo también a ese Estado y a sus subdivisiones políticas o entidades locales. Sin embargo, esta expresión no incluye a las personas que estén sujetas a imposición en este Estado exclusivamente por la renta que obtengan procedente de fuentes situadas en el citado Estado o por el patrimonio que posean en el mismo.

2. Cuando en virtud de las disposiciones del apartado 1, una persona física resulte residente de ambos Estados Contratantes, su residencia se determinará según las siguientes reglas:

a) Esta persona será considerada residente solamente del Estado Contratante donde tenga una vivienda permanente a su disposición. Si tuviera una vivienda permanente a su disposición en ambos Estados Contratantes se considerará residente solamente del Estado Contratante en el que mantenga relaciones personales y económicas más estrechas (centro de intereses vitales).

b) Si no pudiera determinarse el Estado Contratante en el que dicha persona tiene el centro de sus intereses vitales, o si no tuviera una vivienda permanente a su disposición en ninguno de los Estados Contratantes se considerará residente solamente del Estado Contratante donde viva de manera habitual.

c) Si viviera de manera habitual en ambos Estados Contratantes, o no lo hiciera en ninguno de ellos, se considerará residente solamente del Estado Contratante del que sea nacional.

d) Si fuera nacional de ambos Estados Contratantes, o no lo fuera de ninguno de ellos, las autoridades competentes de los Estados Contratantes resolverán el caso de común acuerdo.

3. Cuando en virtud de las disposiciones del apartado 1 una persona que no sea una persona física sea residente de ambos Estados Contratantes, se considerará residente solamente del Estado Contratante en que se encuentra su sede de dirección efectiva.

Artículo 5
ESTABLECIMIENTO PERMANENTE

1. A los efectos del presente Convenio, el término "establecimiento permanente" significa un lugar fijo de negocios mediante el cual una empresa desarrolla total o parcialmente su actividad.

2. En particular, se considerarán establecimiento permanente:

a) Una sede de dirección;
b) Una sucursal;
c) Una oficina;
d) Una fábrica;
e) Un taller; y
f) Una mina, un pozo de petróleo o de gas, una cantera o cualquier otro lugar de extracción de recursos naturales.

3. El término "establecimiento permanente" comprenderá asimismo:

a) Unas obras, una construcción o un proyecto de instalación o montaje, o unas actividades de inspección relacionadas con ellos, pero sólo cuando tales obras, construcción o actividades continúen durante un período superior a seis meses.

b) La prestación de servicios por una empresa, incluidos los servicios de consultores, por intermedio de sus empleados o de personal contratado por la empresa para ese fin, pero sólo en el caso de que las actividades de esa naturaleza prosigan (en relación con el mismo proyecto o con un proyecto conexo) en el país durante un período o períodos que en total excedan de seis meses, dentro de un período cualquiera de doce meses.

c) Las actividades de exploración minera, petrolera, gasífera y cualquier otra referida al aprovechamiento de recursos naturales y actividades accesorias a las mismas que se lleven a cabo en un Estado Contratante por un período superior a seis meses dentro de un período de doce meses.

4. No obstante lo dispuesto anteriormente en este artículo, se considera que el término "establecimiento permanente" no incluye:

a) La utilización de instalaciones con el único fin de almacenar o exponer bienes o mercancías pertenecientes a la empresa;

b) El mantenimiento de un depósito de bienes o mercancías pertenecientes a la empresa con el único fin de almacenarlas o exponerlas;

c) El mantenimiento de un depósito de bienes o mercancías pertenecientes a la empresa con el único fin de que sean transformadas por otra empresa;

d) El mantenimiento de un lugar fijo de negocios con el único fin de comprar bienes o mercancías o de recoger información para la empresa;

e) El mantenimiento de un lugar fijo de negocios con el único fin de realizar para la empresa cualquier otra actividad de carácter auxiliar o preparatorio;

f) El mantenimiento de un lugar fijo de negocios con el único fin del ejercicio combinado de las actividades mencionadas en los apartados a) a e), a condición de que el conjunto de la actividad del lugar fijo de negocios conserve su carácter auxiliar o preparatorio.

5. No obstante las disposiciones de los apartados 1 y 2, cuando una persona, a menos que se trate de un representante independiente al que se aplique el apartado 6, actúe en un Estado Contratante en nombre de una empresa del otro Estado Contratante, se considerará que esa empresa tiene un establecimiento permanente en el primer Estado Contratante si la persona:

a) Tiene y habitualmente ejerce en ese Estado poderes para concertar contratos en nombre de esa empresa, a menos que las actividades de esta persona se limiten a las mencionadas en el apartado 4 que, de haber sido realizadas por medio de un lugar fijo de negocios, no se hubiera considerado ese lugar fijo de negocios como un establecimiento permanente de acuerdo con las disposiciones de ese apartado; o

b) No tiene esos poderes, pero mantiene habitualmente en el primer Estado existencias de bienes o mercaderías que utiliza para entregar regularmente bienes o mercaderías por cuenta de la empresa.

6. No se considerará que una empresa de un Estado Contratante tiene un establecimiento permanente en el otro Estado Contratante por el sólo hecho de que realice en ese otro Estado operaciones comerciales por medio de un corredor, un comisionista general o cualquier otro representante independiente, siempre que esas personas actúen en el desempeño ordinario de sus negocios. No obstante, cuando las actividades de dicho agente sean ejercidas total o parcialmente en nombre de la empresa y el agente y la empresa estén, en sus relaciones comerciales o financieras, unidas por condiciones aceptadas o impuestas que difieran de las que serían acordadas por empresas independientes, éste no será considerado un agente independiente de acuerdo con las disposiciones de este apartado.

7. El hecho de que una sociedad de uno de los Estados Contratantes controle a una sociedad del otro Estado Contratante o esté controlada por ella, o de que realice operaciones comerciales en ese otro Estado Contratante, por medio de un establecimiento permanente o de otra manera, no bastará por sí solo para equiparar ninguna de dichas sociedades a un establecimiento permanente de la otra.

Artículo 6
RENTAS INMOBILIARIAS

1. Las rentas que un residente de un Estado Contratante obtenga de bienes inmuebles (incluidas las rentas de explotaciones agropecuarias o forestales) situados en el otro Estado Contratante pueden someterse a imposición en este otro Estado.

2. La expresión "bienes inmuebles" tendrá el significado que le atribuya la legislación del Estado Contratante en que los bienes en cuestión estén situados. Dicha expresión comprende, en todo caso, los accesorios a los bienes inmuebles, el ganado y equipo utilizado en las explotaciones agropecuarias y forestales, los derechos a los que se apliquen las disposiciones de derecho privado relativas a los bienes raíces, el usufructo de bienes inmuebles y los derechos a percibir pagos variables o fijos por la explotación, o la concesión de la explotación, de yacimientos minerales,

fuentes y otros recursos naturales. Los buques, embarcaciones y aeronaves no se consideran bienes inmuebles.

3. Las disposiciones del apartado 1 se aplican a las rentas derivadas de la utilización directa, del arrendamiento o aparcería, así como de cualquier otra forma de explotación de los bienes inmuebles.

4. Cuando la propiedad de acciones u otros derechos atribuyan directa o indirectamente al propietario de dichas acciones o derechos, el derecho al disfrute de los bienes inmuebles, las rentas derivadas de la utilización directa, arrendamiento o uso en cualquier otra forma de tal derecho de disfrute, pueden someterse a imposición en el Estado Contratante en que los bienes inmuebles estén situados.

5. Las disposiciones de los apartados 1, 3 y 4 se aplican, igualmente, a las rentas derivadas de los bienes inmuebles de una empresa y de los bienes inmuebles utilizados en el ejercicio de servicios personales independientes.

Artículo 7
BENEFICIOS EMPRESARIALES

1. Los beneficios de una empresa de un Estado Contratante solamente pueden someterse a imposición en este Estado, a no ser que la empresa realice su actividad en el otro Estado Contratante por medio de un establecimiento permanente situado en él. Si la empresa realiza su actividad de dicha manera, los beneficios de la empresa pueden someterse a imposición en el otro Estado, pero sólo en la medida en que puedan atribuirse a este establecimiento permanente.

A estos efectos, cuando una empresa de un Estado Contratante realice actividades en el otro Estado Contratante por medio de un establecimiento permanente situado en él, serán atribuibles al mismo, además de los beneficios derivados de las ventas o actividades realizadas por el propio establecimiento permanente:

a) Las ventas en ese otro Estado de bienes o mercancías de tipo idéntico o similar al de las vendidas por medio de ese establecimiento permanente; y

b) Las rentas de las actividades comerciales realizadas en ese otro Estado en tanto sean de naturaleza idéntica o similar a las realizadas por medio del citado establecimiento permanente.

2. Sin perjuicio de lo previsto en el apartado 3, cuando una empresa de un Estado Contratante realice su actividad en el otro Estado Contratante por medio de un establecimiento permanente situado en él, en cada Estado Contratante se atribuirán a dicho establecimiento los beneficios que éste hubiera podido obtener de ser una empresa distinta y separada que realizase

las mismas o similares actividades, en las mismas o similares condiciones, y tratase con total independencia con la empresa de la que es establecimiento permanente.

3. Para la determinación del beneficio del establecimiento permanente se permitirá la deducción de los gastos en que se haya incurrido para la realización de los fines del establecimiento permanente, comprendidos los gastos de dirección y generales de administración para los mismos fines, tanto si se efectúan en el Estado en que se encuentre el establecimiento permanente como en otra parte.

4. No se atribuirá ningún beneficio a un establecimiento permanente por el mero hecho de que éste compre bienes o mercancías para la empresa.

5. Asimismo, los beneficios obtenidos por una empresa de un Estado Contratante provenientes del desarrollo de la actividad aseguradora o de reaseguro, que cubran bienes situados en el otro Estado Contratante o personas que son residentes de ese otro Estado al tiempo de la celebración del contrato de seguro, serán imponibles en ese otro Estado, ya sea que la empresa desarrolle su actividad en ese otro Estado a través de un establecimiento permanente allí situado, o de otra manera, a condición de que, en este último supuesto, quien efectúe el pago de la prima sea residente de ese otro Estado.

En este supuesto, tratándose de beneficios provenientes de operaciones de reaseguro, el impuesto exigible en ese otro Estado no podrá exceder del 2,5 por ciento del importe bruto de la prima.

6. A efectos de los apartados anteriores, los beneficios imputables al establecimiento permanente se calcularán cada año por el mismo método, a no ser que existan motivos válidos y suficientes para proceder de otra forma.

7. Cuando los beneficios comprendan rentas reguladas separadamente en otros artículos de este Convenio, las disposiciones de aquéllos no quedarán afectadas por las del presente artículo.

Artículo 8
NAVEGACIÓN MARÍTIMA Y AÉREA

1. Los beneficios procedentes de la explotación de buques o aeronaves en transporte internacional sólo pueden someterse a imposición en el Estado Contratante en el que esté situada la sede de dirección efectiva de la empresa.

2. Si la sede de dirección efectiva de una empresa de navegación estuviera a bordo de un buque, se considerará que se encuentra en el Estado Contratante donde esté el puerto base del mismo, y si no existiera tal punto base, en el Estado Contratante en el que resida la persona que explote el buque.

3. Las disposiciones del apartado 1 se aplicarán también a los beneficios procedentes de la participación en un "pool", en una explotación en común o en un organismo internacional de explotación.

4. En este artículo, el término beneficios incluye:

a) Los ingresos derivados de la operación de buques o aeronaves en el transporte internacional;

b) Los intereses generados por fondos conectados con la operación de buques y aeronaves en el transporte internacional;

c) Los ingresos derivados del alquiler de buques, aeronaves, contenedores y equipos usados por una empresa en el transporte internacional, siempre que tales ingresos sean incidentales a dicho transporte.

Artículo 9
EMPRESAS ASOCIADAS

1. Cuando:

a) Una empresa de un Estado Contratante participe, directa o indirectamente, en la dirección, control o capital de una empresa del otro Estado Contratante, o

b) unas mismas personas participen, directa o indirectamente, en la dirección, control o capital de una empresa de un Estado Contratante y de una empresa del otro Estado Contratante y en uno y otro caso, las dos empresas estén, en sus relaciones comerciales o financieras unidas por condiciones, aceptadas o impuestas, que difieran de las que serían acordadas por empresas independientes, los beneficios que por una de las empresas habrían sido obtenidos de no existir estas condiciones, pero que de hecho no se han producido a causa de las mismas, pueden ser incluidos en los beneficios de esta empresa y sometidos a imposición en consecuencia.

2. Cuando un Estado Contratante incluya en las utilidades de una empresa de ese Estado -y las grave en consecuencia- las utilidades por las que una empresa del otro Estado Contratante haya sido gravada, y las utilidades así incluidas sean utilidades que habrían correspondido a la empresa del primer Estado si las condiciones establecidas entre las dos empresas hubieran sido las que regirían entre empresas independientes, ese otro Estado ajustará debidamente la cuantía del impuesto que grave en él esas utilidades. Para determinar ese ajuste se tendrán debidamente en cuenta las demás disposiciones del Convenio, y las autoridades competentes de los Estados Contratantes celebrarán consultas entre sí, cuando fuese necesario.

Artículo 10
DIVIDENDOS

1. Los dividendos pagados por una sociedad residente de un Estado Contratante a un residente del otro Estado Contratante pueden someterse a imposición en este otro Estado.

2. Sin embargo, estos dividendos pueden también someterse a imposición en el Estado Contratante en que resida la sociedad que pague los dividendos y según la legislación de este Estado, pero si el perceptor de los dividendos es el beneficiario efectivo, el impuesto así exigido no podrá exceder del:

a) 10 por ciento del importe bruto de los dividendos si el beneficiario efectivo es una sociedad (excluidas las sociedades de personas) que posea directamente al menos el 25 por ciento del capital de la sociedad que paga los dividendos;

b) 15 por ciento del importe bruto de los dividendos en los demás casos.

Este párrafo no afecta a la imposición de la sociedad respecto de los beneficios con cargo a los que se paguen los dividendos.

3. El término "dividendos" empleado en el presente artículo significa los rendimientos de las acciones o bonos de disfrute, de las partes de fundador y otros derechos, excepto los de crédito, que permitan participar en los beneficios, así como las rentas de otras participaciones sociales sujetas al mismo régimen fiscal que los rendimientos de las acciones por la legislación del Estado en que resida la sociedad que las distribuya.

4. Las disposiciones de los apartados 1 y 2 no se aplican si el beneficiario efectivo de los dividendos, residente de un Estado Contratante, ejerce en el otro Estado Contratante, del que es residente la sociedad que paga los dividendos, una actividad industrial o comercial a través de un establecimiento permanente situado en ese otro Estado, o presta unos trabajos independientes por medio de una base fija situada en él, con los que la participación que genera los dividendos esté vinculada efectivamente. En estos casos se aplican las disposiciones del artículo 7 o del artículo 14, según proceda.

5. Cuando una sociedad residente de un Estado Contratante obtenga beneficios o rentas procedentes del otro Estado Contratante, este otro Estado no puede exigir ningún impuesto sobre los dividendos pagados por la sociedad salvo en la medida en que estos dividendos sean pagados a un residente de este otro Estado o la participación que genera los dividendos esté vinculada efectivamente a un establecimiento permanente o a una base fija situada en este otro Estado, ni someter los beneficios no distribuidos de la sociedad a un impuesto sobre los mismos, aunque los dividendos pagados o los beneficios no distribuidos consistan, total o parcialmente, en beneficios o rentas procedentes de este otro Estado.

Artículo 11
INTERESES

1. Los intereses procedentes de un Estado Contratante y pagados a un residente del otro Estado Contratante pueden someterse a imposición en este otro Estado.

2. Sin embargo, estos intereses pueden también someterse a imposición en el Estado Contratante del que procedan y de acuerdo con la legislación de este Estado, pero si el perceptor de los intereses es el beneficiario efectivo, el impuesto así exigido no puede exceder del 12 por ciento del importe bruto de los intereses.

3. No obstante las disposiciones del apartado 2, los intereses originados en uno de los Estados Contratantes estarán exentos de impuestos en dicho Estado si:

a) El deudor de los intereses es ese Estado o una de sus subdivisiones políticas o administrativas, o una de sus colectividades locales;

b) Los intereses son pagados al gobierno del otro Estado Contratante o a una de sus colectividades locales o a una institución u organismo (comprendidas las instituciones financieras) pertenecientes en su totalidad a ese Estado Contratante o a una de sus colectividades locales; o

c) Los intereses son pagados a otras instituciones u organismos (comprendidas las instituciones financieras) en razón de financiaciones convenidas con ellos en el marco de acuerdos concluidos entre los gobiernos de ambos Estados Contratantes y siempre que el plazo de los mismos no sea inferior a cinco años;

d) Los intereses se pagan en relación con ventas de equipos industriales, comerciales o científicos.

4. El término "intereses" empleado en el presente artículo significa los rendimientos de créditos de cualquier naturaleza, con o sin garantía hipotecaria o cláusula de participación en los beneficios del deudor, y especialmente las rentas de fondos públicos y de bonos u obligaciones, así como todo otro beneficio asimilado a las rentas de sumas dadas en préstamo por la legislación fiscal del Estado del cual provienen las rentas.

5. Las disposiciones de los apartados 1 y 2 no se aplican si el beneficiario efectivo de los intereses, residente de un Estado Contratante, ejerce en el otro Estado Contratante del que proceden los intereses una actividad industrial o comercial por medio de un establecimiento permanente situado en este otro Estado o presta servicios profesionales independientes por medio de una base fija situada en él, y el crédito que genera los intereses está vinculado efectivamente con:

a) Ese establecimiento permanente o base fija; o con

b) Las actividades comerciales mencionadas en el apartado 1.b) del artículo 7.

En estos casos se aplicarán las disposiciones del artículo 7 o del artículo 14, según corresponda.

6. Los intereses se consideran procedentes de un Estado Contratante cuando el deudor es el propio Estado, una subdivisión política o administrativa, una colectividad local o un residente de este Estado. Sin embargo, cuando el deudor de los intereses, sea o no residente de un Estado Contratante, tenga en un Estado Contratante un establecimiento permanente o una base fija en relación con los cuales se haya contraído la deuda que da origen al pago de los intereses y soporten la carga de los mismos, éstos se consideran como procedentes del Estado donde estén situados el establecimiento permanente o la base fija.

7. Cuando, por razón de las relaciones especiales existentes entre el deudor y el beneficiario efectivo de los intereses o de las que uno y otro mantengan con terceros, el importe de los intereses pagados, habida cuenta del crédito por el que se paguen, exceda del que hubieran convenido el deudor y el acreedor en ausencia de tales relaciones, las disposiciones de este artículo no se aplican más que a este último importe. En este caso el excedente podrá someterse a imposición, de acuerdo con la legislación de cada Estado, teniendo en cuenta las demás disposiciones del presente Convenio.

Artículo 12
CÁNONES O REGALÍAS

1. Los cánones o regalías procedentes de un Estado Contratante y pagados a un residente de otro Estado Contratante pueden someterse a imposición en este otro Estado.

2. Sin embargo, dichos cánones o regalías pueden someterse a imposición en el Estado Contratante del que procedan, y conforme a la legislación de ese Estado, pero si el perceptor de los cánones o regalías es el beneficiario efectivo, el impuesto así exigido no podrá exceder:

a) Del 3 por ciento del importe bruto pagado por el uso o la concesión del uso de noticias;

b) Del 5 por ciento del importe bruto pagado por el uso o la concesión del uso de derechos de autor sobre obras literarias, teatrales, musicales o artísticas;

c) Del 10 por ciento del importe bruto pagado por el uso o la concesión del uso de patentes, diseños y modelos, planos, fórmulas o procedimientos secretos, de programas de ordenador, de equipos comerciales, industriales o científicos, o por informaciones relativas a experiencias industriales, comerciales o científicas, así como por la prestación de servicios de asistencia técnica;

d) Del 15 por ciento del importe bruto de los cánones o regalías en los demás casos.

3. El término cánones o regalías empleado en el presente artículo significa las cantidades de cualquier clase pagadas por el uso o la concesión de uso de noticias, de derechos de autor sobre obras literarias, teatrales, musicales, artísticas o científicas, incluidas las películas cinematográficas, cintas magnéticas grabadas, de video y audio, de radio y televisión y de todo otro medio de proyección, reproducción o difusión de imágenes o sonidos, de patentes, marcas de fábrica o de comercio, diseños o modelos, planos, fórmulas o procedimientos secretos, de programas de ordenador, así como por el uso o la concesión de uso de equipos industriales, comerciales o científicos, así como por informaciones relativas a experiencias industriales, comerciales o científicas y por la prestación de servicios de asistencia técnica.

4. Las disposiciones de los apartados 1 y 2 no se aplicarán si el beneficiario efectivo de los cánones o regalías, residente de un Estado Contratante, realiza operaciones comerciales en el otro Estado Contratante del que procedan los cánones o regalías, por medio de un establecimiento permanente situado en él, o presta en ese otro Estado servicios personales independientes desde una base fija situada en él, y el derecho o propiedad por el que se paguen los cánones o regalías está vinculada efectivamente con:

a) Ese establecimiento permanente o base fija, o con

b) Las actividades comerciales mencionadas en el apartado 1.b) del artículo 7.

En tales casos, se aplicarán las disposiciones del artículo 7 o del artículo 14, según corresponda.

5. Los cánones o regalías se consideran procedentes de un Estado Contratante cuando el deudor es el propio Estado o una de sus subdivisiones políticas o entidades locales, o un residente de ese Estado. Sin embargo, cuando el deudor de los cánones o regalías, sea o no residente de un Estado Contratante, tenga en uno de los Estados Contratantes un establecimiento permanente o una base fija en relación con los cuales se haya contraído la obligación de pago de los cánones o regalías, y soporten la carga de los mismos, los cánones o regalías se considerarán procedentes del Estado donde estén situados el establecimiento permanente o la base fija.

6. Cuando, por razón de las relaciones especiales existentes entre el deudor y el beneficiario efectivo de los cánones o regalías o de las que uno y otro mantengan con terceros, el importe de los cánones o regalías pagados, habida cuenta de la prestación por la que se pagan, exceda del que habrían convenido el deudor y el beneficiario efectivo en ausencia de tales relaciones, las disposiciones de este artículo no se aplican más que a este último importe. En este caso, el exceso podrá someterse a imposición de acuerdo con la legislación de cada Estado Contratante, teniendo en cuenta las demás disposiciones del presente Convenio.

Artículo 13
GANANCIAS DE CAPITAL

1. Las ganancias que un residente de un Estado Contratante obtenga de la enajenación de bienes inmuebles, a los que se refiere el artículo 6, y situados en el otro Estado Contratante, pueden someterse a imposición en este Estado.

2. Las ganancias derivadas de la enajenación de bienes muebles que forman parte del activo de un establecimiento permanente que una empresa de un Estado Contratante tenga en el otro Estado Contratante, o de bienes muebles que pertenezcan a una base fija que un residente de un Estado Contratante tenga en el otro Estado Contratante para la prestación de servicios personales independientes, comprendidas las ganancias derivadas de la enajenación de este establecimiento permanente (solo o con el conjunto de la empresa) o de esta base fija, pueden someterse a imposición en este otro Estado.

3. Las ganancias derivadas de la enajenación de buques o aeronaves explotados en el transporte internacional, o de bienes muebles afectados al giro específico de la explotación de tales buques o aeronaves, sólo podrán someterse a imposición en el Estado Contratante donde esté situada la sede de dirección efectiva de la empresa.

4. Las ganancias que un residente de un Estado Contratante obtenga de la enajenación de acciones o de otros derechos de participación cuyo valor se derive directa o indirectamente en más de un 50% de bienes inmuebles situados en el otro Estado Contratante, pueden someterse a imposición en ese otro Estado.

5. Las ganancias derivadas de la enajenación de acciones o participaciones en el capital o el patrimonio de una sociedad residente de un Estado Contratante, distintas de las mencionadas en el apartado 4, pueden someterse a imposición en este Estado. Sin embargo, el impuesto así exigido no podrá exceder:

a) Del 10 por ciento de la ganancia cuando se trate de una participación directa en el capital de al menos el 25 por ciento;

b) Del 15 por ciento de la ganancia en los demás casos.

6. Las ganancias derivadas de la enajenación de acciones o de otros derechos que, en forma directa o indirecta, otorguen al propietario de dichas acciones o derechos el derecho al disfrute de bienes inmuebles situados en un Estado Contratante, pueden someterse a imposición en ese Estado.

7. Las ganancias de capital no incluidas en los apartados precedentes pueden someterse a imposición en ambos Estados Contratantes, de acuerdo con las respectivas legislaciones internas.

Artículo 14
SERVICIOS PERSONALES INDEPENDIENTES

1. Las rentas obtenidas por una persona física residente de un Estado Contratante con respecto a servicios profesionales u otras actividades de carácter independiente llevadas a cabo en el otro Estado Contratante pueden someterse a imposición en este último Estado, pero el impuesto exigible no excederá del 10 por ciento del monto bruto percibido por dichos servicios o actividades, excepto en el caso en que este residente disponga de una base fija en el otro Estado Contratante a efectos de llevar a cabo sus actividades. En este último caso dichas rentas se someterán a imposición en ese otro Estado de acuerdo con su legislación interna, en la medida en que puedan atribuirse a la citada base fija.

2. La expresión "servicios personales" incluye las actividades independientes, científicas, literarias, artísticas, de educación o enseñanza, así como también las actividades independientes de médicos, abogados, ingenieros, arquitectos, odontólogos y contadores.

Artículo 15
SERVICIOS PERSONALES DEPENDIENTES

1. Sin perjuicio de lo dispuesto en los artículos 16, 18 y 19, los sueldos, salarios y demás remuneraciones similares obtenidos por un residente de un Estado Contratante por razón de un empleo, sólo pueden someterse a imposición en este Estado, a no ser que el empleo se ejerza en el otro Estado Contratante. En este último caso, las remuneraciones percibidas por este concepto pueden someterse a imposición en este otro Estado.

2. No obstante lo dispuesto en el apartado 1, las remuneraciones obtenidas por un residente de un Estado Contratante por razón de un empleo ejercido en el otro Estado Contratante, sólo pueden someterse a imposición en el primer Estado si:

a) El perceptor permanece en el otro Estado por uno o varios períodos que no excedan en su conjunto de 183 días durante un período de doce meses consecutivos;

b) Las remuneraciones se pagan por, o en nombre de, un empleador que no es residente del otro Estado; y

c) Las remuneraciones no sean soportadas por un establecimiento permanente o una base fija que el empleador tiene en el otro Estado.

3. No obstante las precedentes disposiciones de este artículo, las remuneraciones obtenidas por razón de un empleo ejercido a bordo de un buque o aeronave explotados en el transporte internacional pueden someterse a imposición en el Estado Contratante en que se encuentre la sede de dirección efectiva de la empresa.

Artículo 16
HONORARIOS DE DIRECTORES Y PARTICIPACIONES DE CONSEJEROS

Los honorarios de directores, dietas de asistencia y otras retribuciones similares que un residente de un Estado Contratante obtenga como miembro del directorio, consejo de administración o de vigilancia, de una sociedad residente del otro Estado Contratante, pueden someterse a imposición en este otro Estado.

Artículo 17
ARTISTAS Y DEPORTISTAS

1. No obstante lo dispuesto en los artículos 14 y 15, las rentas que un residente de un Estado Contratante obtenga de su actividad personal ejercida en el otro Estado Contratante en su calidad de artista del espectáculo, actor de teatro, cine, radio o televisión, o músico, o en su calidad de deportista, pueden someterse a imposición en este otro Estado.

2. No obstante lo dispuesto en los artículos 7, 14 y 15, cuando las rentas derivadas de las actividades ejercidas por un artista o deportista personalmente y en calidad de tal se atribuyan, no al propio artista o deportista, sino a otra persona, estas rentas pueden someterse a imposición en el Estado Contratante en el que se realicen las actividades del artista o deportista.

3. Las disposiciones del apartado 1 no se aplicarán si la visita de los profesionales del espectáculo o deportistas a un Estado Contratante es sufragada total o sustancialmente por fondos públicos del otro Estado Contratante, una provincia, una subdivisión política o administrativa, o una entidad local de este último Estado.

Artículo 18
PENSIONES, JUBILACIONES, ANUALIDADES Y PENSIONES ALIMENTICIAS

1. Las pensiones y jubilaciones pagadas a un residente de un Estado Contratante sólo pueden someterse a imposición en este Estado.

2. Lo dispuesto en el apartado anterior será aplicable, asimismo, a las prestaciones percibidas por los beneficiarios de fondos de pensiones o de otros sistemas alternativos.

3. Las anualidades pagadas a un residente de un Estado Contratante sólo pueden someterse a imposición en ese Estado.

El término "anualidad" significa una suma prefijada que ha de pagarse periódicamente en épocas establecidas a lo largo de la vida de una persona o durante un período de tiempo determinado o determinable a cambio del pago de una cantidad adecuadamente equivalente en dinero o en signo que lo represente.

4. Las pensiones alimenticias pagadas a un residente de un Estado Contratante sólo pueden someterse a imposición en ese Estado. La expresión "pensiones alimenticias", tal y como se emplea en este apartado, significa pagos periódicos efectuados conforme a un acuerdo de separación por escrito, a una sentencia de separación o de divorcio, o ayudas obligatorias, respecto de los cuales el perceptor esté sometido a imposición con arreglo a las leyes del Estado del que es residente.

5. Los pagos periódicos para manutención de hijos menores de edad en aplicación de un acuerdo de separación por escrito de una sentencia de separación o de divorcio, o ayudas obligatorias, efectuados por un residente de un Estado Contratante a un residente del otro Estado Contratante, sólo pueden someterse a imposición en el Estado Contratante mencionado en primer lugar.

Artículo 19
FUNCIONES PÚBLICAS

1. a) Las remuneraciones, excluidas las pensiones, pagadas por un Estado Contratante o una de sus subdivisiones políticas o entidades locales a una persona física, por razón de servicios prestados a este Estado o a esta subdivisión o entidad, sólo pueden someterse a imposición en este Estado.

b) Sin embargo, estas remuneraciones sólo pueden someterse a imposición en el otro Estado Contratante si los servicios se prestan en este Estado y la persona física es un residente de este Estado que:

i) posee la nacionalidad de este Estado; o

ii) no ha adquirido la condición de residente de este Estado solamente para prestar los servicios.

2. a) Las pensiones pagadas por un Estado Contratante o por alguna de sus subdivisiones políticas o entidades locales, bien directamente o con cargo a fondos constituidos, a una persona física por razón de servicios prestados a este Estado o a esta subdivisión o entidad, sólo pueden someterse a imposición en este Estado.

b) Sin embargo, estas pensiones sólo pueden someterse a imposición en el otro Estado Contratante si la persona física fuera residente y nacional de este Estado.

3. Lo dispuesto en los artículos 15, 16 y 18 se aplica a las remuneraciones y pensiones pagadas por razón de servicios prestados dentro del marco de una actividad industrial o comercial realizada por un Estado Contratante o una de sus subdivisiones políticas o entidades locales.

Artículo 20
PROFESORES Y ESTUDIANTES

1. Una persona física que es, o fue en el período inmediatamente anterior a su visita a un Estado Contratante, residente del otro Estado Contratante, y que por invitación de una universidad, establecimiento de enseñanza superior, escuela u otra institución oficial del primer Estado Contratante, visita ese Estado Contratante con el único fin de enseñar o realizar investigaciones en dichas instituciones por un período que no exceda de un año, estará exenta de imposición en ese primer Estado Contratante en relación a las remuneraciones que perciba como consecuencia de tales actividades.

2. Las cantidades que reciba un estudiante o una persona que realice prácticas, que sea o haya sido residente de un Estado Contratante en el período inmediato anterior a su llegada al otro Estado Contratante, para cubrir sus gastos de mantenimiento, estudios o prácticas en ese otro Estado Contratante y que se encuentre en este último con el único fin de proseguir sus estudios o formación, no pueden someterse a imposición en este otro Estado siempre que tales cantidades procedan de fuentes exteriores a este otro Estado.

3. Lo dispuesto en el apartado 1 no se aplica a las retribuciones que una persona obtenga por desarrollar investigaciones si las mismas se llevan a cabo principalmente en beneficio particular de una persona o personas.

Artículo 21
OTRAS RENTAS

1. Las rentas de un residente de un Estado Contratante no comprendidas en los artículos anteriores del presente Convenio, originadas en el otro Estado Contratante, pueden someterse a imposición en el Estado mencionado en el último término.

2. Las restantes rentas de un residente de un Estado Contratante no comprendidas en los artículos anteriores del presente Convenio sólo pueden someterse a imposición en ese Estado.

3. Lo dispuesto en el apartado 2 no se aplica a las rentas, excluidas las que se deriven de bienes definidos como inmuebles en el apartado 2 del artículo 6, cuando el beneficiario de dichas rentas, residente de un Estado Contratante, realice en el otro Estado Contratante una actividad industrial o comercial por medio de un establecimiento permanente situado en él o preste servicios profesionales por medio de una base fija igualmente situada en él, con los que el derecho o propiedad por los que se pagan las rentas esté vinculado efectivamente. En estos casos se aplican las disposiciones del artículo 7 o del artículo 14, según proceda.

Artículo 22
PATRIMONIO

1. El patrimonio constituido por bienes inmuebles a los que se refiere el artículo 6 que posea un residente de un Estado Contratante y que estén situados en el otro Estado Contratante, puede someterse a imposición en este otro Estado.

2. El patrimonio constituido por bienes muebles que formen parte del activo de un establecimiento permanente que una empresa de un Estado Contratante tenga en el otro Estado Contratante, o por bienes muebles que pertenezcan a una base fija de que un residente de un Estado Contratante disponga en el otro Estado Contratante para la prestación de servicios personales independientes, puede someterse a imposición en este otro Estado.

3. El patrimonio constituido por buques o aeronaves explotados en el transporte internacional, así como por los bienes muebles afectados a la explotación de tales buques o aeronaves, sólo puede someterse a imposición en el Estado Contratante en que esté situada la sede de dirección efectiva de la empresa.

4. Los elementos del patrimonio no previstos en los apartados precedentes pueden someterse a imposición por ambos Estados de acuerdo con sus respectivas legislaciones internas.

Artículo 23
MÉTODOS PARA EVITAR LA DOBLE IMPOSICIÓN

1. En el caso de España, la doble imposición se evitará, de acuerdo con las disposiciones aplicables contenidas en la legislación española, de la siguiente manera:

a) i) Cuando un residente de España obtenga rentas o posea elementos patrimoniales que, con arreglo a las disposiciones de este Convenio, puedan someterse a imposición en la República Argentina, España permitirá la deducción del impuesto sobre las rentas o el capital de ese residente de un importe igual al impuesto efectivamente pagado en la República Argentina.

ii) En el caso de los cánones o regalías a que se refiere el apartado 2.c) del artículo 12, para la aplicación de lo dispuesto en este inciso se considerará que ha sido satisfecho en la República Argentina un impuesto del 15 por ciento del importe bruto de los cánones o regalías siempre que los mismos se paguen por una sociedad residente de la República Argentina que no detente, directa o indirectamente, más del 50 por ciento del capital de una sociedad residente de un tercer Estado, ni sea controlada de la misma manera por una sociedad residente de un tercer Estado.

iii) A los efectos de este apartado se entenderá que el impuesto efectivamente pagado en la República Argentina es el que se habría pagado de acuerdo con el Convenio de no haberse reducido o exonerado en aplicación de normas específicas encaminadas a promover el desarrollo industrial que la República Argentina introduzca en su legislación fiscal, previo acuerdo al efecto de los Gobiernos.

Sin embargo, la deducción aplicable con arreglo a este apartado, no podrá exceder de la parte del impuesto sobre la renta o sobre el patrimonio calculado antes de la deducción, correspondiente a las rentas obtenidas en la República Argentina.

b) Cuando se trate de dividendos pagados por una sociedad residente de la República Argentina a una sociedad residente de España y que detente directamente al menos el 25 por ciento del capital de la sociedad que pague los dividendos, para la determinación del crédito fiscal se tomará en consideración, además del importe deducible con arreglo al inciso a) de este apartado, el impuesto efectivamente pagado por la sociedad mencionada en primer lugar respecto de los beneficios con cargo a los cuales se pagan los dividendos, en la cuantía correspondiente a tales dividendos, siempre que dicha cuantía se incluya, a estos efectos, en la base imponible de la sociedad que percibe los mismos.

Dicha deducción, juntamente con la deducción aplicable respecto de los dividendos con arreglo al inciso a) de este apartado, no podrá exceder de la parte del impuesto sobre la renta, calculado antes de la deducción, imputable a las rentas sometidas a imposición en la República Argentina.

Para la aplicación de lo dispuesto en este inciso será necesario que la participación en la sociedad pagadora de los dividendos se mantenga de forma ininterrumpida durante los dos años anteriores al día en que los dividendos se paguen.

2. En la República Argentina la doble imposición se evitará de acuerdo con las limitaciones de su legislación en vigor:

La República Argentina reconocerá a un residente del país, como crédito contra su impuesto nacional a la renta, el monto apropiado del impuesto efectivamente pagado en España. El monto apropiado se basará en el monto del impuesto efectivamente pagado en España, pero el crédito no excederá la suma (a los efectos de imputar el crédito de impuestos a la renta de la República Argentina por rentas provenientes de fuentes del exterior de Argentina) prevista en la legislación argentina para el año fiscal.

Artículo 24
NO DISCRIMINACIÓN

1. Los nacionales de un Estado Contratante no serán sometidos en el otro Estado Contratante a ningún impuesto u obligación relativa a la misma que no se exijan o que sean más gravosos que aquéllos a los que estén o puedan estar sometidos los nacionales de este otro Estado que se encuentren en las mismas condiciones, particularmente en lo que se refiere a la residencia. No obstante lo dispuesto en el artículo 1, la presente disposición se aplica también a los nacionales de cualquiera de los Estados Contratantes aunque no sean residentes de ninguno de ellos.

2. Los establecimientos permanentes que una empresa de un Estado Contratante tenga en el otro Estado Contratante no serán sometidos a imposición en este Estado de manera menos favorable que las empresas de este otro Estado que realicen las mismas actividades. Esta disposición no puede interpretarse en el sentido de obligar a un Estado Contratante a conceder a los residentes del otro Estado Contratante las deducciones personales, desgravaciones y reducciones impositivas que otorgue a sus propios residentes en consideración a su estado civil o cargas familiares.

3. A menos que se apliquen las disposiciones del artículo 9, del apartado 7 del artículo 11 o del apartado 6 del artículo 12, los intereses, cánones o demás gastos pagados por una empresa de un Estado Contratante a un residente del otro Estado Contratante son deducibles, para determinar los beneficios sujetos a imposición de esta empresa, en las mismas condiciones que si hubieran sido pagados a un residente del primer Estado. Igualmente, las deudas de una empresa de un Estado Contratante relativas a un residente del otro Estado

Contratante son deducibles para la determinación del patrimonio imponible de esta empresa en las mismas condiciones que si se hubieran contraído con un residente del primer Estado.

4. Las empresas de un Estado Contratante cuyo capital esté, total o parcialmente, detentado o controlado, directa o indirectamente, por uno o varios residentes del otro Estado Contratante no están sometidas en el primer Estado a ningún impuesto u obligación relativa al mismo que no se exijan o que sean más gravosos que aquéllos a los que estén o puedan estar sometidas otras empresas similares del primer Estado.

5. No obstante las disposiciones del artículo 2, lo dispuesto en el artículo se aplica a todos los impuestos cualquiera que sea su naturaleza o denominación.

Artículo 25
PROCEDIMIENTO AMISTOSO

1. Cuando una persona considere que las medidas adoptadas por uno o ambos Estados Contratantes implican o pueden implicar para ella una imposición que no esté conforme con las disposiciones del presente Convenio, con independencia de los recursos previstos por el Derecho interno de estos Estados, podrá someter su caso a la autoridad competente del Estado Contratante del que es residente o, si fuera aplicable el apartado 1 del artículo 24, a la del Estado Contratante del que es nacional. El caso deberá ser planteado dentro de los tres años siguientes a la primera notificación de la medida que implique una imposición no conforme a las disposiciones del Convenio.

2. La autoridad competente, si la reclamación le parece fundada y si ella misma no está en condiciones de adoptar una solución satisfactoria, hará lo posible por resolver la cuestión mediante un acuerdo amistoso con la autoridad competente del otro Estado Contratante a fin de evitar una imposición que no se ajuste a este Convenio. El acuerdo se aplica independientemente de los plazos previstos por el Derecho interno de los Estados Contratantes.

3. Las autoridades competentes de los Estados Contratantes harán lo posible por resolver las dificultades o disipar las dudas que plantee la interpretación o la aplicación del Convenio mediante un acuerdo amistoso. También podrán ponerse de acuerdo para tratar de evitar la doble imposición en los casos no previstos en el Convenio.

4. Las autoridades competentes de los Estados Contratantes pueden comunicarse directamente entre sí a fin de llegar a un acuerdo según se indica en los apartados anteriores. Cuando se considere que este acuerdo puede facilitarse mediante contactos personales, el intercambio de puntos de vista puede tener lugar en el seno de una comisión compuesta por representantes de las autoridades competentes de los Estados Contratantes.

Artículo 26
INTERCAMBIO DE INFORMACIÓN

1. Las autoridades competentes de los Estados Contratantes intercambiarán la información que previsiblemente pueda resultar de interés para aplicar lo dispuesto en el presente Convenio, o para la administración o la aplicación del Derecho interno relativo a los impuestos de toda naturaleza o denominación exigibles por los Estados Contratantes, sus subdivisiones políticas o entidades locales, en la medida en que la imposición así exigida no sea contraria al Convenio. El intercambio de información no está limitado por los artículos 1 y 2.

2. La información recibida por un Estado Contratante en virtud del apartado 1 será mantenida secreta de la misma forma que la información obtenida en virtud del Derecho interno de este Estado y sólo se comunicará a las personas o autoridades (incluidos los tribunales y órganos administrativos) encargadas de la gestión o recaudación de los impuestos a los que se hace referencia en el apartado 1, de su aplicación efectiva o de la persecución del incumplimiento relativo a dichos impuestos, o de la resolución de los recursos relativos a los mismos. Estas personas o autoridades sólo utilizarán esta información para dichos fines. Podrán revelar la información en las audiencias públicas de los tribunales o en las sentencias judiciales.

No obstante las disposiciones precedentes, la información recibida por un Estado Contratante puede utilizarse para otros fines si conforme al derecho del Estado que la solicita puede usarse para dichos otros fines y las autoridades competentes del Estado que proporciona la información autorizan ese otro uso.

3. En ningún caso las disposiciones de los párrafos 1 y 2 pueden interpretarse en el sentido de obligar a un Estado Contratante a:

a) Adoptar medidas administrativas contrarias a su legislación o práctica administrativa o a las del otro Estado Contratante;

b) Suministrar información que no se pueda obtener sobre la base de su propia legislación o en el ejercicio de su práctica administrativa normal o de las del otro Estado Contratante; y

c) Suministrar información que revele un secreto empresarial, industrial, comercial o profesional o un proceso industrial, o información cuya comunicación sea contraria al orden público (ordre public).

4. Si un Estado Contratante solicita información conforme al presente artículo, el otro Estado Contratante utilizará las medidas para recabar información de que disponga con el fin de obtener la información solicitada, aún cuando ese otro Estado pueda no necesitar dicha información para sus propios fines tributarios. La obligación precedente está limitada por lo dispuesto en el apartado 3 excepto cuando tales limitaciones impidieran a un Estado

Contratante proporcionar información exclusivamente por la ausencia de interés nacional en la misma.

5. En ningún caso las disposiciones del apartado 3 se interpretarán en el sentido de permitir a un Estado Contratante negarse a proporcionar información únicamente porque esta obre en poder de bancos, otras instituciones financieras, o de cualquier persona que actúe en calidad representativa o fiduciaria o porque esté relacionada con derechos de propiedad en una persona.

Artículo 27
MIEMBROS DE MISIONES DIPLOMÁTICAS Y DE OFICINAS CONSULARES

Las disposiciones del presente Convenio, no afectan los privilegios fiscales de que disfruten los miembros de las misiones diplomáticas o de las oficinas consulares, de acuerdo con los principios generales del Derecho internacional o en virtud de acuerdos especiales.

Artículo 28
ENTRADA EN VIGOR

1. El presente Convenio será ratificado, y los instrumentos de ratificación serán intercambiados lo antes posible.

2. El Convenio entrará en vigor a partir del intercambio de los instrumentos de ratificación, y sus disposiciones se aplicarán:

a) En relación con los impuestos retenidos en la fuente sobre cantidades pagadas a no residentes, a partir del 1 de enero de 2013;

b) En relación con los demás impuestos, a los ejercicios fiscales que comiencen a partir del 1 de enero de 2013; y

c) En los restantes casos, a partir del 1 de enero de 2013.

Artículo 29
DENUNCIA

El presente Convenio permanecerá en vigor mientras no se denuncie por uno de los Estados Contratantes. Cualquiera de los Estados Contratantes, puede denunciar el Convenio por vía diplomática, comunicándolo al menos con seis meses de antelación a la terminación de cada año natural, con posterioridad al término de un plazo de cinco años desde la fecha de su entrada en vigor. En tal caso, el Convenio dejará de tener efecto:

a) En relación con los impuestos retenidos en la fuente sobre cantidades pagadas a no residentes, a partir del día primero del mes de enero siguiente a la fecha de notificación de la denuncia;

b) En relación con los demás impuestos, a los ejercicios fiscales que comiencen a partir del día primero del mes de enero siguiente a la fecha de notificación de la denuncia; y

c) en los restantes casos, a partir del primero del mes de enero siguiente a la fecha de notificación de la denuncia.

En fe de lo cual los signatarios, debidamente autorizados al efecto, han firmado el presente Convenio.

Hecho en Buenos Aires el 11 de marzo de 2013, en dos originales en lengua española, siendo ambos igualmente auténticos.

POR LA REPÚBLICA ARGENTINA	**POR EL REINO DE ESPAÑA**
DR. RICARDO DANIEL ECHEGARAY **ADMINISTRADOR FEDERAL DE INGRESOS PÚBLICOS**	**ROMÁN OYARZUN MARCHESI** **EMBAJADOR**

PROTOCOLO AL CONVENIO
ENTRE
LA REPÚBLICA ARGENTINA
Y
EL REINO DE ESPAÑA
PARA EVITAR LA DOBLE IMPOSICIÓN PREVENIR LA EVASIÓN FISCAL EN MATERIA DE IMPUESTOS SOBRE LA RENTA Y SOBRE EL PATRIMONIO

En el momento de la firma del "Convenio entre la República Argentina y el Reino de España para evitar la doble imposición y prevenir la evasión fiscal en materia de impuestos sobre la renta y sobre el patrimonio", los signatarios han convenido las siguientes disposiciones que forman parte integrante del Convenio:

1. Con referencia al artículo 2, apartado 1:

En el caso de España la expresión "Estado Contratante" incluye a las subdivisiones políticas.

2. Con referencia al artículo 7:

a) En relación a las actividades realizadas en el territorio y zona económica exclusiva de un Estado Contratante por un residente del otro Estado Contratante, vinculadas a la explotación o extracción de recursos naturales, el Estado Contratante mencionado en primer término puede someter a imposición la renta originada por tales actividades de acuerdo con lo que al respecto dispone su legislación interna o en su caso, imponer derechos, patentes o similares, conforme a lo que estipule el convenio especial o contrato que se suscriba a tales efectos.

b) Para la aplicación de lo dispuesto en el segundo párrafo del apartado 1, las autoridades competentes se consultarán sobre la similitud de los bienes o mercancías o de las actividades.

c) A los efectos del apartado 3, se entenderá que los gastos deducibles en la determinación del beneficio del establecimiento permanente son aquellos necesarios para obtener la renta imputable al mismo.

3. No obstante las disposiciones del apartado 4.d) del artículo 5 y del apartado 4 del artículo 7, la exportación de bienes o mercancías comprados para la empresa quedará sujeta a las normas internas en vigor referidas a la exportación.

4. Con referencia al artículo 12:

a) La limitación de la retención en la fuente procederá siempre que se cumplimenten los requisitos de registro, verificación y autorización previstos en la legislación interna de cada uno de los Estados Contratantes.

b) El límite a la imposición exigible en el Estado de procedencia de los cánones o regalías que establece el apartado 2.b) solo será aplicable cuando dichos cánones o regalías se perciban por el propio autor o sus causahabientes.

c) En el caso de pagos por servicios de asistencia técnica, el impuesto exigible con arreglo al apartado 2.c) se determinará previa deducción exclusiva de los gastos del personal que desarrolle tales servicios en el Estado Contratante en que se presten los mismos y de los costes y gastos de aquellos materiales aportados por el prestador a los fines específicos de la prestación convenida.

5. Con referencia al artículo 13:

Las meras transferencias de activos efectuadas por un residente de un Estado Contratante con motivo de un proceso de reorganización empresarial no producirán efectos fiscales de acuerdo con la legislación interna de cada uno de los Estados Contratantes.

6. Con referencia al artículo 25:

Las autoridades competentes de los Estados Contratantes podrán establecer de mutuo acuerdo la forma de aplicar los límites a la imposición en la fuente del Estado de procedencia de las rentas.

7. Las disposiciones del presente Convenio no podrán interpretarse como contrarias a la aplicación por cualquiera de los Estados Contratantes de las normas contenidas en su legislación interna relativas a la subcapitalización o capitalización exigua.

En fe de lo cual los signatarios, debidamente autorizados al efecto, han firmado el presente Protocolo.

Hecho en Buenos Aires el 11 de marzo de 2013, en dos originales en lengua española, siendo ambos igualmente auténticos.

POR LA REPÚBLICA ARGENTINA	POR EL REINO DE ESPAÑA
DR. RICARDO DANIEL ECHEGARAY ADMINISTRADOR FEDERAL DE INGRESOS PÚBLICOS	ROMÁN OYARZUN MARCHESI EMBAJADOR

MEMORANDO DE ENTENDIMIENTO RELATIVO A LA APLICACIÓN DEL CONVENIO ENTRE LA REPÚBLICA ARGENTINA Y EL REINO DE ESPAÑA PARA EVITAR LA DOBLE IMPOSICIÓN Y PREVENIR LA EVASIÓN FISCAL EN MATERIA DE IMPUESTOS SOBRE LA RENTA Y SOBRE EL PATRIMONIO, HECHO EN BUENOS AIRES EL 11 DE MARZO DE 2013

La República Argentina y el Reino de España han alcanzado el siguiente acuerdo relativo a la interpretación del "Convenio entre la República Argentina y el Reino de España para Evitar la Doble Imposición y Prevenir la Evasión Fiscal en Materia de Impuesto sobre la Renta y sobre el Patrimonio" suscripto el 11 de marzo de 2013 y su Protocolo (en adelante "el Convenio"):

a) El Convenio no se interpretará en el sentido de impedir a un Estado Contratante aplicar las disposiciones de su normativa interna relativas a la prevención de la evasión fiscal.

b) Se entenderá que los beneficios del Convenio no se otorgarán a una persona que no sea la beneficiaria efectiva de las rentas procedentes del otro Estado Contratante o de los elementos de patrimonio allí situados.

c) El Convenio no impedirá a los Estados Contratantes la aplicación de sus normas internas relativas a la transparencia fiscal internacional (Controlled Foreign Companies) o subcapitalización o las normas que se establezcan sobre las mismas.

d) Las disposiciones de los artículos 10, 11, 12 y 13 no se aplicarán cuando el fin primordial o uno de los fines primordiales de cualquier persona relacionada con la creación o cesión de las acciones u otros derechos que generan los dividendos, la creación o cesión del crédito que genera los intereses, o la creación o cesión del derecho que genera los cánones o regalías, sea el de conseguir el beneficio de dichos artículos mediante dicha creación o cesión.

POR LA REPÚBLICA ARGENTINA	POR EL REINO DE ESPAÑA
DR. RICARDO DANIEL ECHEGARAY ADMINISTRADOR FEDERAL DE INGRESOS PÚBLICOS	ROMÁN OYARZUN MARCHESI EMBAJADOR

[TRANSLATION – TRADUCTION]

AGREEMENT BETWEEN THE ARGENTINE REPUBLIC AND THE KINGDOM OF SPAIN FOR THE AVOIDANCE OF DOUBLE TAXATION AND THE PREVENTION OF FISCAL EVASION WITH RESPECT TO TAXES ON INCOME AND ON CAPITAL

The Kingdom of Spain and the Argentine Republic, desirous to conclude an Agreement for the avoidance of double taxation and the prevention of fiscal evasion with respect to taxes on income and on capital, have agreed as follows:

Article 1. Persons covered

This Agreement shall apply to persons who are residents of one or both of the Contracting States.

Article 2. Taxes covered

1. This Agreement shall apply to taxes on income and on capital imposed on behalf of a Contracting State, irrespective of the manner in which they are levied.

2. There shall be regarded as taxes on income and on capital all taxes imposed on total income, on total capital, or on elements of income or of capital, including taxes on gains from the alienation of movable or immovable property, taxes on the total amounts of wages or salaries paid by enterprises, as well as taxes on capital appreciation.

3. The existing taxes to which the Agreement shall apply are:

(a) In the Kingdom of Spain:

(i) The tax on the income of individuals;

(ii) The corporation tax;

(iii) The tax on the income of non-residents;

(iv) The tax on capital;

Hereafter referred to as the "Spanish tax".

(b) In the Argentine Republic:

(i) The income tax;

(ii) The presumptive minimum income tax;

(iii) The personal assets tax;

Hereafter referred to as the "Argentine tax".

4. This Agreement shall apply also to any identical or substantially similar taxes which are imposed after the date of signature of the Agreement in addition to, or in place of, the existing taxes. The competent authorities of the Contracting States shall notify each other of any significant changes made to their tax law.

Article 3. General definitions

1. For the purposes of this Agreement, unless the context otherwise requires:

(a) The term "Spain" means the Kingdom of Spain and, when used in a geographical sense, means the territory of the Kingdom of Spain, including the country's airspace, inland waters, territorial sea and any area outside the territorial sea upon which, in accordance with international law and pursuant to its domestic law, the Kingdom of Spain exercises or may in the future exercise jurisdiction or sovereign rights with respect to the seabed, its subsoil and superjacent waters, and their natural resources;

(b) The term "Argentina" means the territory subject to the sovereignty of the Argentine Republic, in accordance with its Constitution and laws;

(c) The terms "a Contracting State" and "the other Contracting State" mean Argentina or Spain, as the context requires;

(d) The term "person" includes an individual, a company and any other body of persons;

(e) The term "company" means anybody corporate or any entity that is treated as a body corporate for tax purposes;

(f) The terms "enterprise of a Contracting State" and "enterprise of the other Contracting State" mean, respectively, an enterprise carried on by a resident of a Contracting State and an enterprise carried on by a resident of the other Contracting State;

(g) The term "national" means:

(i) Any individual possessing the nationality of a Contracting State;

(ii) Any legal person, partnership or association established under the laws in force in a Contracting State;

(h) The term "international traffic" means any transport by a ship or aircraft operated by an enterprise that has its place of effective management in a Contracting State, except when the ship or aircraft is operated solely between places in the other Contracting State;

(i) The term "competent authority" means:

(i) In the Kingdom of Spain: The Minister of Finance and Public Administration or the duly authorized representative;

(ii) In the Argentine Republic: The Ministry of Economy and Finance (Finance Secretariat).

2. As regards the application of the Agreement at any time by a Contracting State, any term not defined therein shall, unless the context otherwise requires, have the meaning that it has at that time under the law of that State for the purposes of the taxes to which the Agreement applies, any meaning under the applicable tax legislation of that State prevailing over the meaning attributed to it by other branches of that State's legislation.

Article 4. Resident

1. For the purposes of this Agreement, the term "resident of a Contracting State" means any person who, under the legislation of that State, is liable to tax therein by reason of his/her domicile, residence, place of management or any other criterion of a similar nature provided for under that legislation, and also includes that State and any political subdivision or local authority thereof. This term, however, does not include any person who is liable to tax in that State in respect only of income from sources in that State or capital situated therein.

2. Where, by reason of the provisions of paragraph 1, an individual is a resident of both Contracting States, then his/her status shall be determined as follows:

(a) This person shall be deemed to be a resident only of the Contracting State in which he/she has a permanent home available to him/her. If he/she has a permanent home available to him/her in both Contracting States, he/she shall be deemed to be a resident only of the Contracting State with which his/her personal and economic relations are closer (centre of vital interests).

(b) If the Contracting State in which that person has his/her centre of vital interests cannot be determined, or if he/she does not have a permanent home available to him/her in either Contracting State, he/she shall be deemed to be a resident only of the Contracting State in which he/she has an habitual abode.

(c) If he/she has an habitual abode in both Contracting States or in neither of them, he/she shall be deemed to be a resident only of the Contracting State of which he/she is a national.

(d) If he/she is a national of both Contracting States or of neither of them, the competent authorities of the Contracting States shall settle the question by mutual agreement.

3. Where, by reason of the provisions of paragraph 1, a person other than an individual is a resident of both Contracting States, then such person shall be deemed to be a resident only of the Contracting State in which its place of effective management is situated.

Article 5. Permanent establishment

1. For the purposes of this Agreement, the term "permanent establishment" means a fixed place of business through which the business of an enterprise is wholly or partly carried on.

2. The term "permanent establishment" includes, in particular:

(a) A place of management;

(b) A branch;

(c) An office;

(d) A factory;

(e) A workshop; and

(f) A mine, an oil or gas well, a quarry or any other place of extraction of natural resources.

3. The term "permanent establishment" also encompasses:

(a) A building site, a construction, assembly or installation project or supervisory activities in connection therewith, but only where such site, project or activities last more than six months;

(b) The furnishing of services, including consultancy services, by an enterprise through employees or other personnel engaged by the enterprise for such purpose, but only if activities of that nature continue (for the same or a connected project) within the country for a period or periods aggregating more than 183 days within any 12-month period.

(c) Mining, oil and gas exploration activities and any other activity related to the exploitation of natural resource management and activities incidental thereto to be carried out in a Contracting State for a period of more than six months within a 12-month period.

4. Notwithstanding the preceding provisions of this article, the term "permanent establishment" shall be deemed not to include:

(a) The use of facilities solely for the purpose of storage or display of goods or merchandise belonging to the enterprise;

(b) The maintenance of a stock of goods or merchandise belonging to the enterprise solely for the purpose of storage or display;

(c) The maintenance of a stock of goods or merchandise belonging to the enterprise solely for the purpose of processing by another enterprise;

(d) The maintenance of a fixed place of business solely for the purpose of purchasing goods or merchandise or of collecting information for the enterprise;

(e) The maintenance of a fixed place of business solely for the purpose of carrying on, for the enterprise, any other activity of an auxiliary or preparatory nature;

(f) The maintenance of a fixed place of business solely for the purpose of any combination of activities mentioned in subparagraphs (a) to (e), provided that the overall activity of the fixed place of business is of an auxiliary or preparatory nature.

5. Notwithstanding the provisions of paragraphs 1 and 2, where a person, other than an agent of an independent status to whom paragraph 6 applies, is acting in a Contracting State on behalf of an enterprise of the other Contracting State, that enterprise shall be deemed to have a permanent establishment in the first-mentioned Contracting State, if such a person:

(a) Has and habitually exercises in that State an authority to conclude contracts in the name of the enterprise, unless the activities of such person are limited to those mentioned in paragraph 4 which, if exercised through a fixed place of business, would not make this fixed place of business a permanent establishment under the provisions of that paragraph; or

(b) Has no such authority, but habitually maintains in the first-mentioned State a stock of goods or merchandise from which such person regularly delivers goods or merchandise on behalf of the enterprise.

6. An enterprise of a Contracting State shall not be deemed to have a permanent establishment in the other Contracting State merely because it carries on business in that other State through a broker, general commission agent or any other agent of an independent status, provided that such persons are acting in the ordinary course of their business. However, when the activities of such an agent are devoted wholly or partially on behalf of that enterprise, and conditions are made or imposed between that enterprise and the agent in their commercial or financial relations, which differ from those which would have been made between independent enterprises, such agent shall not be considered an agent of an independent status within the meaning of this paragraph.

7. The fact that a company which is a resident of a Contracting State controls or is controlled by a company which is a resident of the other Contracting State, or which carries on business in that other Contracting State, whether through a permanent establishment or otherwise, shall not of itself constitute either company a permanent establishment of the other.

Article 6. Income from immovable property

1. Income derived by a resident of a Contracting State from immovable property (including income from agriculture or forestry) situated in the other Contracting State may be taxed in that other State.

2. The term "immovable property" shall have the meaning which it has under the legislation of the Contracting State in which the property in question is situated. This term shall, in any case, include property accessory to immovable property, livestock and equipment used in agriculture and forestry, rights to which the provisions of private law concerning landed property apply, usufruct of immovable property and the rights to variable or fixed payments as consideration for the working of, or the right to work, mineral deposits, sources and other natural resources; ships, boats and aircraft shall not be regarded as immovable property.

3. The provisions of paragraph 1 shall apply to income derived from the direct use, letting, or use in any other form of immovable property.

4. Where the ownership of shares or other rights directly or indirectly confers on the owner of such shares or rights a jouissance right to immovable property, income from the direct use, letting or use in any other form of such jouissance right may be taxed in the Contracting State in which the immovable property is situated.

5. The provisions of paragraphs 1, 3 and 4 shall also apply to the income from immovable property of an enterprise and to income from immovable property used for the performance of independent personal services.

Article 7. Business profits

1. The profits of an enterprise of a Contracting State shall be taxable only in that State unless the enterprise carries on business in the other Contracting State through a permanent establishment situated therein. If the enterprise carries on business as aforesaid, the profits of the enterprise may be taxed in the other State, but only to the extent that they are attributable to that permanent establishment.

Accordingly, where an enterprise of a Contracting State carries on business in the other Contracting State through a permanent establishment situated therein, there shall be attributed to that permanent establishment, in addition to the profits derived from the establishment's own sales or activities:

(a) Sales in that other State of goods or merchandise of the same or similar nature as those sold through that permanent establishment; and

(b) Income from business activities carried on in that other State, provided that they are of the same or similar nature as those carried on through that permanent establishment.

2. Subject to the provisions of paragraph 3, where an enterprise of a Contracting State carries on business in the other Contracting State through a permanent establishment situated therein, there shall in each Contracting State be attributed to that permanent establishment the profits which it might be expected to make if it were a distinct and separate enterprise engaged in the same or similar activities under the same or similar conditions and dealing wholly independently with the enterprise of which it is a permanent establishment.

3. In the determination of the profits of a permanent establishment, there shall be allowed as deductions expenses which are incurred for the purposes of the business of the permanent

establishment, including executive and general administrative expenses so incurred, whether in the State in which the permanent establishment is situated or elsewhere.

4. No profits shall be attributed to a permanent establishment by reason of the mere purchase by that permanent establishment of goods or merchandise for the enterprise.

5. Similarly, profits made by an enterprise of a Contracting State from insurance or reinsurance activities, covering property situated in the other Contracting State or persons who are residents of that other State at the time of issue of the insurance coverage, shall be taxable in that other State, regardless of whether the enterprise carries on its business in that other State through a permanent establishment situated therein or otherwise, provided, in the latter case, that the person who pays the insurance premium is a resident of that other State.

In this case, the tax liability in that other State on profits from reinsurance transactions may not exceed 2.5 % of the gross amount of the premium.

6. For the purposes of the preceding paragraphs, the profits to be attributed to the permanent establishment shall be determined by the same method year by year, unless there is good and sufficient reason to the contrary.

7. Where profits include items of income which are dealt with separately in other articles of this Agreement, then the provisions of those articles shall not be affected by the provisions of this article.

Article 8. Shipping and air transport

1. Profits from the operation of ships or aircraft in international traffic shall be taxable only in the Contracting State in which the place of effective management of the enterprise is situated.

2. If the place of effective management of a shipping enterprise is aboard a ship, then it shall be deemed to be situated in the Contracting State in which the home harbour is situated, or, if there is no such home harbour, in the Contracting State of which the operator of the ship is a resident.

3. The provisions of paragraph 1 shall also apply to profits from the participation in a pool, a joint business or an international operating agency.

4. In this article, the term “profits” includes:

(a) Earnings from the operation of ships or aircraft in international traffic;

(b) Interest earned on funds connected with the operation of ships and aircraft in international traffic;

(c) Earnings from the hire of ships, aircraft, containers and equipment used by an enterprise in international traffic, provided that those earnings are incidental to such traffic.

Article 9. Associated enterprises

1. Where:

(a) An enterprise of a Contracting State participates, directly or indirectly. in the management, control or capital of an enterprise of the other Contracting State, or

(b) The same persons participate, directly or indirectly, in the management, control or capital of an enterprise of a Contracting State and an enterprise of the other Contracting State, and in either case conditions are made or imposed between the two enterprises in their commercial or financial relations which differ from those which would be made between independent enterprises, then any profits which would, but for those conditions, have accrued to one of the enterprises, may be included in the profits of that enterprise and taxed accordingly.

2. Where a Contracting State includes in the profit of an enterprise of that State -- and taxes accordingly -- profit on which an enterprise of the other Contracting State has been charged to tax in that other State and the profits so included are profits which would have accrued to the enterprise of the first-mentioned State if the conditions made between the two enterprises had been those which would have been made between independent enterprises, then that other State shall make an appropriate adjustment to the amount of tax charged therein on those profits. In determining such adjustment, due regard shall be had to the other provisions of this Agreement and the competent authorities of the Contracting States shall, if necessary, consult each other.

Article 10. Dividends

1. Dividends paid by a company which is a resident of a Contracting State to a resident of the other Contracting State may be taxed in that other State.

2. However, such dividends may also be taxed in the Contracting State of which the company paying the dividends is a resident and according to the legislation of that State, but if the beneficial owner of the dividends is a resident of the other Contracting State, the tax so charged shall not exceed:

(a) 10 % of the gross amount of the dividends if the beneficial owner is a company (other than a partnership) which holds directly at least 25 % of the capital of the company paying the dividends;

(b) 15 % of the gross amount of the dividends in all other cases.

This paragraph shall not affect the taxation of the company in respect of the profits out of which the dividends are paid.

3. The term "dividends" as used in this article means income from "jouissance" shares or "jouissance" rights, founders' shares or other rights, not being debt-claims, participating in profits, as well as income from other corporate rights which is subjected to the same taxation treatment as income from shares by the legislation of the State of which the company making the distribution is a resident.

4. The provisions of paragraphs 1 and 2 shall not apply if the beneficial owner of the dividends, being a resident of a Contracting State, carries on industrial or commercial business in the other Contracting State of which the company paying the dividends is a resident through a permanent establishment situated in that other State, or performs independent personal services from a fixed base situated therein, and the holding in respect of which the dividends are paid is effectively connected with such permanent establishment or fixed base. In such case, the provisions of article 7 or article 14, as the case may be, shall apply.

5. Where a company which is a resident of a Contracting State derives profits or income from the other Contracting State, that other State may not impose any tax on the dividends paid by the company, except insofar as such dividends are paid to a resident of that other State or insofar as the holding in respect of which the dividends are paid is effectively connected with a permanent establishment or a fixed base situated in that other State, nor subject the company's undistributed profits to a tax on the company's undistributed profits, even if the dividends paid or the undistributed profits consist wholly or partly of profits or income arising in such other State.

Article 11. Interest

1. Interest arising in a Contracting State and paid to a resident of the other Contracting State may be taxed in that other State.

2. However, such interest may also be taxed in the Contracting State in which it arises and according to the legislation of that State, but if the recipient is the beneficial owner of the interest, the tax so charged shall not exceed 12 % of the gross amount of the interest.

3. Notwithstanding the provisions of paragraph 2, interest arising in a Contracting State shall not be taxable in that State if:

(a) The person paying the interest is that State or a political or administrative subdivision or a local authority thereof;

(b) The interest is paid to the Government of the other Contracting State or a local authority thereof, or to an institution or other body (including financial institutions) that is wholly owned by that Contracting State or by a local authority thereof; or

(c) The interest is paid to other institutions or bodies (including financial institutions) pursuant to financing contracts concluded between them within the framework of agreements between the Governments of both Contracting States, provided that the term of such agreements is not less than five years;

(d) The interest is paid in connection with sales of industrial, commercial or scientific equipment.

4. The term "interest" as used in this article means income from debt claims of every kind, whether or not secured by mortgage and whether or not carrying a right to participate in the debtor's profits, and, in particular, income from government securities and income from bonds or debentures, as well as any other income assimilated to income from money lent by the tax legislation of the State in which the income arises.

5. The provisions of paragraphs 1 and 2 shall not apply if the beneficial owner of the interest, being a resident of a Contracting State, carries on industrial or commercial business in the other Contracting State in which the interest arises, through a permanent establishment situated therein, or performs in that other State independent personal services from a fixed base situated therein, and the debt claim in respect of which the interest is paid is effectively connected with:

(a) Such permanent establishment of fixed base; or with

(b) Business activities referred to in paragraph 1 (b) of article 7.

In such cases, the provisions of article 7 or article 14, as the case may be, shall apply.

6. Interest shall be deemed to arise in a Contracting State when the payer is the State itself, a political or administrative subdivision, a local authority or a resident of that State. Where, however, the person paying the interest, whether he/she is a resident of a Contracting State or not, has in a Contracting State a permanent establishment or a fixed base in connection with which the indebtedness on which the interest is paid was incurred, and such interest is borne by such permanent establishment or fixed base, then such interest shall be deemed to arise in the State in which the permanent establishment or fixed base is situated.

7. Where, by reason of a special relationship between the payer and the beneficial owner or between both of them and some other person, the amount of the interest, having regard to the debt claim for which it is paid, exceeds the amount which would have been agreed upon by the payer and the beneficial owner in the absence of such relationship, the provisions of this article shall

apply only to the last-mentioned amount. In such case, the excess part of the payments shall remain taxable according to the legislation of each Contracting State, due regard being had to the other provisions of this Agreement.

Article 12. Royalties

1. Royalties arising in a Contracting State and paid to a resident of the other Contracting State may be taxed in that other State.

2. However, such royalties may also be taxed in the Contracting State in which they arise, and in accordance with the legislation of that State, but if the recipient is the beneficial owner of the royalties, the tax so charged shall not exceed:

(a) 3 % of the gross amount paid for the use of, or the right to use, news items;

(b) 5 % of the gross amount paid for the use of, or the right to use, any copyright of literary, theatrical, musical or artistic work;

(c) 10 % of the gross amount paid for the use of, or the right to use, any patent, design or model, plan, secret formula or process, software, industrial, commercial or scientific equipment, or for information concerning industrial, commercial or scientific experience, or for the provision of technical assistance services;

(d) 15 % of the gross amount of the royalties in other cases.

3. The term royalties as used in this article means payments of any kind received as a consideration for the use of, or the right to use, news items, copyright on literary, theatrical, musical, artistic or scientific work, including cinematograph films, or films or tapes with video and audio recordings used for radio and television and other means of screening, reproduction or dissemination of images or sounds, any patent, trademark, design or model, plan, secret formula or process, or software, or for the use of, or the right to use, industrial, commercial or scientific equipment, or for information concerning industrial, commercial or scientific experience and the provision of technical assistance services.

4. The provisions of paragraphs 1 and 2 shall not apply if the beneficial owner of the royalties, being a resident of a Contracting State, carries on business in the other Contracting State in which the royalties arise, through a permanent establishment situated therein, or performs in that other State independent personal services from a fixed base situated therein, and the right or property in respect of which the royalties are paid is effectively connected with:

(a) Such permanent establishment or fixed base, or

(b) Business activities referred to in paragraph 1 (b) of article 7.

In such cases, the provisions of article 7 or article 14, as the case may be, shall apply.

5. Royalties shall be deemed to arise in a Contracting State when the payer is the State itself, a political subdivision, a local authority or a resident of that State. Where, however, the person paying the royalties, whether he/she is a resident of a Contracting State or not, has in a Contracting State a permanent establishment or a fixed base in connection with which the obligation to pay the royalties was incurred, and such royalties are borne by such permanent establishment or fixed base, then such royalties shall be deemed to arise in the State in which the permanent establishment or fixed base is situated.

6. Where, by reason of a special relationship between the payer and the beneficial owner or between both of them and some other person, the amount of the royalties, having regard to the use,

right or information for which they are paid, exceeds the amount which would have been agreed upon by the payer and the beneficial owner in the absence of such relationship, the provisions of this article shall apply only to the last-mentioned amount. In such case, the excess part of the payments shall remain taxable according to the legislation of each Contracting State, due regard being had to the other provisions of this Agreement.

Article 13. Capital gains

1. Gains derived by a resident of a Contracting State from the alienation of immovable property, referred to in article 6 and situated in the other Contracting State, may be taxed in that other State.

2. Gains from the alienation of movable property forming part of the business property of a permanent establishment which an enterprise of a Contracting State has in the other Contracting State, or of movable property pertaining to a fixed base available to a resident of a Contracting State in the other Contracting State for the purpose of performing independent personal services, including such gains from the alienation of such a permanent establishment (alone or with the whole enterprise) or of such fixed base, may be taxed in that other State.

3. Gains from the alienation of ships or aircraft operated in international traffic, or movable property pertaining to the operation of such ships or aircraft, shall be taxable only in the Contracting State in which the place of effective management of the enterprise is situated.

4. Gains derived by a resident of a Contracting State from the alienation of shares or other participation rights, more than 50 % of whose value derives directly or indirectly from immovable property situated in the other Contracting State, may be taxed in that other State.

5. Gains, other than those to which paragraph 4 applies, derived from the alienation of shares of the capital stock of a company which is a resident of a Contracting State, may be taxed in that State. However, the tax so charged shall not exceed:

(a) 10 % of the gain in the case of a direct holding of capital stock of at least 25 %;

(b) 15 % of the gain in other cases.

6. Gains from the alienation of shares or other rights conferring, directly or indirectly, on their owner a jouissance right to immovable property situated in the other Contracting State may be taxed in that other State.

7. Capital gains other than those referred to in the preceding paragraphs may be taxed in both Contracting States, in accordance with their respective domestic legislation.

Article 14. Independent personal services

1. Income derived by an individual resident in a Contracting State in respect of professional services or other activities of an independent character performed in the other Contracting State shall be taxable in that other State, but the tax payable shall not exceed 10 % of the gross amount received for those services or activities, except where the resident has a fixed base available to him/her in the other Contracting State for the purpose of performing his/her activities. In that case, so much of the income as is attributable to that fixed base may be taxed in that other State, in accordance with its domestic laws.

2. The term "professional services" includes especially independent scientific, literary, artistic, educational or teaching activities as well as the independent activities of physicians, lawyers, engineers, architects, dentists and accountants.

Article 15. Dependent personal services

1. Subject to the provisions of articles 16, 18 and 19, salaries, wages and other similar remuneration derived by a resident of a Contracting State in respect of an employment shall be taxable only in that State, unless the employment is exercised in the other Contracting State. If the employment is so exercised, such remuneration as is derived therefrom may be taxed in that other State.

2. Notwithstanding the provisions of paragraph 1, remuneration derived by a resident of a Contracting State in respect of an employment exercised in the other Contracting State shall be taxable only in the first-mentioned State if:

(a) The recipient is present in the other State for one or more periods not exceeding in the aggregate 183 days in a period of 12 consecutive months;

(b) The remuneration is paid by, or on behalf of, an employer who is not a resident of the other State; and

(c) The remuneration is not borne by a permanent establishment or a fixed base which the employer has in the other State.

3. Notwithstanding the preceding provisions of this article, remuneration derived in respect of an employment exercised aboard a ship or aircraft operated in international traffic may be taxed in the Contracting State in which the place of effective management of the enterprise is situated.

Article 16. Directors' fees and remuneration of top-level managerial officials

Directors' fees, attendance fees and other similar payments derived by a resident of a Contracting State in his/her capacity as a member of the board of directors or management or supervisory board of a company which is a resident of the other Contracting State may be taxed in that other State.

Article 17. Artistes and sportspersons

1. Notwithstanding the provisions of articles 14 and 15, income derived by a resident of a Contracting State as an entertainer, such as a theatre, motion picture, radio or television artiste, or a musician, or as a sportsperson, from his/her personal activities as such exercised in the other Contracting State, may be taxed in that other State.

2. Where income in respect of personal activities exercised by an entertainer or a sportsperson in his/her capacity as such accrues not to that entertainer or sportsperson but to another person, that income may, notwithstanding the provisions of articles 7, 14 and 15, be taxed in the Contracting State in which the activities of the entertainer or sportsperson are exercised.

3. The provisions of paragraph 1 shall not apply if a visit by entertainers or sportspersons to a Contracting State is wholly or substantially supported by public funds belonging to the other Contracting State or a province, political or administrative subdivision or local authority thereof.

Article 18. Pensions, retirement benefits, annuities and alimony

1. Pensions and retirement benefits paid to a resident of a Contracting State shall be taxable only in that State.

2. The provisions of the preceding paragraph also apply to payments made to beneficiaries of pension funds or other alternative systems.

3. Annuities paid to a resident of a Contracting State shall be taxable only in that State.

The term "annuity" means a stated sum payable periodically at stated times during life or during a specified or ascertainable period of time in return for adequate and full consideration in money or money's worth.

4. Alimony paid to a resident of a Contracting State shall be taxable only in that State. The term "alimony", as used in this paragraph, means periodic payments made pursuant to a written separation agreement, a separation order or divorce decree, or as compulsory support, which payments are taxable to the recipient under the laws of the State of which the recipient is a resident.

5. Periodic payments for the support of a minor child made pursuant to a written separation agreement, a separation order or a divorce decree, or as compulsory support, paid by a resident of a Contracting State to a resident of the other Contracting State, shall be taxable only in the first-mentioned Contracting State.

Article 19. Government service

1. (a) Remuneration, other than a pension, paid by a Contracting State or a political subdivision or a local authority thereof to an individual in respect of services rendered to that State or subdivision or authority shall be taxable only in that State.

(b) However, such remuneration shall be taxable only in the other Contracting State if the services are rendered in that State and the individual is a resident of that State who:

(i) Is a national of that State; or

(ii) Did not become a resident of that State solely for the purpose of rendering the services.

2. (a) Pensions paid directly, or out of funds created by, a Contracting State or a political subdivision or a local authority thereof to an individual for services rendered to that State or subdivision or authority shall be taxable only in that State.

(b) However, such pensions shall be taxable only in the other Contracting State if the individual is a resident of, and a national of, that State.

3. The provisions of articles 15, 16 and 18 shall apply to remuneration and pensions paid in respect of services rendered in connection with an industrial or commercial business carried on by a Contracting State or a political subdivision or local authority thereof.

Article 20. Teachers and students

1. An individual who is or was immediately before visiting a Contracting State a resident of the other Contracting State and who, at the invitation of a university, establishment of higher education, school or other officially recognized institution of the first-mentioned Contracting State, visits that Contracting State for the sole purpose of teaching or engaging in research at such institution for a period not exceeding one year, shall not be taxed in that first-mentioned Contracting State in respect of remuneration which he/she receives in consideration of such activities.

2. Payments which a student or business trainee who is or was immediately before visiting a Contracting State a resident of the other Contracting State, and who is present in the aforementioned State solely for the purpose of his/her education or training receives for the purpose of his/her maintenance, studies or training shall not be taxed in that State, provided that such payments arise from sources outside that State.

3. The provisions of paragraph 1 shall not apply to remuneration which a person receives for conducting research if such research is carried out primarily for the private benefit of one or more persons.

Article 21. Other income

1. Income of a resident of a Contracting State not dealt with in the foregoing articles of this Agreement and arising in the other Contracting State may be taxed in that other State.

2. Other income of a resident of a Contracting State not dealt with in the foregoing articles of this Agreement shall be taxable only in that State.

3. The provisions of paragraph 2 shall not apply to income other than income from immovable property as defined in paragraph 2 of article 6, if the recipient of such income, being a resident of a Contracting State, carries on business in the other Contracting State through a permanent establishment situated therein, or performs in that other State independent personal services from a fixed base situated therein, and the right or property in respect of which the income is paid is effectively connected with such permanent establishment or fixed base. In such case, the provisions of article 7 or article 14, as the case may be, shall apply.

Article 22. Capital

1. Capital represented by immovable property referred to in article 6, owned by a resident of a Contracting State and situated in the other Contracting State, may be taxed in that other State.

2. Capital represented by movable property forming part of the business property of a permanent establishment which an enterprise of a Contracting State has in the other Contracting State, or by movable property pertaining to a fixed base available to a resident of a Contracting State in the other Contracting State for the purpose of performing independent personal services, may be taxed in that other State.

3. Capital represented by ships and aircraft operated in international traffic and by movable property pertaining to the operation of such ships and aircraft shall be taxable only in the Contracting State in which the place of effective management of the enterprise is situated.

4. Elements of capital not dealt with in the foregoing paragraphs may be taxed by both States in accordance with their respective domestic laws.

Article 23. Methods for the elimination of double taxation

1. In the case of Spain, double taxation shall be avoided, in accordance with the relevant provisions of Spanish law, as follows:

(a) (i) Where a resident of Spain derives income or owns capital which, in accordance with the provisions of this Agreement, may be taxed in the Argentine Republic, Spain shall allow as a deduction from the tax on the income or the capital of that resident an amount equal to the tax effectively paid in the Argentine Republic.

(ii) In respect of the royalties referred to under paragraph 2 (c) of article 12, for the purposes of this subparagraph, a tax of 15 % of the gross amount of such royalties shall be deemed to have been imposed in the Argentine Republic, provided that the royalties in question are paid by a company which is a resident of the Argentine Republic and neither holds, directly or indirectly, more than 50 % of the capital of a company which is a resident of a third State, nor is controlled in that same manner by a company which is a resident of a third State.

(iii) For the purposes of this paragraph, the tax actually paid in the Argentine Republic shall be that which would have been paid under the Agreement, subject to any reductions or exemptions pursuant to specific measures aimed at fostering industrial development which the Argentine Republic may introduce into its tax laws, following agreement to that effect between the Governments.

The deduction allowable under this paragraph shall not, however, exceed that part of the tax on income or capital, as computed before the deduction is given, which is attributable to income arising in the Argentine Republic.

(b) In the case of a dividend paid by a company which is a resident of the Argentine Republic to a company which is a resident of Spain and which holds directly at least 25 % of the capital of the company paying the dividend, the allowable credit shall be determined taking into consideration, in addition to the amount deductible under (a) of this paragraph, that part of the tax actually paid by the first-mentioned company on the profits out of which the dividends are paid, proportionate to such dividends, provided that such amount of tax is included, for this purpose, in the tax base of the receiving company.

Such deduction, together with the deduction allowable on dividends under (a) of this paragraph, shall not exceed that part of the income tax, as computed before the deduction is given, which is attributable to the income subject to tax in the Argentine Republic.

The provisions of this subparagraph shall apply only where the capital of the company paying the dividends has been held without interruption during the two-year period preceding the date at which the dividends are paid.

2. In the Argentine Republic, double taxation shall be avoided in accordance with the limitations of its existing legislation:

The Argentine Republic shall grant to a resident of the country, as a credit against his/her national income tax, the appropriate amount of the tax actually paid in Spain. The appropriate amount shall be based on the amount of tax actually paid in Spain, but the credit shall not exceed the sum specified (for the purposes of using the income tax credit of the Argentine Republic in respect of income from sources outside Argentina) in Argentine legislation for the fiscal year.

Article 24. Non-discrimination

1. Nationals of a Contracting State shall not be subjected in the other Contracting State to any taxation or any requirement connected therewith which is other or more burdensome than the taxation and connected requirements to which nationals of that other State in the same circumstances, in particular with respect to residence, are or may be subjected. This provision shall, notwithstanding the provisions of article 1, also apply to nationals of either of the Contracting States who are not residents of either of them.

2. The taxation on a permanent establishment which an enterprise of a Contracting State has in the other Contracting State shall not be less favourably levied in that other State than the taxation levied on enterprises of that other State carrying on the same activities. This provision shall not be construed as obliging a Contracting State to grant to residents of the other Contracting State any personal allowances, reliefs and reductions for taxation purposes on account of civil status or family responsibilities which it grants to its own residents.

3. Except where the provisions of article 9, paragraph 7 of article 11, or paragraph 6 of article 12 apply, interest, royalties and other disbursements paid by an enterprise of a Contracting State to a resident of the other Contracting State shall, for the purpose of determining the taxable profits of such enterprise, be deductible under the same conditions as if they had been paid to a resident of the first-mentioned State. Similarly, any debts of an enterprise of a Contracting State to a resident of the other Contracting State shall, for the purpose of determining the taxable capital of such enterprise, be deductible under the same conditions as if they had been contracted to a resident of the first-mentioned State.

4. Enterprises of a Contracting State, the capital of which is wholly or partly owned or controlled, directly or indirectly, by one or more residents of the other Contracting State, shall not be subjected in the first-mentioned Contracting State to any taxation or any requirement connected therewith which is other or more burdensome than the taxation and connected requirements to which other similar enterprises of the first-mentioned State are or may be subjected.

5. The provisions of this article shall, notwithstanding the provisions of article 2, apply to taxes of every kind and description.

Article 25. Mutual agreement procedure

1. Where a person considers that the actions of one or both of the Contracting States result or will result for him/her in taxation not in accordance with the provisions of this Agreement, he/she may, irrespective of the remedies provided by the domestic law of those States, present his/her case to the competent authority of the Contracting State of which he/she is a resident or, if his/her case comes under paragraph 1 of article 24, to that of the Contracting State of which he/she is a national. The case must be presented within three years from the first notification of the action resulting in taxation not in accordance with the provisions of the Agreement.

2. The competent authority shall endeavour, if the objection appears to it to be justified and if it is not itself able to arrive at a satisfactory solution, to resolve the case by mutual agreement with the competent authority of the other Contracting State, with a view to the avoidance of taxation which is not in accordance with this Agreement. Any agreement reached shall be implemented notwithstanding any time limits in the domestic law of the Contracting States.

3. The competent authorities of the Contracting States shall endeavour to resolve by mutual agreement any difficulties or doubts arising as to the interpretation or application of the

Agreement. They may also consult together for the elimination of double taxation in cases not provided for in the Agreement.

4. The competent authorities of the Contracting States may communicate with each other directly for the purpose of reaching an agreement in the sense of the preceding paragraphs. Where it seems likely that personal contact may facilitate such an agreement, the exchange of opinions may take place through a commission consisting of representatives of the competent authorities of the Contracting States.

Article 26. Exchange of information

1. The competent authorities of the Contracting States shall exchange such information as is foreseeably relevant for carrying out the provisions of this Agreement or to the administration or enforcement of the domestic law concerning taxes of every kind and description imposed on behalf of the Contracting States, or of their political subdivisions or local authorities, insofar as the taxation thereunder is not contrary to the Agreement. The exchange of information is not be restricted by articles 1 and 2.

2. Any information received under paragraph 1 by a Contracting State shall be treated as secret in the same manner as information obtained under the domestic laws of that State and shall be disclosed only to persons or authorities (including courts and administrative bodies) involved in the assessment or collection of, the enforcement or prosecution in respect of, or the determination of appeals in relation to, the taxes referred to in paragraph 1, or the oversight of the above. Such persons or authorities shall use the information only for such purposes. They may disclose the information in public court proceedings or in judicial decisions.

Notwithstanding the foregoing, the information received by a Contracting State may be used for other purposes when such information may be used for such other purposes under the laws of the requesting State and the competent authorities of the supplying State authorizes such use.

3. In no case shall the provisions of paragraphs 1 and 2 be construed as imposing on a Contracting State the obligation:

(a) To carry out administrative measures at variance with the legislation or the administrative practice of that or of the other Contracting State;

(b) To supply information which is not obtainable under the legislation or in the normal course of the administration of that or of the other Contracting State; and

(c) To supply information which would disclose any business, industrial, commercial or professional secret or industrial process, or information the disclosure of which would be contrary to public policy (ordre public).

4. If information is requested by a Contracting State in accordance with this article, the other Contracting State shall use its information gathering measures to obtain the requested information, even though that other State may not need such information for its own tax purposes. The obligation formulated in the preceding clause shall be subject to the restrictions laid down in paragraph 3 unless they may prevent a Contracting State from communicating information solely because the information is of no interest to that State at the national level.

5. In no case shall the provisions of paragraph 3 be construed as permitting a Contracting State to decline to supply information solely because the information is held by a bank, another financial institution, or a person acting in an agency or a fiduciary capacity or because it relates to ownership interests in a person.

Article 27. Members of diplomatic missions and consular posts

The provisions of this Agreement shall not affect the fiscal privileges of members of diplomatic missions or consular posts under the general rules of international law or under the provisions of special agreements.

Article 28. Entry into force

1. This Agreement shall be ratified, and the instruments of ratification shall be exchanged as soon as possible.

2. The Agreement shall enter into force upon the exchange of instruments of ratification, and its provisions shall have effect:

(a) In respect of taxes withheld at source on payments made to non-residents, on or after 1 January 2013;

(b) In respect of other taxes, in fiscal years beginning on or after 1 January 2013; and

(c) In other cases, on or after 1 January 2013.

Article 29. Termination

This Agreement shall remain in force until terminated by a Contracting State. Either Contracting State may terminate the Agreement, through diplomatic channels, by giving notice of termination at least six months prior to the end of any calendar year after the expiration of a period of five years from the date of the entry into force. In such event, the Agreement shall cease to have effect:

(a) In respect of taxes withheld at source on payments made to non-residents, on or after 1 January following the date on which the notice of termination is given;

(b) In respect of other taxes, in fiscal years beginning on or after 1 January following the date on which the notice of termination is given; and

(c) In all other cases, on or after 1 January following the date on which the notice of termination is given.

IN WITNESS WHEREOF, the undersigned, being duly authorized thereto, have signed this Agreement.

DONE at Buenos Aires on 11 March 2013 in duplicate in Spanish, both texts being equally authentic.

For the Argentine Republic:

RICARDO DANIEL ECHEGARAY
Federal Public Revenue Administrator

For the Kingdom of Spain:

ROMÁN OYARZUN MARCHESI
Ambassador

PROTOCOL TO THE AGREEMENT BETWEEN THE ARGENTINE REPUBLIC AND THE KINGDOM OF SPAIN FOR THE AVOIDANCE OF DOUBLE TAXATION AND THE PREVENTION OF FISCAL EVASION WITH RESPECT TO TAXES ON INCOME AND ON CAPITAL

At the time of signing the "Agreement between the Argentine Republic and the Kingdom of Spain for the avoidance of double taxation and the prevention of fiscal evasion with respect to taxes on income and on capital", the signatories have agreed upon the following provisions, which shall form an integral part of the Agreement:

1. With reference to article 2, paragraph 1:

In the case of Spain, the term "Contracting State" includes political subdivisions.

2. With reference to article 7:

(a) Where activities pertaining to natural resource exploitation or extraction are carried out in the territory and exclusive economic zone of a Contracting State by a resident of the other Contracting State, the first-mentioned Contracting State may tax income generated by such activities in accordance with its domestic legislation, or, where appropriate, may tax rights, licences or the like, as stipulated by the specific agreement or contract relating thereto.

(b) For the purpose of applying the second subparagraph of paragraph 1, the competent authorities shall consult each other concerning the similarity of goods or merchandise or business activities.

(c) For the purposes of paragraph 3, it shall be understood that expenses which are deductible in determining the profits of the permanent establishment shall be those which are necessary to obtain the income attributed to the permanent establishment in question.

3. Notwithstanding the provisions of paragraph 4 (d) of article 5 and paragraph 4 of article 7, the exporting of goods or merchandise purchased for the enterprise shall be subject to domestic rules in effect relating to exporting.

4. With reference to article 12:

(a) The limitation of withholding at source shall apply provided that all requirements relating to registration, verification and authorization for which provision is made in the domestic law of each of the Contracting States have been duly met.

(b) The limitation on tax liability in the State in which the royalties arise established in paragraph 2 (b) shall apply only where such royalties are paid to the author in person or his/her heirs and assigns.

(c) In the case of payments for technical assistance services, the tax liability under paragraph 2 (c) shall be determined after deduction only of expenditures relating to the personnel involved in the provision of the services in question in the Contracting State in which they are provided, and of costs and expenditures relating to equipment furnished by the provider of the services expressly in connection with their provision.

5. With reference to article 13:

A mere transfer of assets conducted by a resident of a Contracting State in the context of the reorganization of a firm shall have no fiscal effects, in accordance with the domestic laws of each of the Contracting States.

6. With reference to article 25:

The competent authorities of the Contracting States may establish by mutual agreement the method of applying the limits on taxes withheld at source of the State in which the income arises.

7. The provisions of this Agreement shall not be construed in any way that is incompatible with the application by either Contracting State of the rules contained in its domestic legislation relating to undercapitalization or inadequate capitalization.

IN WITNESS WHEREOF, the undersigned, being duly authorized thereto, have signed this Protocol.

DONE at Buenos Aires on 11 March 2013 in duplicate in Spanish, both texts being equally authentic.

For the Argentine Republic:

RICARDO DANIEL ECHEGARAY
Federal Public Revenue Administrator

For the Kingdom of Spain:

ROMÁN OYARZUN MARCHESI
Ambassador

MEMORANDUM OF UNDERSTANDING ON THE IMPLEMENTATION OF THE AGREEMENT BETWEEN THE ARGENTINE REPUBLIC AND THE KINGDOM OF SPAIN FOR THE AVOIDANCE OF DOUBLE TAXATION AND THE PREVENTION OF FISCAL EVASION WITH RESPECT TO TAXES ON INCOME AND ON CAPITAL, DONE AT BUENOS AIRES ON 11 MARCH 2013

The Argentine Republic and the Kingdom of Spain have reached the following agreement on the interpretation of the "Agreement between the Argentine Republic and the Kingdom of Spain for the avoidance of double taxation and the prevention of fiscal evasion with respect to taxes on income and on capital", signed on 11 March 2013, and its Protocol (hereinafter the "Agreement"):

(a) This Agreement shall not be interpreted as preventing a Contracting State from applying the provisions of its domestic laws on the prevention of fiscal evasion.

(b) It shall be understood that persons other than the effective beneficiaries of income derived from the other Contracting State or elements of capital located therein shall not be granted the benefits of the Agreement.

(c) The Agreement shall not prevent Contracting States from applying their domestic regulations on international fiscal transparency (controlled foreign companies) or undercapitalization or any policies related to such regulations.

(d) The provisions of articles 10, 11, 12 and 13 shall not apply when the main aim or one of the main aims of any person related to the creation or surrender of shares or other rights that generate dividends, the creation or surrender of a credit that generates interest or the creation or surrender of a right that generates royalties consists in drawing a benefit from such articles through the said creation or surrender.

For the Argentine Republic:
RICARDO DANIEL ECHEGARAY
Federal Public Revenue Administrator

For the Kingdom of Spain:
ROMÁN OYARZUN MARCHESI
Ambassador

[TRANSLATION – TRADUCTION]

CONVENTION ENTRE LA RÉPUBLIQUE ARGENTINE ET LE ROYAUME D'ESPAGNE TENDANT À ÉVITER LA DOUBLE IMPOSITION ET À PRÉVENIR L'ÉVASION FISCALE EN MATIÈRE D'IMPÔTS SUR LE REVENU ET SUR LA FORTUNE

La République argentine et le Royaume d'Espagne, désireux de conclure une convention tendant à éviter la double imposition et à prévenir l'évasion fiscale en matière d'impôts sur le revenu et sur la fortune, sont convenus de ce qui suit :

Article premier. Personnes visées

La présente Convention s'applique aux personnes qui sont des résidents de l'un des États contractants ou des deux.

Article 2. Impôts visés

1. La présente Convention s'applique aux impôts sur le revenu et sur la fortune prélevés pour le compte d'un État contractant, quel qu'en soit le mode de perception.

2. Sont considérés comme impôts sur le revenu et sur la fortune les impôts perçus sur le revenu total, la fortune totale, ou sur des éléments du revenu ou de la fortune, y compris les impôts sur les gains provenant de l'aliénation de biens mobiliers ou immobiliers, les impôts sur le montant global des salaires payés par les entreprises, ainsi que les impôts sur les plus-values.

3. Les impôts actuels auxquels s'applique la Convention sont :

a) Au Royaume d'Espagne :

i) L'impôt sur le revenu des personnes physiques.

ii) L'impôt sur les sociétés.

iii) L'impôt sur le revenu des non-résidents.

iv) L'impôt sur la fortune.

Ci-après dénommés « l'impôt espagnol ».

b) En République argentine :

i) L'impôt sur le revenu.

ii) L'impôt sur le revenu minimum présumé.

iii) L'impôt sur la fortune.

Ci-après dénommés « l'impôt argentin ».

4. La Convention s'applique aussi aux impôts de nature identique ou analogue institués après la date de sa signature en sus ou au lieu des impôts actuels. Les autorités compétentes des États contractants se communiquent toute modification significative apportée à leurs législations fiscales respectives.

Article 3. Définitions générales

1. Au sens de la présente Convention, à moins que le contexte n'exige une interprétation différente :

a) Le terme « Espagne » désigne le Royaume d'Espagne et, lorsqu'il est employé dans un sens géographique, le territoire du Royaume d'Espagne, y compris son espace aérien, ses eaux intérieures, sa mer territoriale et toute zone située en dehors de la mer territoriale sur laquelle, conformément au droit international et à la législation nationale, le Royaume d'Espagne exerce ou peut exercer dans le futur sa compétence ou ses droits souverains en ce qui concerne les fonds marins, son sous-sol, les eaux surjacentes et leurs ressources naturelles;

b) Le terme « Argentine » désigne le territoire sur lequel la République argentine exerce sa souveraineté, conformément à ses normes constitutionnelles et législatives;

c) Les expressions « un État contractant » et « l'autre État contractant » désignent, selon le contexte, l'Argentine ou l'Espagne;

d) Le terme « personne » comprend les personnes physiques, les sociétés et tous autres groupements de personnes;

e) Le terme « société » désigne toute personne morale ou toute entité qui est considérée comme une personne morale aux fins d'imposition;

f) Les expressions « entreprise d'un État contractant » et « entreprise de l'autre État contractant » désignent respectivement une entreprise exploitée par un résident d'un État contractant et une entreprise exploitée par un résident de l'autre État contractant;

g) Le terme « ressortissant » désigne :

i) Toute personne physique qui possède la nationalité d'un État contractant;

ii) Toute personne morale, société de personnes ou association constituée conformément à la législation en vigueur dans un État contractant;

h) L'expression « trafic international » désigne tout transport effectué par un navire ou un aéronef exploité par une entreprise dont le siège de direction effective est situé dans un État contractant, sauf lorsque le navire ou l'aéronef n'est exploité qu'entre des points situés dans l'autre État contractant;

i) L'expression « autorité compétente » désigne :

i) Au Royaume d'Espagne, le Ministre des finances et de l'administration publique ou son représentant dûment autorisé;

ii) En République argentine, le Ministère de l'économie et des finances (Secrétariat aux finances).

2. Pour l'application de la Convention à un moment donné par un État contractant, tout terme ou toute expression qui n'y est pas défini a, sauf si le contexte exige une interprétation différente, le sens que lui attribue, à ce moment, la législation de cet État concernant les impôts auxquels s'applique la Convention, le sens attribué à ce terme ou à cette expression par la législation fiscale de cet État prévalant sur le sens que lui attribuent les autres branches du droit de cet État.

Article 4. Résident

1. Au sens de la présente Convention, l'expression « résident d'un État contractant » désigne toute personne qui, en vertu de la législation de cet État, est assujettie à l'impôt dans cet État, en raison de son domicile, de sa résidence, de son siège de direction ou de tout autre critère de nature analogue et s'applique aussi à cet État, ainsi qu'à toutes ses subdivisions politiques ou ses collectivités locales. Toutefois, cette expression ne comprend pas les personnes qui ne sont assujetties à l'impôt dans cet État que pour les revenus provenant de sources situées dans cet État ou pour la fortune qui y est située.

2. Lorsque, selon les dispositions du paragraphe 1, une personne physique est un résident des deux États contractants, sa résidence est établie de la manière suivante :

a) Cette personne est considérée comme résidente seulement de l'État contractant où elle dispose d'un foyer d'habitation permanent. Si elle dispose d'un foyer d'habitation permanent dans les deux États contractants, elle est considérée comme résidente seulement de l'État contractant avec lequel ses liens personnels et économiques sont les plus étroits (centre des intérêts vitaux).

b) Si l'État contractant où cette personne a le centre de ses intérêts vitaux ne peut pas être déterminé, ou si elle ne dispose d'un foyer d'habitation permanent dans aucun des États contractants, elle est considérée comme résidente seulement de l'État contractant où elle séjourne de façon habituelle.

c) Si cette personne séjourne de façon habituelle dans les deux États contractants ou si elle ne séjourne de façon habituelle dans aucun d'eux, elle est considérée comme résidente seulement de l'État contractant dont elle possède la nationalité.

d) Si cette personne possède la nationalité des deux États contractants ou si elle ne possède la nationalité d'aucun d'eux, les autorités compétentes des États contractants tranchent la question d'un commun accord.

3. Lorsque, selon les dispositions du paragraphe 1, une personne autre qu'une personne physique est résidente des deux États contractants, elle est considérée comme résidente seulement de l'État contractant où son siège de direction effective est situé.

Article 5. Établissement stable

1. Au sens de la présente Convention, l'expression « établissement stable » désigne une installation fixe d'affaires par l'intermédiaire de laquelle une entreprise exerce tout ou partie de son activité.

2. L'expression « établissement stable » comprend notamment :

a) Un siège de direction;

b) Une succursale;

c) Un bureau;

d) Une usine;

e) Un atelier; et

f) Une mine, un puits de pétrole ou de gaz, une carrière ou tout autre lieu d'extraction de ressources naturelles.

3. L'expression « établissement stable » peut également comprendre :

a) Un chantier de construction, une édification, un projet d'installation ou d'assemblage ou des activités de supervision liées à ce projet, mais seulement si ce chantier de construction, cette édification ou ces activités durent plus de six mois;

b) La fourniture de services par une entreprise, y compris de services de conseil, par l'intermédiaire d'employés ou autre personnel engagés par l'entreprise à cette fin, mais seulement si des activités de cette nature se poursuivent (pour le même projet ou un projet connexe) dans le pays pendant une période ou plusieurs périodes de plus de six mois au cours de toute période de 12 mois.

c) Les activités d'exploration minière, pétrolière et gazière et toute autre activité liée à l'exploitation des ressources naturelles et les activités connexes qui doivent être menées dans un État contractant pendant plus de six mois au cours d'une période de 12 mois.

4. Nonobstant les dispositions précédentes du présent article, l'expression « établissement stable » ne comprend pas :

a) L'utilisation d'installations aux seules fins de stockage ou d'exposition de biens ou de marchandises appartenant à l'entreprise;

b) Des biens ou des marchandises appartenant à l'entreprise qui sont entreposés aux seules fins de stockage ou d'exposition;

c) Des biens ou des marchandises appartenant à l'entreprise qui sont entreposés aux seules fins de transformation par une autre entreprise;

d) L'exploitation d'une installation fixe d'affaires aux seules fins d'acheter des biens ou des marchandises ou de réunir des informations pour l'entreprise;

e) L'exploitation d'une installation fixe d'affaires aux seules fins d'exercer, pour l'entreprise, toute autre activité de caractère préparatoire ou auxiliaire;

f) L'exploitation d'une installation fixe d'affaires aux seules fins d'exercice cumulé d'activités mentionnées aux alinéas a) à e), à condition que l'activité d'ensemble de l'installation fixe d'affaires garde un caractère préparatoire ou auxiliaire.

5. Nonobstant les dispositions des paragraphes 1 et 2, lorsqu'une personne, autre qu'un agent jouissant d'un statut indépendant auquel s'applique le paragraphe 6, agit dans un État contractant pour le compte d'une entreprise de l'autre État contractant, cette entreprise est considérée comme ayant un établissement stable dans cet État si cette personne :

a) Dispose dans cet État de pouvoirs qu'elle y exerce habituellement lui permettant de conclure des contrats au nom de l'entreprise, à moins que les activités de cette personne ne soient limitées à celles qui sont mentionnées au paragraphe 4 et qui, si elles étaient exercées par l'intermédiaire d'une installation fixe d'affaires, ne permettraient pas de considérer cette installation comme un établissement stable selon les dispositions de ce paragraphe; ou

b) Ne dispose pas de tels pouvoirs, mais exploite habituellement dans cet État un stock de biens ou de marchandises duquel ledit État fournit des biens ou des marchandises pour le compte de l'entreprise.

6. Une entreprise d'un État contractant n'est pas considérée comme ayant un établissement stable dans l'autre État contractant du seul fait qu'elle y exerce son activité par l'entremise d'un courtier, d'un commissionnaire général ou de tout autre agent jouissant d'un statut indépendant, à condition que ces personnes agissent dans le cadre ordinaire de leurs activités. Toutefois, lorsqu'il agit totalement ou partiellement pour le compte de cette entreprise et qu'entre cette entreprise et

l'agent sont établies ou imposées, dans leurs relations commerciales et financières, des conditions qui diffèrent de celles qui auraient été établies entre des entreprises indépendantes, cet agent n'est pas considéré comme un agent jouissant d'un statut indépendant au sens du présent paragraphe.

7. Le fait qu'une société qui est résidente d'un État contractant contrôle ou est contrôlée par une société qui est résidente de l'autre État contractant ou qui y exerce son activité, que ce soit par l'intermédiaire d'un établissement stable ou autrement, ne suffit pas, en lui-même, à faire de l'une quelconque de ces sociétés un établissement stable de l'autre.

Article 6. Revenus immobiliers

1. Les revenus qu'un résident d'un État contractant tire de biens immobiliers (y compris les revenus des exploitations agricoles ou forestières) situés dans l'autre État contractant sont imposables dans cet autre État.

2. L'expression « biens immobiliers » a le sens que lui attribue le droit de l'État contractant où les biens considérés sont situés. L'expression comprend en tout cas les accessoires, le cheptel mort ou vif des exploitations agricoles et forestières, les droits auxquels s'appliquent les dispositions du droit privé concernant la propriété foncière, l'usufruit des biens immobiliers et les droits à des paiements variables ou fixes pour l'exploitation ou la concession de l'exploitation de gisements minéraux, de sources et d'autres ressources naturelles. Les navires, bateaux et aéronefs ne sont pas considérés comme des biens immobiliers.

3. Les dispositions du paragraphe 1 s'appliquent aux revenus provenant de l'exploitation directe, de la location ou de l'affermage ainsi que de toute autre forme d'exploitation de biens immobiliers.

4. Lorsque la propriété d'actions ou d'autres parts sociales confère directement ou indirectement au détenteur de ces actions ou de ces parts sociales un droit de jouissance sur des biens immobiliers, les revenus provenant de l'exploitation directe, de la location ou de l'affermage ainsi que de toute autre forme d'exploitation de ce droit de jouissance sont imposables dans l'État contractant où les biens immobiliers sont situés.

5. Les dispositions des paragraphes 1, 3 et 4 s'appliquent également aux revenus provenant des biens immobiliers d'une entreprise ainsi qu'aux revenus des biens immobiliers servant à l'exercice d'une profession indépendante.

Article 7. Bénéfices des entreprises

1. Les bénéfices d'une entreprise d'un État contractant ne sont imposables que dans cet État, sauf si l'entreprise exerce son activité dans l'autre État contractant par l'intermédiaire d'un établissement stable qui y est situé. Si l'entreprise exerce son activité d'une telle façon, ses bénéfices sont imposables dans l'autre État, mais uniquement dans la mesure où ils sont imputables à cet établissement stable.

À cette fin, lorsqu'une entreprise d'un État contractant exerce son activité dans l'autre État contractant par l'intermédiaire d'un établissement stable qui y est situé, les éléments suivants sont imputés à cet établissement stable, outre les bénéfices provenant des ventes ou des activités réalisées par l'établissement stable lui-même :

a) Les ventes, dans cet autre État, de biens ou de marchandises de même nature que ceux qui sont vendus par l'intermédiaire de cet établissement stable, ou de nature analogue; et

b) Les revenus provenant d'activités commerciales exercées dans cet autre État, pour autant qu'elles soient de même nature que celles qui sont exercées par l'intermédiaire de cet établissement stable, ou de nature analogue.

2. Sous réserve des dispositions du paragraphe 3, lorsqu'une entreprise d'un État contractant exerce son activité dans l'autre État contractant par l'intermédiaire d'un établissement stable qui y est situé, il est imputé à cet établissement stable, dans chaque État contractant, les bénéfices qu'il aurait pu réaliser s'il avait constitué une entreprise distincte exerçant des activités identiques ou analogues dans des conditions identiques ou analogues et traitant en toute indépendance avec l'entreprise dont il constitue un établissement stable.

3. Pour déterminer les bénéfices d'un établissement stable, sont admises en déduction les dépenses relatives aux fins poursuivies par cet établissement stable, y compris les dépenses de direction et les frais généraux d'administration ainsi enregistrés, soit dans l'État où est situé cet établissement stable, soit ailleurs.

4. Aucun bénéfice n'est imputé à un établissement stable du seul fait qu'il a acheté des biens ou des marchandises pour l'entreprise.

5. De même, les bénéfices tirés par une entreprise d'un État contractant d'activités d'assurance ou de réassurance portant sur des biens situés dans l'autre État contractant ou des personnes résidentes de cet autre État au moment de l'octroi de la couverture d'assurance sont imposables dans cet autre État, que l'entreprise exerce son activité dans cet autre État par l'intermédiaire d'un établissement stable qui y est situé ou non, pourvu que, dans ce dernier cas, la prime d'assurance soit payée par un résident de cet autre État.

Dans ce cas, l'impôt à payer dans cet autre État sur les bénéfices provenant d'opérations de réassurance ne peut excéder 2,5 % du montant brut de la prime.

6. Pour l'application des paragraphes précédents, les bénéfices à imputer à l'établissement stable sont déterminés chaque année selon la même méthode, sauf s'il existe des motifs valables et suffisants de procéder autrement.

7. Lorsque les bénéfices comprennent des éléments de revenu traités séparément dans d'autres articles de la présente Convention, les dispositions de ces articles ne sont pas affectées par les dispositions du présent article.

Article 8. Navigation maritime et aérienne

1. Les bénéfices provenant de l'exploitation de navires ou d'aéronefs en trafic international ne sont imposables que dans l'État contractant où le siège de direction effective de l'entreprise est situé.

2. Si le siège de direction effective d'une entreprise de navigation maritime est à bord d'un navire, ce siège est considéré comme situé dans l'État contractant où se trouve le port d'attache de ce navire ou, à défaut de port d'attache, dans l'État contractant dont l'exploitant du navire est un résident.

3. Les dispositions du paragraphe 1 s'appliquent aussi aux bénéfices provenant de la participation à un consortium, une coentreprise ou un organisme international d'exploitation.

4. Dans le présent article, le terme « bénéfices » s'entend :

a) Des revenus provenant de l'exploitation de navires ou d'aéronefs en trafic international;

b) Des intérêts produits par des fonds liés à l'exploitation de navires et d'aéronefs en trafic international;

c) Des revenus provenant de la location de navires, d'aéronefs, de conteneurs et de matériel utilisés par une entreprise en trafic international, à condition que ces revenus soient liés audit trafic.

Article 9. Entreprises associées

1. Lorsque :

a) Une entreprise d'un État contractant participe directement ou indirectement à la direction, au contrôle ou au capital d'une entreprise de l'autre État contractant; ou que

b) Les mêmes personnes participent directement ou indirectement à la direction, au contrôle ou au capital d'une entreprise d'un État contractant et d'une entreprise de l'autre État contractant, et que, dans l'un et l'autre cas, les deux entreprises sont, dans leurs relations commerciales ou financières, liées par des conditions convenues ou imposées qui diffèrent de celles qui seraient convenues entre des entreprises indépendantes, les bénéfices qui, sans ces conditions, auraient été réalisés par l'une des entreprises mais n'ont pu l'être en fait à cause de ces conditions, peuvent être inclus dans les bénéfices de cette entreprise et imposés en conséquence.

2. Lorsqu'un État contractant inclut dans les bénéfices d'une entreprise de cet État, et impose en conséquence, des bénéfices sur lesquels une entreprise de l'autre État contractant a été imposée dans cet autre État, et que les bénéfices ainsi inclus sont des bénéfices qui auraient été réalisés par l'entreprise du premier État si les conditions convenues entre les deux entreprises avaient été celles qui auraient été convenues entre des entreprises indépendantes, alors cet autre État procède à un ajustement approprié du montant de l'impôt qui y a été perçu sur ces bénéfices. Pour déterminer cet ajustement, il est tenu compte des autres dispositions de la présente Convention et, si nécessaire, les autorités compétentes des États contractants se consultent.

Article 10. Dividendes

1. Les dividendes payés par une société résidente d'un État contractant à un résident de l'autre État contractant sont imposables dans cet autre État.

2. Toutefois, ces dividendes sont également imposables dans l'État contractant dont la société qui paie les dividendes est résidente et selon la législation de cet État, mais si le bénéficiaire des dividendes en est le bénéficiaire effectif, l'impôt ainsi établi ne peut excéder :

a) 10 % du montant brut des dividendes si le bénéficiaire effectif est une société (autre qu'une société de personnes) qui détient directement au moins 25 % du capital de la société qui paie les dividendes;

b) 15 % du montant brut des dividendes dans tous les autres cas.

Le présent paragraphe n'affecte pas l'imposition de la société au titre des bénéfices qui servent au paiement des dividendes.

3. Le terme « dividendes » employé dans le présent article désigne les revenus provenant d'actions ou bons de jouissance, de parts de fondateur ou d'autres parts bénéficiaires à l'exception des créances, ainsi que les revenus d'autres parts sociales soumis au même régime fiscal que les revenus d'actions par la législation de l'État dont la société distributrice est résidente.

4. Les dispositions des paragraphes 1 et 2 ne s'appliquent pas lorsque le bénéficiaire effectif des dividendes, résident d'un État contractant, exerce dans l'autre État contractant dont la société qui paie les dividendes est résidente, soit une activité industrielle ou commerciale par l'intermédiaire d'un établissement stable qui y est situé, soit une profession indépendante au moyen d'une base fixe qui y est située, et que la participation génératrice des dividendes s'y rattache effectivement. Dans ces cas, les dispositions de l'article 7 ou de l'article 14, suivant le cas, sont applicables.

5. Lorsqu'une société résidente d'un État contractant tire des bénéfices ou des revenus de l'autre État contractant, cet autre État ne peut percevoir aucun impôt sur les dividendes payés par la société, sauf dans la mesure où ces dividendes sont payés à un résident de cet autre État ou dans la mesure où la participation génératrice des dividendes se rattache effectivement à un établissement stable ou à une base fixe situés dans cet autre État, ni prélever aucun impôt, au titre de l'imposition des bénéfices non distribués, sur les bénéfices non distribués de la société, même si les dividendes payés ou les bénéfices non distribués consistent en tout ou en partie en bénéfices ou revenus provenant de cet autre État.

Article 11. Intérêts

1. Les intérêts provenant d'un État contractant et payés à un résident de l'autre État contractant sont imposables dans cet autre État.

2. Toutefois, ces intérêts sont aussi imposables dans l'État contractant d'où ils proviennent et selon la législation de cet État, mais si le bénéficiaire des intérêts en est le bénéficiaire effectif, l'impôt ainsi établi ne peut excéder 12 % du montant brut des intérêts.

3. Nonobstant les dispositions du paragraphe 2, les intérêts provenant d'un État contractant sont exonérés d'impôt dans cet État :

a) S'ils sont versés par cet État, l'une de ses subdivisions politiques ou administratives ou l'une de ses collectivités locales;

b) S'ils sont versés au Gouvernement de l'autre État contractant ou à l'une de ses collectivités locales ou à une institution ou un organisme (y compris les institutions financières) appartenant en totalité à cet État contractant ou à l'une de ses collectivités locales; ou

c) S'ils sont versés à d'autres institutions ou organismes (y compris les institutions financières) en vertu de contrats de financement conclus avec eux dans le cadre d'accords entre les Gouvernements des deux États contractants, à condition que la durée de ces accords ne soit pas inférieure à cinq ans;

d) S'ils sont versés dans le cadre de la vente d'équipements industriels, commerciaux ou scientifiques.

4. Le terme « intérêts » employé dans le présent article désigne les revenus de créances de toute nature, assorties ou non de garanties hypothécaires ou d'une clause de participation aux bénéfices du débiteur, et notamment les revenus des fonds publics et des bons ou des obligations, ainsi que tout autre revenu assimilé aux revenus de sommes prêtées par la législation fiscale de l'État d'où proviennent les revenus.

5. Les dispositions des paragraphes 1 et 2 ne s'appliquent pas lorsque le bénéficiaire effectif des intérêts, résident d'un État contractant, exerce dans l'autre État contractant d'où proviennent les intérêts, soit une activité industrielle ou commerciale par l'intermédiaire d'un établissement

stable qui y est situé, soit une profession indépendante au moyen d'une base fixe qui y est située, et que la créance génératrice des intérêts se rattache effectivement :

a) À l'établissement stable ou à la base fixe en question; ou

b) Aux activités commerciales visées à l'alinéa b) du paragraphe 1 de l'article 7.

Dans ces cas, les dispositions de l'article 7 ou de l'article 14, suivant le cas, sont applicables.

6. Les intérêts sont considérés comme provenant d'un État contractant lorsque le débiteur est cet État lui-même ou une subdivision politique ou administrative, une collectivité locale ou un résident de cet État. Toutefois, lorsque le débiteur des intérêts, qu'il soit ou non résident d'un État contractant, a dans un État contractant un établissement stable ou une base fixe pour lesquels la dette donnant lieu au paiement des intérêts a été contractée et qui supportent la charge de ces intérêts, ceux-ci sont considérés comme provenant de l'État où l'établissement stable, ou la base fixe, est situé.

7. Lorsque, en raison d'une relation spéciale entre le débiteur et le bénéficiaire effectif des intérêts ou que l'un et l'autre entretiennent avec de tierces personnes, le montant des intérêts, compte tenu de la créance pour laquelle ils sont payés, excède celui dont seraient convenus le débiteur et le créancier en l'absence d'une telle relation, les dispositions du présent article ne s'appliquent qu'à ce dernier montant. Dans ce cas, la partie excédentaire des paiements reste imposable selon la législation de chaque État contractant, compte tenu des autres dispositions de la présente Convention.

Article 12. Redevances

1. Les redevances générées dans un État contractant et payées à un résident de l'autre État contractant sont imposables dans cet autre État.

2. Toutefois, ces redevances sont également imposables dans l'État de la source et selon la législation de cet État, mais si le bénéficiaire des redevances en est le bénéficiaire effectif, l'impôt ainsi établi ne peut excéder :

a) 3 % du montant brut des redevances payées pour l'usage ou la concession de l'usage d'informations;

b) 5 % du montant brut des redevances payées pour l'usage ou la concession de l'usage d'un droit d'auteur sur une œuvre littéraire, théâtrale, musicale ou artistique;

c) 10 % du montant brut des redevances payées pour l'usage ou la concession de l'usage d'un brevet, d'un dessin ou d'un modèle, d'un plan, d'une formule ou d'un procédé secrets, d'un logiciel, d'un équipement industriel, commercial ou scientifique, pour des informations ayant trait à une expérience acquise dans le domaine industriel, commercial ou scientifique ou pour la prestation de services d'assistance technique;

d) 15 % du montant brut des dividendes dans les autres cas.

3. Le terme « redevances » employé dans le présent article désigne les rémunérations de toute nature payées pour l'usage ou la concession de l'usage d'informations, d'un droit d'auteur sur une œuvre littéraire, théâtrale, musicale, artistique ou scientifique, y compris les films cinématographiques ou les films ou bandes magnétiques contenant des enregistrements vidéo et audio utilisés pour les émissions radiophoniques ou télévisées et tout autre moyen de projection, de reproduction ou de diffusion d'images ou de sons, d'un brevet, d'une marque de fabrique ou de commerce, d'un dessin ou d'un modèle, d'un plan, d'une formule ou d'un procédé secrets, ou d'un

logiciel, ainsi que pour l'usage ou la concession de l'usage d'un équipement industriel, commercial ou scientifique, pour des informations ayant trait à une expérience acquise dans le domaine industriel, commercial ou scientifique et pour la prestation de services d'assistance technique.

4. Les dispositions des paragraphes 1 et 2 ne s'appliquent pas lorsque le bénéficiaire effectif des redevances, résident d'un État contractant, exerce dans l'autre État contractant d'où proviennent les redevances, soit une activité industrielle ou commerciale par l'intermédiaire d'un établissement stable qui y est situé, soit une profession indépendante au moyen d'une base fixe qui y est située, et que le droit ou le bien générateur des redevances se rattache effectivement :

a) À l'établissement stable ou à la base fixe en question; ou

b) Aux activités commerciales visées à l'alinéa b) du paragraphe 1 de l'article 7.

Dans ces cas, les dispositions de l'article 7 ou de l'article 14, suivant le cas, sont applicables.

5. Les redevances sont considérées comme provenant d'un État contractant lorsque le débiteur est cet État lui-même ou une subdivision politique, une collectivité locale ou un résident de cet État. Toutefois, lorsque le débiteur des redevances, qu'il soit ou non résident d'un État contractant, a dans un État contractant un établissement stable ou une base fixe pour lesquels l'engagement donnant lieu aux redevances a été contracté et qui supportent la charge de ces redevances, celles-ci sont considérées comme provenant de l'État où l'établissement stable ou la base fixe sont situés.

6. Lorsque, en raison de relations spéciales existant entre le débiteur et le bénéficiaire effectif des redevances ou que l'un et l'autre entretiennent avec de tierces personnes, le montant des redevances, compte tenu de la prestation pour laquelle elles sont payées, excède celui dont seraient convenus le débiteur et le bénéficiaire effectif en l'absence de pareilles relations, les dispositions du présent article ne s'appliquent qu'à ce dernier montant. Dans ce cas, la partie excédentaire des paiements reste imposable selon la législation de chaque État contractant et compte tenu des autres dispositions de la présente Convention.

Article 13. Gains en capital

1. Les gains qu'un résident d'un État contractant tire de l'aliénation de biens immobiliers visés à l'article 6 et situés dans l'autre État contractant sont imposables dans cet autre État.

2. Les gains issus de l'aliénation de biens meubles qui font partie de l'actif d'un établissement stable qu'une entreprise d'un État contractant a dans l'autre État contractant, ou de biens meubles qui appartiennent à une base fixe dont un résident d'un État contractant dispose dans l'autre État contractant pour l'exercice d'une profession indépendante, y compris de tels gains dégagés par l'aliénation de cet établissement stable (seul ou avec l'ensemble de l'entreprise) ou de cette base fixe, sont imposables dans cet autre État.

3. Les gains issus de l'aliénation de navires ou d'aéronefs exploités en trafic international ou de biens meubles affectés à l'exploitation de ces navires ou aéronefs ne sont imposables que dans l'État contractant où le siège de direction effective de l'entreprise est situé.

4. Les gains qu'un résident d'un État contractant tire de l'aliénation d'actions ou d'autres titres de participation dont plus de 50 % de la valeur proviennent directement ou indirectement de biens immobiliers situés dans l'autre État contractant sont imposables dans cet autre État.

5. Les gains autres que ceux relevant du champ d'application du paragraphe 4 qui sont issus de l'aliénation de parts du capital-actions d'une société résidente d'un État contractant sont imposables dans cet État. Toutefois, l'impôt ainsi établi ne peut excéder :

a) 10 % des gains en cas de participation directe au capital-actions d'au moins 25 %;

b) 15 % des gains dans les autres cas.

6. Les gains issus de l'aliénation d'actions ou d'autres titres de participation qui confèrent directement ou indirectement à leur détenteur un droit de jouissance sur des biens immobiliers situés dans l'autre État contractant sont imposables dans cet État.

7. Les gains en capital autres que ceux visés aux paragraphes précédents sont imposables dans les deux États contractants, selon leurs législations internes respectives.

Article 14. Professions indépendantes

1. Les revenus qu'un résident d'un État contractant tire d'une profession libérale ou d'autres activités de caractère indépendant exercées dans l'autre État contractant sont imposables dans cet autre État contractant, mais l'impôt à payer ne peut excéder 10 % du montant brut des revenus générés par cette profession ou ces activités, sauf lorsque ce résident dispose dans l'autre État contractant d'une base fixe pour l'exercice de ses activités. Dans ce cas, la fraction des revenus qui est imputable à cette base fixe est imposable dans l'autre État contractant selon sa législation interne.

2. L'expression « profession libérale » se rapporte notamment aux activités indépendantes d'ordre scientifique, littéraire, artistique, éducatif ou pédagogique, ainsi qu'aux activités indépendantes des médecins, avocats, ingénieurs, architectes, dentistes et comptables.

Article 15. Professions dépendantes

1. Sous réserve des dispositions des articles 16, 18 et 19, les salaires, traitements et autres rémunérations similaires qu'un résident d'un État contractant reçoit au titre d'un emploi salarié ne sont imposables que dans cet État, à moins que l'emploi ne soit exercé dans l'autre État contractant. Si l'emploi y est exercé, les rémunérations reçues à ce titre sont imposables dans cet autre État.

2. Nonobstant les dispositions du paragraphe 1, les rémunérations qu'un résident d'un État contractant reçoit au titre d'un emploi salarié exercé dans l'autre État contractant ne sont imposables que dans le premier État si :

a) Le bénéficiaire séjourne dans l'autre État pendant une ou plusieurs périodes n'excédant pas 183 jours au cours d'une période de 12 mois consécutifs;

b) Les rémunérations sont payées par un employeur ou pour le compte d'un employeur qui n'est pas un résident de l'autre État; et

c) La charge des rémunérations n'est pas supportée par un établissement stable ou une base fixe que l'employeur a dans l'autre État.

3. Nonobstant les dispositions précédentes du présent article, les rémunérations reçues au titre d'un emploi salarié exercé à bord d'un navire ou d'un aéronef exploité en trafic international sont imposables dans l'État contractant où le siège de direction effective de l'entreprise est situé.

Article 16. Tantièmes et rémunérations du personnel de direction de haut niveau

Les tantièmes, jetons de présence et autres rétributions similaires qu'un résident d'un État contractant reçoit en sa qualité de membre du conseil d'administration, de la direction ou du conseil de surveillance d'une société qui est résidente de l'autre État contractant sont imposables dans cet autre État.

Article 17. Artistes et athlètes

1. Nonobstant les dispositions des articles 14 et 15, les revenus qu'un résident d'un État contractant tire de ses activités personnelles exercées dans l'autre État contractant en tant qu'artiste du spectacle, artiste de théâtre, de cinéma, de la radio ou de la télévision ou musicien, ou en tant qu'athlète, sont imposables dans cet autre État.

2. Lorsque les revenus d'activités qu'un artiste du spectacle ou un athlète exerce personnellement et en cette qualité sont attribués non pas à l'artiste ou à l'athlète mais à une autre personne, ces revenus sont, nonobstant les dispositions des articles 7, 14 et 15, imposables dans l'État contractant où les activités de l'artiste ou de l'athlète sont exercées.

3. Les dispositions du paragraphe 1 ne sont pas applicables aux activités exercées par les artistes du spectacle ou les athlètes dans un État contractant dans le cadre de visites financées en tout ou en grande partie par des fonds publics appartenant à l'autre État contractant ou à une province, une subdivision politique ou administrative ou une collectivité locale de cet autre État.

Article 18. Pensions et autres prestations de retraite, rentes et pensions alimentaires

1. Les pensions et autres prestations de retraite versées à un résident d'un État contractant ne sont imposables que dans cet État.

2. Les dispositions du paragraphe précédent s'appliquent également aux versements effectués aux bénéficiaires de fonds de pension ou d'autres régimes de retraite.

3. Les rentes versées à un résident d'un État contractant ne sont imposables que dans cet État.

Le terme « rente » désigne une somme déterminée payable périodiquement à échéances fixes, à titre viager ou pendant une période déterminée ou qui peut l'être, en vertu d'un engagement d'effectuer les paiements en échange d'une contrepartie pleine et suffisante versée en argent ou évaluable en argent.

4. Les pensions alimentaires versées à un résident d'un État contractant ne sont imposables que dans cet État. L'expression « pension alimentaire » au sens du présent paragraphe désigne des versements périodiques effectués en exécution d'un accord écrit de séparation, d'un jugement de séparation de corps ou de divorce ou d'une obligation de soutien qui sont imposables selon la législation de l'État dont le bénéficiaire est résident.

5. Les versements périodiques effectués par un résident d'un État contractant à un résident de l'autre État contractant au titre de l'entretien d'enfants mineurs en exécution d'un accord écrit de séparation, d'un jugement de séparation ou de divorce, ou d'une obligation de soutien, ne sont imposables que dans le premier État contractant.

Article 19. Fonction publique

1. a) Les rémunérations, autres que les pensions, payées par un État contractant ou l'une de ses subdivisions politiques ou collectivités locales à une personne physique au titre de services rendus à cet État ou à cette subdivision ou collectivité ne sont imposables que dans cet État.

b) Toutefois, ces rémunérations ne sont imposables que dans l'autre État contractant si les services sont rendus dans cet État et si la personne physique est un résident de cet État qui :

i) Possède la nationalité de cet État; ou

ii) N'est pas devenu résident de cet État à seule fin de rendre les services en question.

2. a) Les pensions payées par un État contractant ou l'une de ses subdivisions politiques ou collectivités locales, soit directement, soit par prélèvement sur des fonds qu'ils ont constitués, à une personne physique au titre de services rendus à cet État ou à cette subdivision ou collectivité ne sont imposables que dans cet État.

b) Toutefois, ces pensions ne sont imposables que dans l'autre État contractant si la personne physique est résidente de cet État et en possède la nationalité.

3. Les dispositions des articles 15, 16 et 18 s'appliquent aux rémunérations et pensions payées au titre de services rendus dans le cadre d'une activité industrielle ou commerciale exercée par un État contractant ou l'une de ses subdivisions politiques ou collectivités locales.

Article 20. Professeurs et étudiants

1. Toute personne physique qui est, ou qui était, immédiatement avant de se rendre dans un État contractant, un résident de l'autre État contractant, et qui séjourne dans cet État contractant à l'invitation d'une université, d'un établissement d'enseignement supérieur, d'une école ou d'une autre institution officiellement reconnue du premier État contractant à seule fin d'y enseigner ou d'y mener des travaux de recherche pendant une période n'excédant pas un an n'est pas imposable dans cet État sur les rémunérations qu'elle perçoit au titre de ces activités.

2. Les sommes qu'un étudiant ou un stagiaire qui est, ou qui était, immédiatement avant de se rendre dans un État contractant, un résident de l'autre État contractant, et qui séjourne dans le premier État à seule fin d'y poursuivre ses études ou sa formation reçoit pour couvrir ses frais d'entretien, d'études ou de formation ne sont pas imposables dans cet État, à condition qu'elles proviennent de sources situées en dehors de cet État.

3. Les dispositions du paragraphe 1 ne s'appliquent pas aux rémunérations qu'une personne perçoit pour des travaux de recherche si ces travaux sont menés principalement dans l'intérêt privé d'une ou de plusieurs personnes.

Article 21. Autres revenus

1. Les revenus d'un résident d'un État contractant qui ne sont pas traités dans les articles précédents de la présente Convention et proviennent de l'autre État contractant sont imposables dans cet autre État.

2. Les autres revenus d'un résident d'un État contractant qui ne sont pas traités dans les articles précédents de la présente Convention ne sont imposables que dans cet autre État.

3. Les dispositions du paragraphe 2 ne s'appliquent pas aux revenus autres que les revenus provenant de biens immobiliers, tels qu'ils sont définis au paragraphe 2 de l'article 6, lorsque le bénéficiaire de tels revenus, résident d'un État contractant, exerce dans l'autre État contractant, soit une activité industrielle ou commerciale par l'intermédiaire d'un établissement stable qui y est situé, soit une profession indépendante au moyen d'une base fixe qui y est située, et que le droit ou le bien générateur des revenus s'y rattache effectivement. Dans ces cas, les dispositions de l'article 7 ou de l'article 14, suivant le cas, sont applicables.

Article 22. Fortune

1. La fortune constituée par des biens immobiliers visés à l'article 6 que possède un résident d'un État contractant et qui sont situés dans l'autre État contractant est imposable dans cet autre État.

2. La fortune constituée par des biens meubles qui font partie de l'actif d'un établissement stable qu'une entreprise d'un État contractant a dans l'autre État contractant, ou par des biens meubles qui appartiennent à une base fixe dont un résident d'un État contractant dispose dans l'autre État contractant pour l'exercice d'une profession indépendante, est imposable dans cet autre État.

3. La fortune constituée par des navires ou des aéronefs exploités en trafic international ainsi que par des biens meubles affectés à l'exploitation de ces navires et aéronefs n'est imposable que dans l'État contractant où le siège de direction effective de l'entreprise est situé.

4. Les éléments de la fortune qui ne sont pas traités dans les paragraphes précédents sont imposables dans les deux États selon leurs législations internes respectives.

Article 23. Méthodes pour éliminer la double imposition

1. Dans le cas de l'Espagne, la double imposition est évitée, conformément aux dispositions pertinentes de la législation espagnole, de la manière suivante :

a) i) Lorsqu'un résident de l'Espagne reçoit des revenus ou possède de la fortune qui, en application des dispositions de la présente Convention, sont imposables en République argentine, l'Espagne accorde, sur l'impôt qu'elle perçoit sur les revenus ou la fortune de ce résident, une déduction d'un montant égal à l'impôt effectivement payé en République argentine.

ii) Dans le cas des redevances visées à l'alinéa c) du paragraphe 2 de l'article 12, aux fins d'application des dispositions de cet alinéa, un impôt correspondant à 15 % du montant brut de ces redevances est réputé avoir été prélevé en République argentine, à condition que les redevances en question aient été payées par une société qui est résidente de la République argentine et ne détient pas directement ou indirectement plus de 50 % du capital d'une société résidente d'un État tiers ni n'est contrôlée de la même manière par une société résidente d'un État tiers.

iii) Pour l'application du présent paragraphe, l'impôt effectivement payé en République argentine est celui qui aurait été payé dans le cadre de la présente Convention, sous réserve des réductions ou des exonérations faites en application de certaines mesures visant à promouvoir le développement industriel que la République argentine incorporerait éventuellement dans sa législation fiscale à la suite d'un accord conclu à cet effet entre les Gouvernements.

Toutefois, le montant de la déduction applicable en vertu du présent paragraphe ne peut excéder la fraction de l'impôt sur le revenu ou de l'impôt sur la fortune calculé avant la déduction qui correspond aux revenus provenant de la République argentine.

b) S'agissant des dividendes payés par une société résidente de la République argentine à une société résidente de l'Espagne qui détient directement au moins 25 % du capital de la société distributrice des dividendes, le montant du dégrèvement fiscal applicable est déterminé en prenant en considération, outre le montant déductible au sens de l'alinéa a) du présent paragraphe, la fraction de l'impôt effectivement payée par la première société sur les bénéfices générateurs des dividendes, en proportion de ces dividendes, à condition que le montant de l'impôt en question soit inclus à ces fins dans la base d'imposition de la société bénéficiaire des dividendes.

Le montant de cette déduction et de la déduction applicable aux dividendes au sens de l'alinéa a) du présent paragraphe ne peut excéder la fraction de l'impôt sur le revenu, calculé avant déduction, qui correspond aux revenus imposables en République argentine.

Les dispositions du présent alinéa ne s'appliquent que lorsque le capital de la société distributrice des dividendes susvisé a été détenu sans interruption au cours des deux années précédant la date à laquelle les dividendes sont payés.

2. En République argentine, la double imposition est évitée conformément aux limitations prévues par la législation en vigueur.

La République argentine accorde à tout résident du pays, sur l'impôt national sur le revenu qu'il doit payer, un dégrèvement correspondant au montant approprié de l'impôt effectivement payé en Espagne. Le dégrèvement approprié est déterminé à la lumière du montant de l'impôt effectivement payé en Espagne, mais il ne peut excéder la somme prévue par la législation argentine (aux fins d'application du mécanisme de crédit d'impôt sur le revenu de la République argentine aux revenus provenant de sources situées hors du pays) pour l'exercice fiscal considéré.

Article 24. Non-discrimination

1. Les ressortissants d'un État contractant ne sont soumis dans l'autre État contractant à aucune imposition ou obligation correspondante qui est autre ou plus lourde que celles auxquelles sont ou peuvent être assujettis les ressortissants de cet autre État qui se trouvent dans la même situation, notamment au regard de la résidence. La présente disposition s'applique aussi, nonobstant les dispositions de l'article premier, aux ressortissants des deux États contractants qui ne sont résidents d'aucun d'entre eux.

2. L'imposition d'un établissement stable qu'une entreprise d'un État contractant a dans l'autre État contractant n'est pas établie dans cet autre État d'une façon moins favorable que l'imposition des entreprises de cet autre État qui exercent la même activité. La présente disposition ne peut être interprétée comme obligeant un État contractant à accorder aux résidents de l'autre État contractant les déductions personnelles, abattements et réductions d'impôt en fonction de la situation ou des charges de famille qu'il accorde à ses propres résidents.

3. À moins que les dispositions de l'article 9, du paragraphe 7 de l'article 11 ou du paragraphe 6 de l'article 12 ne soient applicables, les intérêts, redevances et autres montants payés par une entreprise d'un État contractant à un résident de l'autre État contractant sont déductibles, pour la détermination des bénéfices imposables de cette entreprise, dans les mêmes conditions que s'ils avaient été payés à un résident du premier État. De même, les dettes d'une entreprise d'un État contractant envers un résident de l'autre État contractant sont déductibles, pour la détermination de la fortune imposable de cette entreprise, dans les mêmes conditions que si elles avaient été contractées envers un résident du premier État.

4. Les entreprises d'un État contractant dont le capital est en totalité ou en partie, directement ou indirectement, détenu ou contrôlé par un ou plusieurs résidents de l'autre État contractant ne sont soumises dans le premier État à aucune imposition ou obligation correspondante qui est autre ou plus lourde que celles auxquelles sont ou peuvent être assujetties les autres entreprises similaires du premier État.

5. Les dispositions du présent article s'appliquent, nonobstant les dispositions de l'article 2, aux impôts de toute nature ou dénomination.

Article 25. Procédure amiable

1. Lorsqu'une personne estime que les mesures prises par un État contractant ou par les deux États contractants entraînent ou peuvent entraîner pour elle une imposition non conforme aux dispositions de la présente Convention, elle peut, indépendamment des recours prévus par la législation interne de ces États, soumettre son cas à l'autorité compétente de l'État contractant dont elle est résidente ou, si son cas relève du paragraphe 1 de l'article 24, à celle de l'État contractant dont elle possède la nationalité. Le cas doit être soumis dans un délai de trois ans à partir de la première notification des mesures qui entraînent une imposition non conforme aux dispositions de la Convention.

2. L'autorité compétente s'efforce, si la réclamation lui paraît fondée et si elle n'est pas elle-même en mesure d'y apporter une solution satisfaisante, de résoudre le cas à l'amiable avec l'autorité compétente de l'autre État contractant, en vue d'éviter une imposition non conforme à la présente Convention. Leur accord est appliqué quels que soient les délais prévus par la législation interne des États contractants.

3. Les autorités compétentes des États contractants s'efforcent de résoudre à l'amiable les difficultés ou de dissiper les doutes auxquels peuvent donner lieu l'interprétation ou l'application de la Convention. Elles peuvent également se concerter en vue d'éliminer la double imposition dans les cas non prévus par la Convention.

4. Les autorités compétentes des États contractants peuvent communiquer directement entre elles en vue de parvenir à un accord au sens des paragraphes précédents. Lorsqu'il semble probable que des contacts personnels pourraient faciliter la réalisation de cet accord, l'échange de vues peut se dérouler par l'intermédiaire d'une commission constituée de représentants des autorités compétentes des États contractants.

Article 26. Échange de renseignements

1. Les autorités compétentes des États contractants échangent les renseignements vraisemblablement nécessaires pour appliquer les dispositions de la présente Convention ou pour appliquer ou faire respecter celles de la législation interne relative aux impôts de toute nature ou dénomination prélevés pour le compte des États contractants, de leurs subdivisions politiques ou de leurs collectivités locales, dans la mesure où l'imposition qu'elle prévoit n'est pas contraire à la Convention. L'échange de renseignements n'est pas restreint par l'article premier et l'article 2.

2. Les renseignements reçus en vertu du paragraphe 1 par un État contractant sont tenus secrets de la même manière que les renseignements obtenus en application de la législation interne de cet État et ne sont communiqués qu'aux personnes ou autorités (y compris les tribunaux et organes administratifs) concernées par l'établissement ou le recouvrement des impôts visés au paragraphe 1, par les procédures ou poursuites concernant ces impôts, par les décisions sur les recours relatifs à ces impôts ou par le contrôle de ce qui précède. Ces personnes ou autorités n'utilisent ces renseignements qu'à ces fins. Elles peuvent les révéler au cours d'audiences publiques de tribunaux ou dans des jugements.

Nonobstant ce qui précède, les renseignements reçus par un État contractant peuvent être utilisés à d'autres fins si la législation de l'État requérant l'autorise et si les autorités compétentes de l'État qui fournit ces renseignements autorisent cette utilisation.

3. Les dispositions des paragraphes 1 et 2 ne peuvent en aucun cas être interprétées comme imposant à un État contractant l'obligation :

a) De prendre des mesures administratives dérogeant à sa législation et à sa pratique administrative ou à celles de l'autre État contractant;

b) De fournir des renseignements qui ne pourraient être obtenus sur la base de sa législation ou dans le cadre de sa pratique administrative normale ou de celles de l'autre État contractant; et

c) De fournir des renseignements qui révèleraient un secret d'entreprise, industriel, commercial ou professionnel, un procédé industriel ou des renseignements dont la communication serait contraire à l'ordre public.

4. Si des renseignements sont demandés par un État contractant conformément au présent article, l'autre État contractant utilise ses mesures de collecte de renseignements pour obtenir les renseignements demandés, quand bien même il n'aurait pas besoin de ces renseignements à ses propres fins fiscales. L'obligation énoncée dans la clause précédente est soumise aux limitations prévues au paragraphe 3 sauf si ces limitations sont susceptibles d'empêcher qu'un État contractant communique des renseignements uniquement parce que ceux-ci ne présentent pas d'intérêt pour lui dans le cadre national.

5. En aucun cas les dispositions du paragraphe 3 ne peuvent être interprétées comme permettant à un État contractant de refuser de communiquer des renseignements uniquement parce que ceux-ci sont détenus par une banque, un autre établissement financier ou une personne agissant en tant qu'agent ou fiduciaire ou parce que ces renseignements se rattachent aux droits de propriété d'une personne.

Article 27. Membres des missions diplomatiques et des postes consulaires

Les dispositions de la présente Convention ne portent pas atteinte aux privilèges fiscaux dont bénéficient les membres des missions diplomatiques ou des postes consulaires, en vertu soit des règles générales du droit international, soit des dispositions d'accords particuliers.

Article 28. Entrée en vigueur

1. La présente Convention est ratifiée et les instruments de ratification sont échangés aussitôt que possible.

2. La Convention entre en vigueur dès l'échange des instruments de ratification et ses dispositions prennent effet :

a) En ce qui concerne les impôts retenus à la source sur les versements effectués à des non-résidents, le 1er janvier 2013 ou après cette date;

b) En ce qui concerne les autres impôts, dans les exercices commençant le 1er janvier 2013 ou après cette date; et

c) Dans les autres cas, le 1er janvier 2013 ou après cette date.

Article 29. Dénonciation

La présente Convention demeure en vigueur tant qu'elle n'a pas été dénoncée par un État contractant. Chaque État contractant peut le dénoncer par la voie diplomatique moyennant un préavis d'au moins six mois avant la fin de toute année civile suivant l'expiration d'un délai de cinq ans courant à compter de la date de son entrée en vigueur. Dans ce cas, la Convention cesse d'avoir effet :

a) En ce qui concerne les impôts retenus à la source sur les versements effectués à des non-résidents, le 1er janvier suivant la date à laquelle le préavis de dénonciation est donné ou après cette date;

b) En ce qui concerne les autres impôts, dans les exercices commençant le 1er janvier suivant la date à laquelle le préavis de dénonciation est donné ou après cette date; et

c) Dans tous les autres cas, le 1er janvier suivant la date à laquelle le préavis de dénonciation est donné ou après cette date.

EN FOI DE QUOI, les soussignés, à ce dûment autorisés, ont signé la présente Convention.

FAIT à Buenos Aires, le 11 mars 2013, en deux exemplaires originaux en langue espagnole, les deux textes faisant également foi.

Pour la République argentine :

RICARDO DANIEL ECHEGARAY
Administrateur fédéral des recettes publiques

Pour le Royaume d'Espagne :

ROMÁN OYARZUN MARCHESI
Ambassadeur

PROTOCOLE À LA CONVENTION ENTRE LA RÉPUBLIQUE ARGENTINE ET LE ROYAUME D'ESPAGNE TENDANT À ÉVITER LA DOUBLE IMPOSITION ET À PRÉVENIR L'ÉVASION FISCALE EN MATIÈRE D'IMPÔTS SUR LE REVENU ET SUR LA FORTUNE

Au moment de procéder à la signature de la Convention entre la République argentine et le Royaume d'Espagne tendant à éviter la double imposition et à prévenir l'évasion fiscale en matière d'impôts sur le revenu et sur la fortune, les signataires sont convenus des dispositions suivantes, qui font partie intégrante de la Convention :

1. En ce qui concerne le paragraphe 1 de l'article 2 :

Dans le cas de l'Espagne, l'expression « État contractant » comprend les subdivisions politiques.

2. En ce qui concerne l'article 7 :

a) Lorsque des activités liées à l'exploitation ou à l'extraction des ressources naturelles sont menées sur le territoire d'un État contractant ou dans sa zone économique exclusive par un résident de l'autre État contractant, le premier État contractant peut prélever des impôts sur les revenus générés par ces activités selon sa législation interne ou, le cas échéant, sur les droits, les permis ou les titres analogues conformément aux clauses de l'accord ou du contrat particulier conclu à cet effet.

b) Pour l'application des dispositions du deuxième point du paragraphe 1, les autorités compétentes se consultent sur la similitude des biens, des marchandises ou des activités économiques.

c) Pour l'application du paragraphe 3, il est entendu que les dépenses déductibles dans la détermination des bénéfices de l'établissement stable sont celles qui sont nécessaires à l'obtention du revenu imputé à cet établissement stable.

3. Nonobstant les dispositions de l'alinéa d) du paragraphe 4 de l'article 5 et du paragraphe 4 de l'article 7, l'exportation de biens ou de marchandises achetés pour l'entreprise est soumise aux règles internes régissant les exportations.

4. En ce qui concerne l'article 12 :

a) La limitation de la retenue à la source est applicable, pourvu que toutes les conditions relatives à l'enregistrement, à la vérification et à l'autorisation prévues par la législation interne de chacun des États contractants soient dûment remplies.

b) La limitation de l'impôt à payer dans l'État d'où proviennent les redevances qui est établie à l'alinéa b) du paragraphe 2 n'est applicable que lorsque ces redevances sont versées à l'auteur lui-même ou à ses ayants droit.

c) Dans le cas des versements effectués pour des services d'assistance technique, l'impôt prévu à l'alinéa c) du paragraphe 2 est déterminé après déduction uniquement des dépenses relatives aux agents qui ont participé à la prestation des services en question dans l'État contractant où ils sont fournis ainsi que des frais et dépenses concernant le matériel fourni par le prestataire desdits services expressément dans le cadre de leur prestation.

5. En ce qui concerne l'article 13 :

Les simples transferts d'actifs effectués par un résident d'un État contractant dans le cadre de la réorganisation d'une entreprise n'ont pas d'incidence fiscale, conformément à la législation interne de chacun des États contractants.

6. En ce qui concerne l'article 25 :

Les autorités compétentes des États contractants peuvent définir d'un commun accord la méthode par laquelle l'État d'où proviennent les revenus applique les limitations frappant les retenues à la source.

7. Les dispositions de la présente Convention ne peuvent être interprétées d'une manière susceptible d'empêcher qu'un des États contractants applique les normes de sa législation interne concernant la sous-capitalisation ou la capitalisation insuffisante.

EN FOI DE QUOI, les soussignés, à ce dûment autorisés, ont signé le présent Protocole.

FAIT à Buenos Aires, le 11 mars 2013, en deux exemplaires originaux en langue espagnole, les deux textes faisant également foi.

Pour la République argentine :

RICARDO DANIEL ECHEGARAY
Administrateur fédéral des recettes publiques

Pour le Royaume d'Espagne :

ROMÁN OYARZUN MARCHESI
Ambassadeur

MÉMORANDUM D'ACCORD RELATIF À LA MISE EN ŒUVRE DE LA CONVENTION ENTRE LA RÉPUBLIQUE ARGENTINE ET LE ROYAUME D'ESPAGNE TENDANT À ÉVITER LA DOUBLE IMPOSITION ET À PRÉVENIR L'ÉVASION FISCALE EN MATIÈRE D'IMPÔTS SUR LE REVENU ET SUR LA FORTUNE, FAIT À BUENOS AIRES LE 11 MARS 2013

La République argentine et le Royaume d'Espagne sont parvenus à l'accord suivant concernant l'interprétation de la « Convention entre la République argentine et le Royaume d'Espagne tendant à éviter la double imposition et à prévenir l'évasion fiscale en matière d'impôts sur le revenu et sur la fortune », signé le 11 mars 2013, et du Protocole y afférent (ci-après dénommés « la Convention ») :

a) La Convention ne peut être interprétée comme empêchant qu'un État contractant applique les dispositions de sa législation interne relatives à la prévention de l'évasion fiscale.

b) Il est entendu que les personnes autres que les bénéficiaires effectifs des revenus provenant de l'autre État contractant ou des éléments de la fortune qui s'y trouvent ne bénéficient pas des avantages de la Convention.

c) La Convention n'empêche pas que les États contractants appliquent leurs normes internes relatives à la transparence fiscale internationale (sociétés étrangères contrôlées) ou à la sous-capitalisation ou toute politique liée auxdites normes.

d) Les dispositions des articles 10, 11, 12 et 13 ne sont pas applicables lorsque l'objectif principal ou l'un des objectifs principaux d'une personne ayant trait à la création ou à la cession d'actions ou d'autres droits générateurs de dividendes, la création ou la cession d'un crédit générateur d'intérêts, ou la création ou la cession d'un droit générateur de redevances, consiste à tirer profit de ces articles par la création ou la cession en question.

Pour la République argentine :

RICARDO DANIEL ECHEGARAY
Administrateur fédéral des recettes publiques

Pour le Royaume d'Espagne :

ROMÁN OYARZUN MARCHESI
Ambassadeur

No. 51929

Argentina and Italy

Agreement between the Government of the Argentine Republic and the Government of the Republic of Italy on reciprocal recognition in the conversion of driving licences (with annexes). Rome, 17 July 2003

Entry into force: *17 February 2004 by notification, in accordance with article 11*

Authentic texts: *Italian and Spanish*

Registration with the Secretariat of the United Nations: *Argentina, 30 May 2014*

Argentine et Italie

Accord entre le Gouvernement de la République argentine et le Gouvernement de la République italienne relatif à la reconnaissance mutuelle en matière de conversion des permis de conduire (avec annexes). Rome, 17 juillet 2003

Entrée en vigueur : *17 février 2004 par notification, conformément à l'article 11*

Textes authentiques : *italien et espagnol*

Enregistrement auprès du Secrétariat de l'Organisation des Nations Unies : *Argentine, 30 mai 2014*

[ITALIAN TEXT – TEXTE ITALIEN]

ACCORDO TRA IL GOVERNO DELLA REPUBBLICA ARGENTINA E IL GOVERNO DELLA REPUBBLICA ITALIANA SUL RICONOSCIMENTO RECIPROCO IN MATERIA DI CONVERSIONE DI PATENTI DI GUIDA.

Il Governo della Repubblica Argentina e il Governo della Repubblica Italiana, di seguito denominate "Parti Contraenti", al fine di migliorare la sicurezza dei trasporti di passeggeri, nonchè di agevolare il traffico stradale sul territorio delle Parti Contraenti,

hanno convenuto quanto segue:

Articolo 1

Le Parti Contraenti riconoscono reciprocamente, ai fini della conversione, le patenti di guida non provvisorie ed in corso di validità, che sono state emesse dalle competenti Autorità dell altra Parte Contraente, secondo la propria normativa interna, a favore di titolari di patenti di guida che acquisiscono la residenza sul proprio territorio.

Articolo 2

La patente di guida emessa dalle Autorità di una delle Parti Contraenti cessa di validità ai fini della circolazione nel territorio dell'altra Parte Contraente, trascorso un anno dalla data di acquisizione della residenza del titolare sul territorio dell'altra Parte Contraente.

Articolo 3

Nell'interpretazione degli articoli del presente Accordo si intende per "residenza" quanto stabilito e disciplinato in merito dalle rispettive normative vigenti presso le Parti Contraenti.

Articolo 4

Se il titolare della patente emessa dalle Autorità di una delle due Parti Contraenti stabilisce la residenza nel territorio dell'altra Parte, ha il diritto di convertire la sua patente senza dover sostenere esami teorici e pratici, salvo situazioni particolari riguardanti i conducenti disabili.

Il presente articolo non esclude l'obbligo di presentare, su richiesta dell'Amministrazione interessata, un certificato medico comprovante il possesso dei requisiti psicofisici, necessari per le categorie richieste.

Avranno efficacia le limitazioni di guida, eventualmente previste dalle norme interne delle Parti Contraenti, con riferimento alla data di rilascio della patente originaria di cui si chiede la conversione.

Articolo 5

La disposizione di cui all'art. 4, primo capoverso, si applica esclusivamente per le patenti di guida rilasciate prima dell'acquisizione della residenza da parte del titolare nel territorio dell'altra Parte Contraente e, nel caso siano state rilasciate con validità provvisoria, si applica solo per quelle divenute valide in via permanente prima dell'acquisizione della predetta residenza.

Inoltre il predetto art. 4 non si applica a quelle patenti di guida ottenute a loro volta in sostituzione di un documento rilasciato da altro Stato e non convertibile nel territorio della Parte Contraente che deve procedere alla conversione.

Articolo 6

Al momento della conversione della patente di guida, l'equipollenza delle categorie delle patenti delle Parti Contraenti viene riconosciuta sulla base delle tabelle tecniche di equipollenza allegate al presente Accordo, di cui costituiscono parte integrante. Le predette tabelle, unitamente all'elenco dei modelli di patenti di guida della Repubblica Italiana, costituiscono gli allegati tecnici che possono essere modificati dalle Autorità competenti delle Parti Contraenti con uno Scambio di Note.

Il titolare di patente di guida emessa dalle autorità della Repubblica Argentina ha il diritto di convertire la medesima. Oltre all'originale della patente di guida dovrà presentare un certificato di validità e di autenticità della medesima rilasciata dalle Rappresentanze Consolari della Repubblica Argentina presso la Repubblica Italiana e una traduzione ufficiale.

Il titolare di patente di guida emessa dalle autorità della Repubblica Italiana ha il diritto di convertire la medesima in conformità con la lista di modelli menzionata nel primo capoverso del presente articolo. A tali effetti, dovrà presentare allegato alla patenta di guida una traduzione ufficiale della medesima.

Le Autorità competenti per la conversione di patenti di guida sono le seguenti:

a) nella Repubblica Argentina l'Autorità per la circolazione stradale del luogo di residenza del richiedente;

b) nella Repubblica Italiana il Ministero delle Infrastrutture e Trasporti - Dipartimento Trasporti Terrestri.

Articolo 7

Nel corso delle procedure di conversione delle patenti di guida, le Autorità competenti delle Parti Contraenti ritirano le patenti da convertire e le restituiscono alle Autorità competenti dell'altra Parte contraente, per il tramite delle Rappresentanze Diplomatiche.

Articolo 8

Le competenti Autorità argentine possono chiedere, per il tramite delle Rappresentanze diplomatiche e consolari, informazioni alle competenti Autorità dell'altra Parte Contraente, ove sorgano dubbi circa la validità, l'autenticità della patente italiana ed i dati in essa riportati.

Articolo 9

L'Autorità competente della Parte Contraente che riceve la patente ritirata, a seguito di conversione, informa l'altra Parte, qualora il documento presenti anomalie relative alla validità, all'autenticità ed ai dati in esso riportati. Tale informazione viene trasmessa sempre per i canali diplomatici.

Articolo 10

Le Parti Contraenti comunicheranno, con un anticipo di almeno due mesi, prima dell'entrata in vigore del presente Accordo, gli indirizzi delle Autorità competenti a cui le Rappresentanze Diplomatiche inviano le patenti ritirate ai sensi dell'art.7, nonchè le informazioni di cui agli artt. 8 e 9.

Ciascuna delle Parti Contraenti, inoltre, comunica gli indirizzi delle proprie Rappresentanze diplomatiche e consolari presenti sul territorio dell'altra Parte, che fanno da tramite per le procedure di cui ai predetti articoli 7, 8 e 9 e che rilasciano le certificazioni previste al terzo comma dell'articolo 6 per la conversione delle patenti di guida argentine.

Articolo 11

Il presente Accordo con i relativi allegati tecnici entrerà in vigore sessanta giorni dopo la data di ricezione della seconda delle due notifiche, con le quali le Parti Contraenti si saranno comunicate l'adempimento delle procedure previste dalle rispettive normative.

Articolo 12

Il presente Accordo potrà essere modificato per mutuo consenso mediante scambio di Note Diplomatiche; le modifiche così concordate entreranno in vigore con le stesse procedure previste per l'entrata in vigore del presente Accordo. Il presente Accordo avrà durata illimitata, ma potrà essere denunciato per iscritto in qualunque momento da una delle Parti Contraenti; la denuncia produrrà i suoi effetti trascorsi sei mesi dalla ricezione della relativa notifica.

Fatto a Roma il 17 luglio 2003 in due originali, ciascuno in lingua spagnola e italiana, entrambi i testi facenti ugualmente fede.

PER IL GOVERNO
DELLA REPUBBLICA ARGENTINA

PER IL GOVERNO
DELLA REPUBBLICA ITALIANA

I TABELLA DI EQUIPOLLENZA

per la conversione delle patenti rilasciate in Argentina in documenti italiani

ARGENTINA	ITALIA
A1	A1
A2	-
A3	A
B1	B
B2(*)	B
C	-
D1	-
D2	D
E1	CE
E2	-

(*) convertibile solo se il conducente ha compiuto il 18° anno di età.

II TABELLA DI EQUIPOLLENZA
per la conversione delle patenti rilasciate in Italia in documenti argentini

ITALIA	ARGENTINA
A1	A1
A	A3
B(conseguita prima del 01/01/1986)*	A3-B2
B **(conseguita dal 01/01/1986 in poi)***	B2
C	C-B2
D	D2
CE	E1

(*) la patente di categoria B italiana abilita anche alla conduzione di motocicli, senza limitazioni, se conseguita (per esame o conversione) entro il 01/01/1986.

EVENTUALI SOTTOCATEGORIE RILASCIATE IN ITALIA
DAL 01/07/1996 FINO ALL'ENTRATA IN VIGORE DEL D.M. 29/03/1999

ITALIA	ARGENTINA
B1	-
C1	-
D1	D1-B2

MODELLI DI PATENTI DI GUIDA

MODELLI DI PATENTI DI GUIDA RILASCIATE IN ITALIA

(Elencati dal più recente al più vecchio)

1) modello patente MC 720 F **attualmente rilasciato in Italia** ai sensi della Direttiva 96/47 CE.

2) modello patente MC 701/F rilasciata dal 1° luglio 1996 ai sensi della Direttiva 91/439 CEE.

2 bis) lo stesso modello di patente MC 701/F di cui al punto 2) è stato rilasciato anche con la modifica della numerazione dei dati contenuti alla pagina 2 del modello di patente.

3) modello di patente MC/701/E. Autorità preposta al rilascio: M.C.T.C. (Motorizzazione Civile e Trasporti in Concessione).

4) modello di patente MC 701/D. Autorità preposta al rilascio: il Prefetto.

5) modello di patente MC 701/C. Autorità preposta al rilascio: il Prefetto.

6) modello di patente MC 701/MEC. Autorità preposta al rilascio: il Prefetto.

[SPANISH TEXT – TEXTE ESPAGNOL]

ACUERDO ENTRE EL GOBIERNO DE LA REPUBLICA ARGENTINA Y EL GOBIERNO DE LA REPUBLICA ITALIANA SOBRE EL RECONOCIMIENTO RECIPROCO EN MATERIA DE CONVERSION DE LICENCIAS DE CONDUCIR

El Gobierno de la República Argentina y el Gobierno de la República Italiana, en adelante denominadas "Partes Contrayentes", a los fines de mejorar la seguridad de los transportes de pasajeros, así como también facilitar el tráfico vial en el territorio de las Partes Contrayentes,

han convenido lo siguiente:

Artículo 1

Las Partes Contrayentes reconocen recíprocamente, a los fines de la conversión, las licencias de conducir no provisorias y en fase de validez, que fueron emitidas por las Autoridades competentes de la otra Parte Contrayente, según la propia normativa interna, a favor de titulares de licencias de conducir que adquieren la residencia en el propio territorio.

Artículo 2

La licencia de conducir emitida por las Autoridades de una de las Partes Contrayentes deja de tener validez a los fines de la circulación en el territorio de la otra Parte Contrayente, luego de un año a partir de la fecha de adquisición de la residencia del titular en el territorio de la otra Parte Contrayente.

Artículo 3

En la interpretación de los artículos del presente Acuerdo se entiende por "residencia" lo que está establecido y reglamentado en las respectivas normativas vigentes de las Partes Contrayentes.

Artículo 4

Si el titular de la licencia emitida por las Autoridades de una de las dos Partes Contrayentes establece la residencia en el territorio de la otra Parte, tiene derecho de convertir su licencia sin tener que rendir exámenes teóricos y prácticos, salvo situaciones particulares relacionadas con conductores discapacitados.

El presente artículo no excluye la obligación de presentar, a pedido de la Administración interesada, un certificado médico que compruebe los requisitos psico-físicos, necesarios para las categorías requeridas.

Tendrán eficacia las limitaciones de conducir, eventualmente previstas por las normas internas de las Partes Contrayentes, con referencia a la fecha de expedición de la licencia originaria de la cual se solicita la conversión.

Artículo 5

La disposición mencionada en el art. 4, primer párrafo, se aplica exclusivamente para las licencias de conducir expedidas antes de adquirir la residencia por parte del titular en el territorio de la otra Parte Contrayente y, en el caso de que hayan sido otorgadas con validez provisoria, se aplica solamente para aquellas que sean .válidas en forma permanente antes de la adquisición de la mencionada residencia.

Además, el mencionado art. 4 no se aplica a las licencias de conducir obtenidas a su vez en substitución de un documento expedido por otro Estado y no canjeable en el territorio de la Parte Contrayente que debe proceder a la conversión

Artículo 6

En el momento de la conversión de la licencia de conducir, la equivalencia de categorías de las licencias de las Partes Contrayentes será reconocida en base a las tablas técnicas de equivalencia anexas al presente Acuerdo, de lo cual constituyen parte integrante. Dichas tablas, junto con la lista de modelos de licencias de conducir de la República Italiana, constituyen los anexos técnicos que pueden ser modificados por las Autoridades competentes de las Partes Contrayentes con un Intercambio de Notas.

El titular de licencia de conducir emitida por autoridades de la República Argentina tiene el derecho de convertir la misma. Además del original de la licencia de conducir, deberá presentar un certificado de validez y de autenticidad de la misma otorgada por las Representaciones Consulares de la República Argentina en la República Italiana y una traducción oficial.

El titular de licencia de conducir emitida por autoridades de la República Italiana tiene el derecho de convertir la misma conforme a la lista de modelos mencionada en el párrafo primero del presente artículo. A tales efectos , deberá presentar adjunto a la licencia de conducir una traducción oficial de la misma.

Las Autoridades competentes para la conversión de licencias de conducir son las siguientes:

a) en la República Argentina la Autoridad de tránsito del lugar de residencia del recurrente;

b) en la República Italiana el Ministerio de Infraestructura y Transportes -Departamento Transportes Terrestres;

Artículo 7

Durante los trámites de conversión de las licencias de conducir, las Autoridades competentes de las Partes Contrayentes retiran las licencias a convertir y las devuelven a las Autoridades competentes de la otra Parte Contrayente, por intermedio de las Representaciones Diplomáticas.

Artículo 8

Las Autoridades competentes argentinas pueden solicitar, por intermedio de las Representaciones diplomáticas y consulares, informaciones a las Autoridades competentes de la otra Parte Contrayente, en caso de que surjan dudas con respecto a la validez, a la autenticidad de la licencia de conducir italiana y a los datos que consten en la misma.

Artículo 9

La Autoridad competente de la Parte Contrayente que recibe la licencia retirada, luego de su conversión, informará a la otra Parte, en el caso que el documento presente anomalías relativas a la validez, a la autenticidad, y a los datos que consten en la misma. Dicha información será transmitida siempre por las vías diplomáticas.

Artículo 10

Las Partes Contrayentes, comunicarán, con una antelación mínima de dos meses, antes de la entrada en vigor del presente Acuerdo, las direcciones de las Autoridades competentes a las cuales las Representaciones Diplomáticas envían las licencias retiradas en virtud del art.7, así como también las informaciones, en virtud de los arts. 8 y 9.

Cada una de las Partes Contrayentes además comunica las direcciones de sus propias Representaciones Diplomáticas y Consulares presentes en el territorio de la otra Parte, que actúan como intermediarios para los procedimientos en virtud de los mencionados arts. 7, 8 y 9 y que otorgan las certificaciones previstas en el párrafo 3° del artículo 6 para la conversión de las licencias de conducir argentinas.

Artículo 11

El presente Acuerdo con los respectivos anexos técnicos entrará en vigor luego de 60 días a partir de la fecha de recepción de la segunda de las dos notificaciones, por medio de las cuales las Partes Contrayentes se comunicarán el cumplimiento de los procedimientos previstos por las respectivas normativas.

Artículo 12

El presente Acuerdo, podrá ser modificado por mutuo consentimiento mediante canje de Notas Diplomáticas; las modificaciones así concordadas entrarán en vigor con los mismos procedimientos previstos para la entrada en vigor del presente Acuerdo. El presente Acuerdo tendrá duración ilimitada, pero podrá ser denunciado por escrito en cualquier momento por una de las Partes Contrayentes; la denuncia producirá sus efectos seis meses después de la recepción de la notificación correspondiente.

Hecho en Roma el 17 de julio de 2003 en dos originales, en español e italiano respectivamente, siendo ambos igualmente auténticos.

POR EL GOBIERNO DE LA REPUBLICA ARGENTINA

POR EL GOBIERNO DE LA REPUBLICA ITALIANA

I TABLA DE EQUIVALENCIA
para la conversión de las licencias expedidas en Argentina en documentos italianos

ARGENTINA	ITALIA
A1	A1
A2	-
A3	A
B1	B
B2(*)	B
C	-
D1	-
D2	D
E1	CE
E2	-

(*) convertible sólo si el conductor ha cumplido 18 años.

II TABLA DE EQUIVALENCIA
para la conversión de las licencias expedidas en Italia en documentos argentinos

ITALIA	ARGENTINA
A1	A1
A	A3
B**(obtenida antes del 01/01/1986)***	A3-B2
B **(obtenida del 01/01/1986 en adelante)***	B2
C	C-B2
D	D2
CE	E1

(*) la licencia de categoría B italiana habilita también a la conducción de ciclomotores, sin limitaciones, si fue obtenida (por examen o conversión) antes del 01/01/1986.

EVENTUALES SUBCATEGORIAS EXPEDIDAS EN ITALIA
A PARTIR DEL 01/07/1996 HASTA LA ENTRADA EN VIGOR DEL D.M. 29/03/1999

ITALIA	ARGENTINA
B1	-
C1	-
D1	D1-B2

MODELOS DE LICENCIAS DE CONDUCIR

MODELOS DE LICENCIAS DE CONDUCIR OTORGADAS EN ITALIA

(Enumeradas desde la más reciente hasta la más antigua)

1) modelo de licencia MC 720 F **actualmente otorgado en Italia** en virtud de la Directiva 96/47 CE

2) modelo de licencia MC 701/F otorgada a partir del 1° de julio de 1996 en virtud de la Directiva 91/439 CEE.

2 bis) el mismo modelo de licencia MC 701/F mencionado en el punto 2) ha sido otorgado también con la modificación de la numeración de los datos contenidos en la página 2 del modelo de licencia de conducir.

3) modelo de licencia MC/701/E. Autoridad encargada del otorgamiento: M.C.T.C. (Tránsito Civil y Transportes en Concesión).

4) modelo de licencia MC 701/D. Autoridad encargada del otorgamiento: el Prefecto.

5) modelo de licencia MC 701/C. Autoridad encargada del otorgamiento: el Prefecto.

6) modelo de licencia MC 701/MEC. Autoridad encargada del otorgamiento: el Prefecto.

[TRANSLATION – TRADUCTION]

AGREEMENT BETWEEN THE GOVERNMENT OF THE ARGENTINE REPUBLIC AND THE GOVERNMENT OF THE REPUBLIC OF ITALY ON RECIPROCAL RECOGNITION IN THE CONVERSION OF DRIVING LICENCES

The Government of the Argentine Republic and the Government of the Republic of Italy, hereinafter referred to as "the Contracting Parties", for the purposes of improving the safety of passenger transport and facilitating road traffic in their territory,

Have agreed as follows:

Article 1

The Contracting Parties reciprocally recognize, for the purposes of conversion, valid non-provisional driving licences issued by the competent authorities of the other Contracting Party, in accordance with their domestic legislation, for driving licence holders who become resident in their territory.

Article 2

A driving licence issued by the authorities of one Contracting Party shall cease to be valid for the purposes of driving in the territory of the other Contracting Party one year from the date on which the holder of the licence becomes a resident in the territory of the other Contracting Party.

Article 3

For the purposes of interpreting the articles of this Agreement, "residence" shall have the meaning established in accordance with the Contracting Parties' respective regulations in force.

Article 4

If holders of a licence issued by the authorities of one of the two Contracting Parties become resident in the territory of the other Party, they shall have the right to convert the licence without theoretical or practical tests being required, except in specific situations related to disabled drivers.

This article shall not affect the obligation to submit, at the request of the administration concerned, a medical certificate proving that the psychological and physical prerequisites for the requested categories are met.

Any driving restrictions established under the domestic law of the Contracting Parties, in relation to the date of issuance of the original licence for which conversion is requested, shall remain valid.

Article 5

The first paragraph of article 4 shall apply exclusively to driving licences issued before the holder's acquisition of residence in the territory of the other Contracting Party and, if such licences were issued with provisional validity, shall apply only to those that become valid permanently before the acquisition of such residence.

In addition, the aforementioned article 4 shall not apply to driving licences obtained to replace a document issued by another State and may not be exchanged in the territory of the Contracting Party that must convert it.

Article 6

When the driving licence is converted, the equivalencies between the categories of licences issued by the Contracting Parties shall be recognized based on the technical tables of equivalencies annexed to this Agreement, of which they are an integral part. The said tables, together with the list of models of driving licences issued by the Republic of Italy, constitute the technical Annexes which may be amended by the competent authorities of the Contracting Parties by means of an Exchange of Notes.

Holders of driving licences issued by authorities of the Argentine Republic shall have the right to convert such licences. In addition to the original driving licence, holders must submit a certificate of the licence's validity and authenticity, issued by the Consular Offices of the Argentine Republic in the Republic of Italy, as well as an official translation.

Holders of driving licences issued by authorities of the Republic of Italy shall have the right to convert such licences in accordance with the list of models referred to in the first paragraph of this article. To that end, they shall submit, together with the licence, an official translation thereof.

The competent authorities responsible for the conversion of driving licences shall be as follows:

(a) In the Argentine Republic, the Transit Authority for the applicant's place of residence;

(b) In the Republic of Italy, the Department of Land Transport of the Ministry of Infrastructure and Transport.

Article 7

In converting driving licences, the competent authorities of the Contracting Parties shall collect the licences to be converted and return them to the competent authorities of the other Contracting Party through their Diplomatic Missions.

Article 8

The Argentine competent authorities may, through their Diplomatic and Consular Missions, request information from the competent authorities of the other Contracting Party, if there are doubts regarding the validity or authenticity of an Italian driving licence, or the data contained therein.

Article 9

The competent authority of the Contracting Party that receives the collected licence after its conversion shall inform the other Party of any anomalies related to the validity and authenticity of the document, or the data contained therein. Such information shall always be transmitted through the diplomatic channels.

Article 10

The Contracting Parties shall transmit, at least two months prior to the entry into force of this Agreement, the addresses of the competent authorities to which the Diplomatic Missions shall send the licences collected under article 7, as well as the information referred to in articles 8 and 9.

Each of the Contracting Parties shall also transmit the addresses of its Diplomatic and Consular Missions in the territory of the other Party, which shall act as intermediaries in procedures pursuant to articles 7, 8 and 9, and shall issue the certificates referred to in the third paragraph of article 6 for the conversion of Argentine driving licences.

Article 11

This Agreement and the corresponding technical Annexes shall enter into force 60 days from the date of receipt of the second of the two notifications, by which the Contracting Parties shall inform each other of the completion of the procedures established in their respective laws.

Article 12

This Agreement may be amended by mutual consent through an exchange of Diplomatic Notes; the amendments thus approved shall enter into force through the same procedures established for the entry into force of this Agreement. This Agreement shall remain in force for a period of indefinite duration but may be terminated in writing at any time by one of the Contracting Parties; the termination shall take effect six months from the receipt of the corresponding notification.

DONE in Rome on 17 July 2003 in two originals in Spanish and Italian, both texts being equally authentic.

For the Government of the Argentine Republic:

[RAFAEL BIELSA
Minister of Foreign Affairs, International Trade and Worship]

For the Government of the Republic of Italy:

[FRANCO FRATTINI
Minister of Foreign Affairs]

I. Table of equivalencies
for the conversion to Italian documents of licences issued in Argentina

Argentina	Italy
Al	Al
A2	-
A3	A
B1	B
B2 (*)	B
C	-
D1	-
D2	D
E1	CE
E2	-

(*) May be converted only if the driver has reached the age of 18 years.

II. Table of equivalencies

for the conversion to Argentine documents of licences issued in Italy

Italy	Argentina
A1	A1
A	A3
B (obtained before 01/01/1986)*	A3-B2
B (obtained from 01/01/1986 onwards)*	B2
C	C-B2
D	D2
CE	E1

(*) The Italian category B licence also authorizes the holder to ride a moped without limitations, if it was obtained (through a test or conversion) before 01/01/1986.

Possible subcategories issued in Italy from 1 July 1996 until the entry into force of the Ministerial Decree of 29 March 1999

Italy	Argentina
B1	-
C1	-
D1	D1-B2

Models of driving licences

Models of driving licences issued in Italy
(listed from the most recent to the oldest)

(1) Model of licence MC 720/F, currently issued in Italy in accordance with Council Directive 96/47/EC

(2) Model of licence MC 701/F, issued from 1 July 1996 in accordance with Council Directive 91/439/EEC

(2 bis) Model of the same licence MC 701/F referred to in subparagraph 2 above has also been issued with a change in the numbering of the data provided on p. 2 of the model driving licence

(3) Model of licence MC 701/E, issued by the Inspectorate of Road Traffic and Concessionary Public Transport

(4) Model of licence MC 701/D, issued by the Prefect

(5) Model of licence MC 701/C, issued by the Prefect

(6) Model of licence MC 701/MEC, issued by the Prefect

[TRANSLATION – TRADUCTION]

ACCORD ENTRE LE GOUVERNEMENT DE LA RÉPUBLIQUE ARGENTINE ET LE GOUVERNEMENT DE LA RÉPUBLIQUE ITALIENNE RELATIF À LA RECONNAISSANCE MUTUELLE EN MATIÈRE DE CONVERSION DES PERMIS DE CONDUIRE

Le Gouvernement de la République argentine et le Gouvernement de la République italienne, ci-après dénommés les « Parties contractantes »,

Désireux d'améliorer la sécurité du transport de passagers et de faciliter la circulation routière sur le territoire des Parties contractantes,

Sont convenus de ce qui suit :

Article premier

Aux fins de la conversion des permis de conduire, chaque Partie contractante reconnaît les permis de conduire non-provisoires et en cours de validité délivrés par les autorités compétentes de l'autre Partie contractante conformément à la législation nationale de celle-ci aux titulaires de permis de conduire ayant établi leur résidence sur son territoire.

Article 2

Le permis de conduire délivré par les autorités compétentes d'une Partie contractante n'autorise plus à circuler sur le territoire de l'autre Partie contractante après un délai d'un an à compter de la date à laquelle le titulaire a établi sa résidence sur le territoire de l'autre Partie contractante.

Article 3

Aux fins de l'interprétation des articles du présent Accord, le terme « résidence » se définit selon la réglementation applicable en vigueur de chaque Partie contractante.

Article 4

Tout titulaire d'un permis de conduire délivré par les autorités compétentes d'une Partie contractante ayant établi sa résidence sur le territoire de l'autre Partie a le droit de convertir son permis sans avoir à subir d'épreuves théoriques et pratiques, sauf dans des cas particuliers relatifs aux automobilistes handicapés.

Le présent article ne dispense nullement de l'obligation de produire, à la demande des autorités compétentes, un certificat médical attestant des conditions d'aptitude physique et mentale prescrites pour la catégorie visée.

Les restrictions à la conduite prévues, le cas échéant, par la législation interne des Parties contractantes, s'appliquent à compter de la date de délivrance du permis originel qui fait l'objet de la demande de conversion.

Article 5

Les dispositions du premier paragraphe de l'article 4 ne s'appliquent qu'aux permis de conduire délivrés avant que le titulaire du permis de conduire n'ait établi sa résidence sur le territoire de l'autre Partie contractante et, dans le cas où il aurait été délivré à titre provisoire, les dispositions s'appliquent uniquement aux permis valides à titre permanent avant l'obtention de la résidence susmentionnée.

En outre, l'article 4 précité ne s'applique pas aux permis de conduire délivrés en remplacement de tout titre délivré par un autre État et non convertible sur le territoire de la Partie contractante devant procéder à la conversion.

Article 6

Au moment de la conversion du permis de conduire, l'équivalence des catégories des permis délivrés par les autorités compétentes des Parties contractantes est reconnue en fonction des tableaux techniques des équivalences qui figurent en annexe au présent Accord, dont ils font partie intégrante. Lesdits tableaux, ainsi que la liste des spécimens de permis de conduire de la République italienne, constituent les annexes techniques pouvant être modifiées par les autorités compétentes des Parties contractantes moyennant un échange de notes.

Tout titulaire d'un permis de conduire délivré par les autorités de la République argentine a le droit de le faire convertir. Outre le permis de conduire originel, l'intéressé doit produire un certificat de validité et d'authenticité délivré par les représentations diplomatiques ou consulaires de la République argentine en territoire italien, ainsi qu'une traduction officielle.

Tout titulaire d'un permis de conduire délivré par les autorités de la République italienne a le droit de le faire convertir, conformément à la liste des spécimens mentionnée au premier paragraphe du présent article. À ces fins, l'intéressé présente son permis de conduire accompagné d'une traduction officielle de celui-ci.

Les autorités compétentes chargées de la conversion des permis de conduire sont :

a) Pour la République argentine : l'Autorité pour la circulation routière du lieu de résidence de l'intéressé;

b) Pour la République italienne : la Direction des transports terrestres du Ministère des infrastructures et des transports.

Article 7

Aux fins du processus de conversion des permis de conduire, les autorités compétentes des Parties contractantes retirent les permis de conduire à convertir et les restituent aux autorités compétentes de l'autre Partie contractante par la voie diplomatique.

Article 8

En cas de doute quant à la validité, à l'authenticité du permis de conduire italien ou aux mentions qui y sont portées, les autorités compétentes argentines peuvent demander des informations aux autorités compétentes de l'autre Partie contractante, par la voie diplomatique ou consulaire.

Article 9

Les autorités compétentes de la Partie contractante qui reçoivent un permis de conduire originel à la suite de sa conversion informent l'autre Partie de toute anomalie de celui-ci en ce qui concerne sa validité, son authenticité ou les mentions qui y sont portées. Ce signalement se fait toujours par la voie diplomatique.

Article 10

Les Parties contractantes, au moins deux mois avant l'entrée en vigueur du présent Accord, se communiquent l'adresse de leurs autorités compétentes auxquelles les représentations diplomatiques doivent restituer tout permis de conduire retiré en vertu de l'article 7, ainsi que toutes informations y relatives, en vertu des articles 8 et 9.

En outre, chaque Partie contractante communique l'adresse de ses représentations diplomatiques et consulaires présentes sur le territoire de l'autre Partie, habilitées à agir en qualité d'intermédiaires aux fins des formalités visées aux articles 7, 8 et 9 précités et à délivrer les certificats prévus au paragraphe 3 de l'article 6 pour la conversion des permis de conduire argentins.

Article 11

Le présent Accord et les annexes techniques y relatives entrent en vigueur 60 jours après la réception de la seconde des deux notifications par lesquelles les Parties contractantes se notifient l'accomplissement des formalités prescrites par leurs législations respectives.

Article 12

Le présent Accord peut être modifié d'un commun accord moyennant un échange de notes diplomatiques, les modifications convenues prenant effet selon les mêmes modalités que l'entrée en vigueur du présent Accord. Le présent Accord a une durée indéterminée, mais peut être dénoncé par notification écrite à tout moment par l'une des Parties contractantes, la dénonciation prenant effet six mois après réception de la notification.

FAIT à Rome, le 17 juillet 2003, en deux exemplaires originaux, en langues italienne et espagnole, les deux textes faisant également foi.

Pour le Gouvernement de la République argentine :

[SIGNÉ]

Pour le Gouvernement de la République italienne :

[SIGNÉ]

I. TABLEAU DES ÉQUIVALENCES

pour la conversion des permis délivrés en Argentine en documents italiens

Argentine	Italie
A1	A1
A2	-
A3	A
B1	B
B2 (*)	B
C	-
D1	-
D2	D
E1	CE
E2	-

(*) Le permis n'est convertible que si le titulaire est âgé d'au moins 18 ans.

II. TABLEAU DES ÉQUIVALENCES

pour la conversion des permis délivrés en Italie en documents argentins

Italie	Argentine
A1	A1
A	A3
B (délivré avant le 01/01/1986)*	A3-B2
B (délivré du 01/01/1986 à ce jour)*	B2
C	C-B2
D	D2
CE	E1

(*) Le permis de conduire de catégorie B italien autorise également à conduire des cyclomoteurs, sans limitation, s'il a été obtenu (par épreuve ou conversion) avant le 01/01/1986.

Sous-catégories éventuelles délivrées en Italie à partir du 01/07/1996 jusqu'à l'entrée en vigueur du D.M. 29/03/1999

Italie	Argentine
B1	-
C1	-
D1	D1-B2

SPÉCIMENS DE PERMIS DE CONDUIRE

SPÉCIMENS DE PERMIS DE CONDUIRE DÉLIVRÉS EN ITALIE

(Énumérés du plus ancien au plus récent)

1) Spécimen de permis de conduire MC 720 F actuellement délivré en Italie en vertu de la Directive 96/47 CE.

2) Spécimen de permis de conduire MC 701/F délivré à partir du 1er juillet 1996 en vertu de la Directive 91/439 CEE.

2 bis) Le même spécimen de permis de conduire MC 701/F mentionné à l'alinéa 2) a également été délivré avec une numération modifiée des informations portées à la page 2 du spécimen de permis de conduire.

3) Spécimen de permis de conduire MC/701/E. Autorité compétente en matière de délivrance : M.C.T.C. (Motorisation civile et transports en concession).

4) Spécimen de permis de conduire MC 701/D. Autorité compétente en matière de délivrance : le Préfet.

5) Spécimen de permis de conduire MC 701/C. Autorité compétente en matière de délivrance : le Préfet.

6) Spécimen de permis de conduire MC 701/MEC. Autorité compétente en matière de délivrance : le Préfet.

No. 51930

Argentina
and
Italy

Agreement between the Government of the Argentine Republic and the Government of the Republic of Italy on reciprocal recognition in the conversion of driving licenses (with annexes). Buenos Aires, 27 April 2009

Entry into force: *30 May 2011, in accordance with article 11*

Authentic texts: *Italian and Spanish*

Registration with the Secretariat of the United Nations: *Argentina, 30 May 2014*

Argentine
et
Italie

Accord entre le Gouvernement de la République argentine et le Gouvernement de la République italienne relatif à la reconnaissance mutuelle en matière de conversion des permis de conduire (avec annexes). Buenos Aires, 27 avril 2009

Entrée en vigueur : *30 mai 2011, conformément à l'article 11*

Textes authentiques : *italien et espagnol*

Enregistrement auprès du Secrétariat de l'Organisation des Nations Unies : *Argentine, 30 mai 2014*

[ITALIAN TEXT – TEXTE ITALIEN]

ACCORDO TRA IL GOVERNO DELLA REPUBBLICA ITALIANA E IL GOVERNO DELLA REPUBBLICA ARGENTINA SUL RICONOSCIMENTO RECIPROCO IN MATERIA DI CONVERSIONE DI PATENTI DI GUIDA.

Il Governo della Repubblica Italiana e il Governo della Repubblica Argentina, di seguito denominate "Parti Contraenti", al fine di migliorare la sicurezza dei trasporti di passeggeri, nonché di agevolare il traffico stradale sul territorio delle Parti Contraenti,

hanno convenuto quanto segue:

Articolo 1

Le Parti Contraenti riconoscono reciprocamente, ai fini della conversione, le patenti di guida non provvisorie ed in corso di validità, che sono state emesse dalle competenti Autorità dell'altra Parte Contraente, secondo la propria normativa interna, a favore di titolari di patenti di guida che acquisiscono la residenza sul proprio territorio.

Articolo 2

La patente di guida emessa dalle Autorità di una delle Parti Contraenti cessa di validità ai_fini della circolazione nel territorio dell'altra Parte Contraente, trascorso un anno dalla data di acquisizione della residenza del titolare sul territorio dell'altra Parte Contraente.

Articolo 3

Nell'interpretazione degli articoli del presente Accordo si intende per "residenza" quanto stabilito e disciplinato in merito dalle rispettive normative vigenti presso le Parti Contraenti.

Articolo 4

Se il titolare della patente emessa dalle Autorità di una delle due Parti Contraenti stabilisce la residenza nel territorio dell'altra Parte, ha il diritto di convertire la sua patente senza dover sostenere esami teorici e pratici, salvo situazioni particolari riguardanti conducenti disabili.

Il titolare di patente di guida argentina converte il suo documento senza sostenere esami teorici e pratici se è residente in Italia da meno di quattro anni al momento della presentazione dell'istanza di conversione.

Il presente articolo non esclude l'obbligo di presentare, su richiesta dell'Amministrazione interessata, un certificato medico comprovante il possesso dei requisiti psicofisici, necessari per le categorie richieste.

Le limitazioni di guida e le sanzioni, che sono eventualmente previste in relazione alla data di rilascio della patente di guida dalle norme interne delle due Parti Contraenti, sono applicate con riferimento alla data di rilascio della patente originaria di cui si chiede la conversione.

Articolo 5

La disposizione di cui all'art. 4, primo capoverso, si applica esclusivamente per le patenti di guida rilasciate prima dell'acquisizione della residenza da parte del titolare nel territorio dell'altra Parte Contraente e, nel caso siano state rilasciate con validità provvisoria, si applica solo per quelle divenute valide in via permanente prima dell'acquisizione della predetta residenza.

Inoltre il predetto art. 4 non si applica a quelle patenti di guida ottenute a loro volta in sostituzione di un documento rilasciato da altro Stato e non convertibile nel territorio della Parte Contraente che deve procedere alla conversione.

Articolo 6

Il titolare di patente di guida emessa dalle autorità della Repubblica Italiana ha diritto di convertire la medesima se conforme ad uno dei modelli riportato nell'elenco di cui al terzo capoverso del presente articolo. A tali effetti dovrà presentare anche una traduzione ufficiale del documento di guida. La categoria da rilasciare per conversione viene stabilita dalle competenti autorità argentine in base al Prospetto informativo sulle categorie di patenti di guida rilasciate in Italia, allegato al presente Accordo.

Il titolare di patente di guida emessa dalle autorità della Repubblica Argentina ha il diritto di convertire la medesima. Oltre all'originale della patente di guida dovrà presentare il Certificato rilasciato dalle Rappresentanze diplomatico- consolari argentine, presenti sul territorio italiano, che contiene anche la traduzione e la fotocopia del documento stesso. La categoria da rilasciare per conversione viene stabilita dalle competenti autorità italiane in base a quanto indicato nel predetto Certificato, che viene compilato, sul modello allegato al presente Accordo, dalle Rappresentanze diplomatico-consolari della Repubblica Argentina presso la Repubblica Italiana, per ogni singola patente di guida di cui è richiesta la conversione.

Il Prospetto informativo sulle patenti di guida rilasciate in Italia, l'elenco dei modelli delle patenti di guida della Repubblica Italiana e il modello del Certificato di validità e autenticità emesso dalle Rappresentanze Diplomatiche Consolari della Repubblica Argentina costituiscono gli allegati tecnici dell'accordo che possono essere modificati dalle Autorità competenti delle Parti Contraenti con uno Scambio di Note.

Le Autorità competenti per la conversione delle patenti di guida sono le seguenti:

a) nella Repubblica Italiana il Ministero delle Infrastrutture e dei Trasporti - Dipartimento per trasporti terrestri e il trasporto intermodale;

b) nella Repubblica Argentina l'Autorità per la circolazione stradale del luogo di residenza del richiedente.

Articolo 7

Nel corso delle procedure di conversione delle patenti di guida, le Autorità competenti delle Parti Contraenti ritirano le patenti da convertire e le restituiscono alle Autorità competenti dell'altra Parte contraente, per il tramite delle Rappresentanze Diplomatiche.

Articolo 8

Le competenti Autorità argentine possono chiedere, per il tramite delle Rappresentanze diplomatiche e consolari, informazioni alle competenti Autorità dell'altra Parte Contraente, ove sorgano dubbi circa la validità, l'autenticità della patente italiana ed i dati in essa riportati.

Articolo 9

L' Autorità competente della Parte Contraente che riceve la patente ritirata, a seguito di conversione, informa l'altra Parte, qualora il documento presenti anomalie relative alla validità, all'autenticità ed ai dati in esso riportati. Tale informazione viene trasmessa sempre per i canali diplomatici.

Articolo 10

Le Parti Contraenti comunicheranno, con un anticipo di almeno due mesi, prima dell'entrata in vigore del presente Accordo, gli indirizzi delle Autorità competenti a cui le Rappresentanze Diplomatiche inviano le patenti ritirate ai sensi dell'art. 7, nonchè le informazioni di cui agli artt. 8 e 9.

Ciascuna delle Parti Contraenti, inoltre, comunica gli indirizzi delle proprie Rappresentanze diplomatiche e consolari presenti sul territorio dell'altra Parte, che fanno da tramite per le procedure di cui ai predetti articoli 7, 8 e 9 e che rilasciano le certificazioni previste nel capoverso 2 dell'articolo 6.

Articolo 11

Il presente Accordo con i relativi allegati tecnici entrerà in vigore sessanta giorni dopo la data di ricezione della seconda delle due notifiche, con le quali le Parti Contraenti si saranno comunicate l'adempimento delle procedure previste dalle rispettive normative.

Articolo 12

Il presente Accordo potrà essere modificato per mutuo consenso mediante scambio di Note Diplomatiche; le modifiche così concordate entreranno in vigore con le stesse procedure previste per l'entrata in vigore del presente Accordo. Il presente Accordo avrà durata illimitata, ma potrà essere denunciato per iscritto in qualunque momento da una delle Parti Contraenti; la denuncia produrrà i suoi effetti trascorsi sei mesi dalla ricezione della relativa notifica.

Articolo 13

Il presente Accordo, a partire dalla data di entrata in vigore, sostituirà il precedente Accordo sul riconoscimento reciproco in materia di conversione di patenti di guida firmato a Roma il 17 luglio 2003 tra il Governo della Repubblica italiana ed il Governo della Repubblica argentina.

Fatto a Buenos Aires il 27 aprile 2009 in due originali, ciascuno in lingua italiana e spagnola, entrambi i testi facenti ugualmente fede.

Per il Governo della Repubblica argentina	Per il Governo della Repubblica italiana
Ambasciatore Victorio TACCETTI Segretario agli Affari Esteri	Ambasciatore Vincenzo SCOTTI Sottosegretario agli Affari Esteri

CONSOLATO DELLA REPUBBLICA ARGENTINA

CERTIFICATO DI VALIDITÀ E AUTENTICITÀ

Ai sensi dell' art. 6 dell' Accordo tra la Repubblica Argentina e la Repubblica Italiana sul Riconoscimento Reciproco in materia di Conversione di Patenti Guida

DATI ANAGRAFICI DEL TITOLARE DELLA PATENTE: NOME, COGNOME, DATA DI NASCITA, LUOGO DI NASCITA (NAZIONE, CITTÀ)

FRONTE PATENTE GUIDA	*RETRO PATENTE GUIDA*
TRADUZIONE	
EVENTUALI PRESCRIZIONI: (AD. ES. OBBLIGO LENTI, PROTESI ACUSTICHE, ECC.)	

La Patente è autentica, in corso di validità e autorizza a condurre veicoli con le seguenti caratteristiche :

- *MASSA MASSIMA AUTORIZZATA:*
- *N. DI POSTI A SEDERE, ESCLUSO IL CONDUCENTE:*
- *E' POSSIBILE TRAINARE UN RIMORCHIO DI MASSA:*
- *VEICOLO ADIBITO AL TRASPORTO DI COSE:*
  VEICOLO ADIBITO AL TRASPORTO DI PERSONE:
- *CILINDRATA (PER I VEICOLI A DUE RUOTE):*
- *ALTRE ANNOTAZIONI UTILI: DATA DI PRIMO CONSEGUIMENTO*

____________________ *LA PATENTE DERIVA DA CONVERSIONE DI ALTRA RILASCIATA IN*

____

____

____

(E' OPPORTUNO APPORRE UNA BARRA - / - IN CORRISPONDENZA DELLE VOCI NON UTILIZZATE PER DESCRIVERE IL VEICOLO, AL FINE DI EVITARE POSSIBILI ALTERAZIONI DEL DOCUMENTO).

Firma console e timbro

PROSPETTO INFORMATIVO RELATIVO ALLE PATENTI DI GUIDA RILASCIATE IN ITALIA

In Italia la patente di guida è attualmente rilasciata secondo le norme previste dalla Direttiva n. 91/439 CEE e successive modificazioni

Categorie di patenti di guida rilasciate in Italia e veicoli che abilitano a condurre:

Categoria A: motocicli, con o senza sidecar.

Può conseguire tale categoria chi ha compiuto il 18° anno di età. Coloro che, avendo un'età compresa tra 18 e i 21 anni, conseguono la patente di guida della categoria A, possono condurre, per due anni dal momento del conseguimento, esclusivamente motocicli che hanno potenza fino a 25 kW o che hanno rapporto potenza /peso fino a 0,16 kW/Kg.

Chi ha un'età superiore a 21 anni e consegue la patente di categoria A, sostenendo la prova pratica di guida con un motociclo di potenza inferiore a 35 kW, può condurre, per due anni dal conseguimento, esclusivamente motocicli con potenza fino a 25 kW o che hanno un rapporto potenza /peso fino a 0,16 kW/Kg.

Chi, invece, ha compiuto il 21° anno di età e consegue la patente di categoria A, sostenendo la prova pratica di guida con un motociclo di potenza pari o superiore ad almeno 35 kW, può condurre tutti i tipi di motocicli, senza alcuna limitazione di potenza.

Con la patente di categoria A possono essere guidati tricicli e quadricicli a motore.

Categoria B:

a) autoveicoli la cui massa massima autorizzata non supera 3.500 Kg e il cui numero di posti a sedere, escluso quello del conducente, non è superiore a otto. Agli autoveicoli di questa categoria può essere agganciato un rimorchio la cui massa massima autorizzata non superi 750 Kg.

La patente di categoria B è valida in Italia anche per guidare i motocicli leggeri (cilindrata non superiore a 125 cc e potenza non superiore a 11 kW).

b) complessi composti da una motrice della categoria B e da un rimorchio.

La massa massima autorizzata del complesso non deve superare 3.500 Kg, e la massa massima autorizzata del rimorchio non deve eccedere la massa a vuoto della motrice.

La patente di guida di categoria B conseguita anteriormente al 1° gennaio 1986 abilita anche alla conduzione di motocicli senza limitazioni.

Categoria B+E: complessi di veicoli composti da una motrice della categoria B e da un rimorchio il cui insieme non rientri nella categoria B.

Categoria C: autoveicoli diversi da quelli della categoria D, la cui massa massima autorizzata superi 3.500 Kg. Agli autoveicoli di questa categoria può essere agganciato un rimorchio la cui massa massima autorizzata non superi 750 Kg.

Categoria C+E: complessi di veicoli composti da una motrice rientrante nella categoria C e da un rimorchio la cui massa massima autorizzata superi 750 Kg.

Categoria D: autoveicoli destinati al trasporto di persone , il cui numero di posti a sedere, escluso quello del conducente, è superiore ad otto. Agli autoveicoli di questa categoria può essere agganciato un rimorchio la cui massa massima autorizzata non superi 750 Kg.

Categoria D+E: complessi di veicoli composti da una motrice rientrante della categoria D e da un rimorchio la cui massa massima autorizzata supera 750 Kg.

Sottocategorie di patenti di guida rilasciate in Italia e veicoli che abilitano a condurre:

Sottocategoria A1: motocicli leggeri: motocicli di cilindrata non superiore a 125 cc, e di potenza massima non superiore a 11 kW.

In passato la sottocategoria A1, nel momento in cui il titolare compiva il 18° anno di età, si trasformava automaticamente in categoria A (con limitazioni: motocicli con potenza fino a 25 kW o con rapporto potenza /peso fino a 0,16 kW/Kg).

Al compimento del 20° anno di età poteva condurre motocicli senza alcuna limitazione.

Si precisa che con le nuove disposizioni **la patente di sottocategoria A1** continua ad essere rilasciata, ma non si trasforma automaticamente con il solo decorso del tempo in patente di categoria "A con limitazioni" e successivamente in quella di categoria "A senza limitazioni". Infatti, la patente di categoria A1 attualmente rilasciata abilita solo alla conduzione di motocicli leggeri (vale a dire di cilindrata non superiore a 125 cm cubi e di potenza massima non superiore a 11 kW) senza subire alcuna variazione successiva.

Per l'eventuale passaggio dalla sottocategoria A1 alla categoria A sia con limitazione (fino a 25 kW o rapporto potenza/peso fino a 0.16 kW /Kg) sia senza alcuna limitazione, attualmente è previsto il superamento di un apposito esame.

Con la patente di categoria A1 possono essere guidati tricicli e quadricicli a motore.

****

Con il Decreto Ministeriale 29 marzo 1999 sono state eliminate le sottocategorie indicate di seguito B1, C1 e D1, che pertanto in Italia non sono state più conseguite. Restano comunque valide quelle emesse in vigenza della precedente normativa, nonché quelle che verranno rilasciate per conversione di equipollenti patenti di altri Stati comunitari.

Sottocategoria B1: tricicli e quadricicli a motore.

Sottocategoria C1: autoveicoli diversi da quelli della categoria D, la cui massa massima autorizzata supera 3.500 Kg., senza peraltro eccedere 7.500 Kg. Agli autoveicoli di questa categoria può essere agganciato un rimorchio la cui massa massima autorizzata non super 750 Kg.

Sottocategoria C1 + E: complessi di veicoli composti da una motrice rientrante nella sottocategoria C1 e da un rimorchio la cui massa massima autorizzata è superiore a 750 Kg., sempre che la massa massima autorizzata del complesso così formato non superi 12.000 Kg. e la massa massima autorizzata del rimorchio non ecceda la massa a vuoto della motrice.

Sottocategoria D1: autoveicoli destinati al trasporto di persone, il cui numero di posti a sedere, escluso quello del conducente, è superiore ad otto ma non supera i 16, sempre escluso il posto del conducente. Agli autoveicoli di questa sottocategoria può essere agganciato un rimorchio la cui massa massima autorizzata non superi 750 Kg.

Sottocategoria D1 + E: complessi di veicoli composti da una motrice rientrante nella sottocategoria D1 e da un rimorchio la cui massa massima autorizzata supera 750 Kg. sempre che:

la massa autorizzata del complesso così formato non superi 12000 Kg e la massa massima autorizzata del rimorchio non ecceda la massa a vuoto della motrice e il rimorchio non sia utilizzato per il trasporto di persone.

****

Le patenti di categoria D richieste a partire dal 1° ottobre 2004 non consentono più di condurre i veicoli per i quali è richiesta la categoria C, ossia autoveicoli - non destinati al trasporto di persone - la cui massa massima autorizzata supera i 3500 kg. Detta norma si applica soltanto alle patenti di categoria D richieste a partire dal 1° ottobre 2004. Si precisa che è possibile rilevare agevolmente se un documento di guida di categoria D contiene anche la categoria C verificando se nell'apposito spazio riferito alla categoria C è presente l'indicazione della data di conseguimento.

****

Si fa inoltre presente che in Italia:

- la patente valida per le categorie C+E o D+E è valida anche per guidare i complessi delle categorie B+E; la patente valida per le categorie C+E è valida anche per le categorie D+E, se il suo titolare è già in possesso di patente per la categoria D.

-i possessori di patente di categoria B o superiori (C o D) che hanno conseguito il documento di guida anteriormente al 26/04/1988 possono condurre anche i motocicli per i quali è richiesta la patente di categoria A.

Per completezza di elementi, si precisa che, a norma dell'art. 124 del Codice della strada, per condurre macchine agricole, escluse quelle con conducente a terra, nonché macchine operatrici, occorre essere in possesso della patente di:

-categoria A: per la guida di macchine agricole o loro complessi, che non superino i limiti di sagoma e di peso stabiliti per i motoveicoli e che non superino la velocità di 40Km/h, sempre che non trasportino altre persone, oltre al conducente;

-categoria B: per la guida di macchine agricole, nonché di macchine operatrici;

-categoria C: per macchine operatrici eccezionali.

MODELLI DI PATENTI DI GUIDA

Modelli di patente di guida rilasciati in Italia elencati dal più vecchio al più recente.

1) modello di patente MC 701/MEC . Autorità preposta al rilascio: il Prefetto.

2) modello di patente MC 701/N. Autorità preposta al rilascio il Prefetto.

3) modello di patente MC 701/C. Autorità preposta al rilascio: il Prefetto

4) modello di patente MC 701 /D. Autorità preposta al rilascio: il Prefetto.

5) modello di patente MC 701/E. Autorità preposta al rilascio: M.C.T.C. (Motorizzazione Civile e Trasporti in Concessione);

6) modello di patente MC 701/F rilasciata dal 1°Luglio 1996 ai sensi della Direttiva 91/439 CEE.
Autorità preposta al rilascio: M.C.T.C.

7) modello di patente MC 701/ F. La numerazione dei dati contenuti nella pagina 2 rispetto al modello di cui al punto 6, è stata modificata.
Autorità preposta al rilascio: M.C.T.C.

8) modello di patente MC 720 F ai sensi della Direttiva 96/47.
Autorità preposta al rilascio: M.C.T.C.

9) modello di patente MC 720 F ai sensi della Direttiva 96/47. Autorità preposta al rilascio: M.C.T.C. Differisce dal precedente perché la dicitura *"patente di guida"* è riportata anche nelle lingue dei dieci Stati entrati nell'Unione Europea il 1° maggio 2004.

10) modello di patente MC 720 F ai sensi della Direttiva 96/47. Autorità preposta al rilascio: M.C.T.C. Differisce dal precedente descritto al punto 9) solo perché il numero dello stampato riportato in basso a destra sul retro del documento non è riprodotto in stampa ma realizzato in laser engraving e quindi rilevabile al tatto.

[SPANISH TEXT – TEXTE ESPAGNOL]

ACUERDO ENTRE EL GOBIERNO DE LA REPÚBLICA ARGENTINA Y EL GOBIERNO DE LA REPÚBLICA ITALIANA SOBRE EL RECONOCIMIENTO RECÍPROCO EN MATERIA DE CONVERSIÓN DE LICENCIAS DE CONDUCIR

El Gobierno de la República Argentina y el Gobierno de la República Italiana, en adelante denominadas "Partes Contrayentes", a los fines de mejorar la seguridad de los transportes de pasajeros, así como también facilitar el tráfico vial en el territorio de las Partes Contrayentes,

Han convenido lo siguiente:

Artículo 1

Las Partes Contrayentes reconocen recíprocamente, a los fines de la conversión, las licencias de conducir no provisorias y en fase de validez, que fueron emitidas por las Autoridades competentes de la otra Parte Contrayente, según la propia normativa interna, a favor de titulares de licencias de conducir que adquieren la residencia en el propio territorio.

Artículo 2

La licencia de conducir emitida por las Autoridades de una de las Partes Contrayentes deja de tener validez a los fines de la circulación en el territorio de la otra Parte Contrayente, luego de un año a partir de la fecha de adquisición de la residencia del titular en el territorio de la otra Parte Contrayente.

Artículo 3

En la interpretación de los artículos del presente Acuerdo se entiende por "residencia" lo que está establecido y reglamentado en las respectivas normativas vigentes de las Partes Contrayentes.

Artículo 4

Si el titular de la licencia emitida por las Autoridades de una de las dos Partes Contrayentes establece la residencia en el territorio de la otra Parte, tiene derecho de convertir su licencia sin tener que rendir exámenes teóricos y prácticos, salvo situaciones particulares relacionadas con conductores discapacitados.

El titular de la licencia de conducir argentina puede convertir su documento sin rendir exámenes teóricos y prácticos si es residente en Italia desde hace menos de cuatro años al momento de la presentación de la solicitud de conversión.

El presente artículo no excluye la obligación de presentar, a pedido de la Administración interesada, un certificado médico que compruebe los requisitos psico-físicos, necesarios para las categorías requeridas.

Las limitaciones para conducir y las sanciones eventualmente previstas con relación a la fecha de expedición de la licencia de conducir por las normas internas de las dos Partes Contrayentes, se aplican con referencia a la fecha de expedición de la licencia originaria de la cual se solicita la conversión.

Artículo 5

La disposición mencionada en el art. 4, primer párrafo, se aplica exclusivamente para las licencias de conducir expedidas antes de adquirir la residencia por parte del titular en el territorio de la otra Parte Contrayente y, en el caso de que hayan sido otorgadas con validez provisoria, se aplica solamente para aquellas que sean válidas en forma permanente antes de la adquisición de la mencionada residencia.

Además, el mencionado art. 4 no se aplica a las licencias de conducir obtenidas a su vez en substitución de un documento expedido por otro Estado y no canjeable en el territorio de la Parte Contrayente que debe proceder a la conversión.

Artículo 6

El titular de la licencia de conducir emitida por las autoridades de la República Italiana tiene derecho de convertir la misma de conformidad con uno de los modelos detallado en la lista conforme al tercer párrafo del presente artículo. A dichos efectos deberá presentar también una traducción oficial de la licencia de conducir. La categoría a otorgarse para la conversión es establecida por las autoridades argentinas competentes en base al Prospecto Informativo sobre las categorías de licencias de conducir otorgadas en Italia, anexo al presente Acuerdo.

El titular de la licencia de conducir emitida por las autoridades de la República Argentina tiene el derecho de convertir la misma. Además del original de la licencia de conducir deberá presentar el Certificado otorgado por las Representaciones Diplomáticas Consulares argentinas, presentes en el territorio italiano, que contiene también la traducción y la fotocopia del documento mismo. La categoría a otorgarse para la conversión es establecida por las autoridades italianas competentes en base a lo indicado en el mencionado Certificado, que será compilado, sobre el modelo anexo al presente Acuerdo, por las Representaciones Diplomáticas Consulares de la República Argentina ante la República Italiana, por cada licencia de conducir de la que se solicita la conversión.

El Prospecto informativo sobre las licencias de conducir otorgadas en Italia, la lista de los modelos de licencias de conducir de la República Italiana y el modelo del Certificado de Validez y Autenticidad emitido por las Representaciones Diplomáticas Consulares de la República Argentina constituyen los anexos técnicos del Acuerdo que pueden ser modificados por las Autoridades competentes de las Partes Contrayentes mediante un Canje de Notas.

Las Autoridades competentes para la conversión de las licencias de conducir son las siguientes:

a) en la República Italiana el Ministerio de Infraestructura y Transporte - Departamento de transportes terrestres y el transporte intermodal;

b) en la República Argentina la Autoridad para la circulación vial del lugar de residencia del solicitante.

Artículo 7

Durante los trámites de conversión de las licencias de conducir, las Autoridades competentes de las Partes Contrayentes retiran las licencias a convertir y las devuelven a las Autoridades competentes de la otra Parte Contrayente, por intermedio de las Representaciones Diplomáticas.

Artículo 8

Las Autoridades competentes argentinas pueden solicitar, por intermedio de las Representaciones diplomáticas y consulares, informaciones a las Autoridades competentes de la otra Parte Contrayente, en caso de que surjan dudas con respecto a la validez, a la autenticidad de la licencia de conducir italiana y a los datos que consten en la misma.

Artículo 9

La Autoridad competente de la Parte Contrayente que recibe la licencia retirada, luego de su conversión, informará a la otra Parte, en el caso que el documento presente anomalías relativas a la validez, a la autenticidad, y a los datos que consten en la misma. Dicha información será transmitida siempre por las vías diplomáticas.

Artículo 10

Las Partes Contrayentes, comunicarán, con una antelación mínima de dos meses, antes de la entrada en vigor del presente Acuerdo, las direcciones de las Autoridades competentes a las cuales las Representaciones Diplomáticas envían las licencias retiradas en virtud del art.7, así como también las informaciones, en virtud de los arts. 8 y 9.

Cada una de las Partes Contrayentes además comunica las direcciones de sus propias Representaciones Diplomáticas y Consulares presentes en el territorio de la otra Parte, que actúan como intermediarios para los procedimientos en virtud de los mencionados arts. 7, 8 y 9 y que otorgan las certificaciones previstas en el párrafo 2 del artículo 6.

Artículo 11

El presente Acuerdo con los respectivos anexos técnicos entrará en vigor luego de 60 días a partir de la fecha de recepción de la segunda de las dos notificaciones, por medio de las cuales las Partes Contrayentes se comunicarán el cumplimiento de los procedimientos previstos por las respectivas normativas.

Artículo 12

El presente Acuerdo, podrá ser modificado por mutuo consentimiento mediante canje de Notas Diplomáticas; las modificaciones así concordadas entrarán en vigor con los mismos procedimientos previstos para la entrada en vigor del presente Acuerdo. El presente Acuerdo tendrá duración ilimitada, pero podrá ser denunciado por escrito en cualquier momento por una de las Partes Contrayentes; la denuncia producirá sus efectos seis meses después de la recepción de la notificación correspondiente.

Artículo 13

El presente Acuerdo, a partir de la fecha de entrada en vigencia, substituirá el anterior Acuerdo sobre el Reconocimiento Recíproco en Materia de Conversión de Licencias de Conducir firmado en Roma el 17 de julio de 2003 entre el Gobierno de la República Argentina y el Gobierno de la República Italiana.

Hecho en Buenos Aires, el 27 de abril de 2009, en dos originales, en español e italiano respectivamente, siendo ambos igualmente auténticos.

Por el Gobierno de la República Argentina	Por el Gobierno de la República Italiana
Embajador D. Victorio TACCETTI Secretario de Relaciones Exteriores	Embajador D. Vincenzo SCOTTI Susbsecretario de Asuntos Exteriores

CONSULADO DE LA REPUBLICA ARGENTINA

CERTIFICADO DE VALIDEZ Y AUTENTICIDAD

En virtud del art. 6 del Acuerdo entre la República Argentina y la República Italiana sobre el Reconocimiento Recíproco en materia de Conversión di Licencias de Conducir

DATOS PERSONALES DEL TITULAR DE LA LICENCIA DE CONDUCIR: NOMBRE, APELLIDO, FECHA Y LUGAR DE NACIMIENTO (NACION, CIUDAD)

FRENTE LICENCIA DE CONDUCIR	*REVERSO LICENCIA DE CONDUCIR*
TRADUCCION	
EVENTUALES PRESCRIPCIONES: (POR EJ. ANTEOJOS OBLIGATORIOS, PROTESIS ACUSTICAS, ETC.)	

La Licencia de conducir es válida, auténtica y autoriza a conducir vehículos con las siguientes características :

- *MASA MAXIMA AUTORIZADA:*
- *N. DE ASIENTOS (MAXIMO AUTORIZADO) EXCLUYENDO AL CONDUCTOR:*
- *POSIBILIDAD DE DESPLAZAR UN ACOPLADO A MASA:*
- *VEHICULO PARA EL TRANSPORTE DE COSAS:*
  VEHICULO PARA EL TRANSPORTE DE PERSONAS:
- *CILINDRADA (PARA VEHICULOS DE DOS RUEDAS):*
- *OTRAS ANOTACIONES UTILES: FECHA DE OTORGAMIENTO DE LA 1er LICENCIA* ________________________
  LA LICENCIA DERIVA DE LA CONVERSION DE OTRA EMITIDA

EN ____________

____ __________

____

(ES NECESARIO PONER UNA BARRA - / - EN LOS ITEMS NO UTILIZADOS PARA DESCRIBIR EL VEHICULO, AL FIN DE EVITAR POSIBLES ALTERACIONES DEL DOCUMENTO).

Firma cónsul y sello

PROSPECTO INFORMATIVO CORRESPONDIENTE A LAS LICENCIAS DE CONDUCIR EXPEDIDAS EN ITALIA

En Italia la licencia de conducir actualmente es expedida conforme a las normas previstas por la Directiva n. 91/439 CEE y sucesivas modificaciones.

Categorías de licencias de conducir expedidas en Italia y vehículos que habilitan a conducir:

Categoría A: motocicletas, con o sin sidecar.

Puede obtener dicha categoría quien ha cumplido los 18 años de edad. Aquellos que, tuvieran una edad comprendida entre los 18 y los 21 años, obtienen la licencia de conducir de la categoría A, pueden conducir, por dos años a partir de su obtención, exclusivamente ciclomotores con potencia de hasta 25 kW o que tienen una relación potencia/peso de hasta 0,16 kW/Kg.

El que tiene una edad superior a los 21 años y obtiene la licencia de categoría A, rindiendo el examen práctico con un ciclomotor de potencia inferior a 35 kW, puede conducir, por dos años a partir de su obtención, exclusivamente ciclomotores con potencia de hasta 25 kW o que tienen una relación potencia/peso de hasta 0,16 kW/Kg.

En cambio, el que ha cumplido los 21 años y obtiene la licencia de categoría A, rindiendo un examen práctico con un ciclomotor de potencia igual o superior a 35 kW como mínimo, puede conducir todos los tipos de ciclomotores, sin ningún límite de potencia.

Con la licencia de categoría A se pueden conducir triciclos y cuadriciclos a motor.

Categoría B:

a) automotores cuya masa máxima autorizada no exceda de 3.500 Kg y cuyo número de asientos, excluyendo el del conductor, no sea superior a ocho. A los automotores de esta categoría se puede enganchar un remolque cuya masa máxima autorizada no exceda de 750 Kg.

La licencia de categoría B es válida en Italia también para conducir los ciclomotores livianos (cilindrada no superior a 125 cc y potencia no superior a 11 kW).

b) conjunto de vehículos compuestos por un acoplado de la categoria B y por un remolque.

La masa máxima autorizada del conjunto de vehículos no debe superar los 3.500 kg, y la masa máxima autorizada del remolque no debe exceder la masa en vacío del acoplado.

La licencia de conducir de categoría B obtenida antes del 1° de enero de 1986 habilita también a la conducción de ciclomotores sin limitaciones.

Categoría B+E: conjunto de vehículos compuestos por un acoplado de la categoría B y por un remolque cuya totalidad no pertenezca a la categoría B.

Categoría C: automotores distintos de aquellos de la categoría D, cuya masa máxima autorizada exceda los 3.500 Kg. Los automotores de esta categoría podrán llevar enganchado un remolque cuya masa máxima autorizada no exceda los 750 Kg.

Categoría C+E: conjunto de vehículos compuestos por un acoplado que pertenezca a la categoría C y por un remolque cuya masa máxima autorizada exceda los 750 kg.

Categoría D: automotores destinados al transporte de personas, cuyo número de asientos, excluyendo el del conductor, es superior a ocho. Los automotores de esta categoría podrán llevar un remolque cuya masa máxima autorizada no exceda los 750 kg.

Categoría D+E: conjunto de vehículos compuestos por un acoplado que pertenezca a la categoría D y por un remolque cuya masa máxima autorizada exceda los 750 kg.

Subcategorías de licencias de conducir expedidas en Italia y vehículos que habilitan a conducir:

Subcategoría A1: ciclomotores livianos: ciclomotores de cilindrada no superior a 125 cc, y de potencia máxima no superior a 11 kw.

En el pasado la subcategoría A1, al cumplir el titular 18 años de edad, se transformaba automáticamente en categoría A (con limitaciones: ciclomotores con potencia de hasta 25 kw o con una relación potencia/peso de 0,16 kw/Kg).

Al cumplir los 20 años de edad podía conducir ciclomotores sin ninguna limitación.

Se destaca que con las nuevas disposiciones se sigue expidiendo la licencia de conducir de subcategoría A1, pero no se transforma automáticamente únicamente por el tiempo transcurrido en patente de categoría "A con limitaciones" y posteriormente en aquella de categoría "A sin limitaciones". De hecho, la licencia de categoría A1 actualmente expedida habilita solamente a la conducción de ciclomotores livianos (es decir de cilindrada no superior a 125 cm cúbicos y de potencia máxima no superior a 11 kW) sin sufrir una variación posterior.

Para pasar eventualmente de la subcategoría A1 a la categoría A tanto con limitación (hasta 25 kW o relación potencia/peso hasta 0.16 kW/Kg) como sin ninguna limitación, actualmente está previsto la aprobación del examen correspondiente.

Con la licencia de categoría A1 se pueden conducir triciclos y cuadriciclos a motor.

****

Con el Decreto Ministerial 29 de marzo de 1999 han sido eliminadas las subcategorías indicadas a continuación B1, C1 y D1, que por lo tanto en Italia no se han obtenido más. De todos modos, permanecen válidas aquellas emitidas en vigencia de la normativa anterior, como así también aquellas que serán expedidas para canje de licencias equivalentes de otros Estados comunitarios.

Subcategoría B1: triciclos y cuadriciclos a motor.

Subcategoría C1: automotores distintos de aquellos de la categoría D, cuya masa máxima autorizada supera los 3.500 Kg, sin exceder los 7.500 kg. A los automotores de esta categoría podrán llevar enganchado un remolque cuya masa máxima autorizada no supera los 750 kg.

Subcategoría C1 + E: conjunto de vehículos compuestos por un acoplado perteneciente a la subcategoría C1 y por un remolque cuya masa máxima autorizada sea superior a los 750 Kg., siempre que la masa máxima autorizada del conjunto compuesto de esta manera no exceda los 12.000 Kg. y la masa máxima autorizada del remolque no exceda la masa en vacío del acoplado.

Subcategoría D1: automotores destinados al transporte de personas, cuyo número de asientos, excluyendo el del conductor, es superior a ocho pero no excede los 16, siempre excluyendo el asiento del conductor. Los automotores de esta subcategoría podrán llevar enganchado un remolque cuya masa máxima autorizada no supere los 750 kg.

Subcategoría D1 + E: conjunto de vehículos compuestos por un acoplado perteneciente a la subcategoría D1 y por un remolque cuya masa máxima autorizada sea superior a 750 Kg. siempre que:

la masa máxima autorizada del conjunto de vehículos formado de esta manera no exceda los 12.000 Kg. y la masa máxima autorizada del remolque no exceda la masa en vacío del acoplado y el remolque no sea utilizado para el transporte de pasajeros.

****

Con las licencias de categoría D solicitadas a partir del 1° de octubre de 2004 no está permitido conducir los vehículos por los cuales se solicita la categoría C, es decir automotores – no destinados al transporte de pasajeros - cuya masa máxima autorizada exceda los 3500 Kg. Dicha norma se aplica solamente a las licencias de categoría D solicitadas a partir del 1° de octubre de 2004. Se destaca que es posible detectar con facilidad si una licencia de categoría D contiene también la categoría C verificando si en el espacio referido a la categoría C está indicada la fecha de obtención.

****

Además, se pone de manifiesto que en Italia:

- la licencia de conducir válida para las categorías C+E o D+E es válida también para conducir todos los vehículos de las categorías B+E; la licencia válida para las categorías C+E es válida también para la categoría D+E, si el titular ya posee licencia para la categoría D.

- los titulares de licencias de categoría B o superiores (C o D) que han obtenido el documento de conducir antes del 26/04/1988 pueden conducir también ciclomotores para los cuales se requiere la licencia de categoría A.

Para mayor información, se destaca que, en virtud del art. 124 del Código Vial, para conducir máquinas agrícolas, excluyendo aquellas con conductor a tierra, como así también máquinas de obras, es necesario poseer licencia de:

- categoría A: para conducir máquinas agrícolas o sus conjuntos, que no superen los límites de dimensiones y de peso establecidos para los automotores y que no superen la velocidad de 40 Km/h, siempre que no transporten a otras personas, además del conductor;

- categoría B: para conducir máquinas agrícolas, como así máquinas para obras;

- categoría C: para máquinas para obras excepcionales.

MODELOS DE LICENCIAS DE CONDUCIR

MODELOS DE LICENCIAS DE CONDUCIR EXPEDIDOS EN ITALIA DETALLADAS DESDE LA MÁS VIEJA A LA MÁS RECIENTE

1) Modelo de licencia MC 701/MEC. Autoridad responsable del otorgamiento: el Prefecto.

2) Modelo de licencia MC 701/N. Autoridad responsable del otorgamiento: el Prefecto.

3) Modelo de licencia MC 701/C. Autoridad responsable del otorgamiento: el Prefecto.

4) Modelo de licencia MC 701/D. Autoridad responsable del otorgamiento: el Prefecto.

5) Modelo de licencia MC 701/E. Autoridad responsable del otorgamiento: M.C.T.C. (Motorización Civil y Transportes en Concesión).

6) Modelo de licencia MC 701/F otorgada a partir del 1° de julio de 1996 en virtud de la Directiva 91/439 CEE. Autoridad responsable del otorgamiento: M.C.T.C.

7) Modelo de licencia MC 701/F. La numeración de los datos contenidos en la página 2 respecto al modelo en virtud del punto 6, ha sido modificada. Autoridad responsable del otorgamiento: M.C.T.C.

8) Modelo de licencia MC 720 F en virtud de la Directiva 96/47. Autoridad responsable del otorgamiento: M.C.T.C.

9) Modelo de licencia MC 720 F en virtud de la Directiva 96/47. Autoridad responsable del otorgamiento: M.C.T.C. Difiere del anterior porque la leyenda "*licencia de conducir*" se menciona también en los idiomas de los diez Estados que entraron en la Unión Europea el 1° de mayo de 2004.

10) Modelo de licencia MC 720 F en virtud de la Directiva 96/47. Autoridad responsable del otorgamiento: M.C.T.C. Difiere del modelo descripto en el punto 9) en cuanto el número impreso abajo a la derecha en el reverso del documento no está impreso sino realizado en laser engraving y por lo tanto identificable al tacto.

[TRANSLATION – TRADUCTION]

AGREEMENT BETWEEN THE GOVERNMENT OF THE ARGENTINE REPUBLIC AND THE GOVERNMENT OF THE REPUBLIC OF ITALY ON RECIPROCAL RECOGNITION IN THE CONVERSION OF DRIVING LICENCES

The Government of the Argentine Republic and the Government of the Republic of Italy, hereinafter referred to as the "Contracting Parties", for the purposes of improving the safety of passenger transport and facilitating road traffic in their territory,

Have agreed as follows:

Article 1

The Contracting Parties reciprocally recognize, for the purposes of conversion, valid non-provisional driving licences issued by the competent authorities of the other Contracting Party, in accordance with their domestic legislation, for driving licence holders who become resident in their territory.

Article 2

A driving licence issued by the authorities of one Contracting Party shall cease to be valid for the purposes of driving in the territory of the other Contracting Party one year from the date on which the holder of the licence becomes a resident in the territory of the other Contracting Party.

Article 3

For the purposes of interpreting the articles of this Agreement, "residence" shall have the meaning established in accordance with the Contracting Parties' respective regulations in force.

Article 4

If holders of a licence issued by the authorities of one of the two Contracting Parties become resident in the territory of the other Party, they shall have the right to convert the licence without theoretical or practical tests being required, except in specific situations related to disabled drivers.

Holders of Argentine driving licences may convert them without theoretical or practical tests being required, if they have been resident in Italy for less than four years when the conversion application is submitted.

This article shall not affect the obligation to submit, at the request of the administration concerned, a medical certificate proving that the psychological and physical prerequisites for the requested categories are met.

Driving restrictions and any penalties stipulated in relation to the date of issuance of the driving licence in the domestic laws of the two Contracting Parties shall apply with reference to the date of issuance of the original licence for which conversion is requested.

Article 5

The first paragraph of article 4 shall apply exclusively to driving licences issued before the holder's acquisition of residence in the territory of the other Contracting Party and, if such licences were issued with provisional validity, shall apply only to those that become valid permanently before such acquisition.

In addition, the aforementioned article 4 shall not apply to driving licences obtained to replace a document that was issued by another State and may not be exchanged in the territory of the Contracting Party that must convert it.

Article 6

Holders of driving licences issued by the authorities of the Republic of Italy shall have the right to convert such licences in accordance with one of the models in the list referred to in the third paragraph of this article. To that end, they shall also submit an official translation of the licence. The category to be granted for the conversion shall be established by the Argentine competent authorities based on the information regarding the categories of driving licences issued in Italy, annexed to this Agreement.

Holders of driving licences issued by the authorities of the Argentine Republic shall have the right to convert such licences. In addition to the original driving licence, holders must submit the certificate issued by the Argentine Consular Diplomatic Missions in the territory of Italy, which shall also contain a translation and a photocopy of the document. The category granted for the conversion shall be established by the Italian competent authorities on the basis of that certificate, which shall be compiled using the model annexed to this Agreement by the Consular Diplomatic Missions of the Argentine Republic to the Republic of Italy for each driving licence for which conversion is requested.

The information about driving licences granted in Italy, the list of models of driving licences of the Republic of Italy and the model of the certificate of validity and authenticity issued by the Consular Diplomatic Missions of the Argentine Republic shall constitute the technical Annexes to this Agreement, which may be amended by the competent authorities of the Contracting Parties by means of an Exchange of Notes.

The competent authorities responsible for the conversion of driving licences shall be as follows:

(a) In the Republic of Italy, the Department of Land and Intermodal Transport of the Ministry of Infrastructure and Transport;

(b) In the Argentine Republic, the Road Traffic Authority for the applicant's place of residence.

Article 7

In converting driving licences, the competent authorities of the Contracting Parties shall collect the licences to be converted and return them to the competent authorities of the other Contracting Party through their Diplomatic Missions.

Article 8

The Argentine competent authorities may, through their Diplomatic and Consular Missions, request information from the competent authorities of the other Contracting Party, if there are doubts regarding the validity or authenticity of an Italian driving licence, or the data contained therein.

Article 9

The competent authority of the Contracting Party that receives the collected licence after its conversion shall inform the other Party of any anomalies related to the validity and authenticity of the document, or the data contained therein. Such information shall always be transmitted through the diplomatic channels.

Article 10

The Contracting Parties shall transmit, at least two months prior to the entry into force of this Agreement, the addresses of the competent authorities to which the Diplomatic Missions shall send the licences collected under article 7, as well as the information referred to in articles 8 and 9.

Each of the Contracting Parties shall also transmit the addresses of its Diplomatic and Consular Missions in the territory of the other Party, which shall act as intermediaries in procedures pursuant to articles 7, 8 and 9, and shall issue the certificates referred to in the second paragraph of article 6.

Article 11

This Agreement and the corresponding technical Annexes shall enter into force 60 days from the date of receipt of the second of the two notifications, by which the Contracting Parties shall inform each other of the completion of the procedures established in their respective laws.

Article 12

This Agreement may be amended by mutual consent through an exchange of Diplomatic Notes; the amendments thus approved shall enter into force through the same procedures established for the entry into force of this Agreement. This Agreement shall remain in force for a period of indefinite duration but may be terminated in writing at any time by one of the Contracting Parties; the termination shall take effect six months from the receipt of the corresponding notification.

Article 13

This Agreement, from the date of its entry into force, shall supersede the previous Agreement on reciprocal recognition in the conversion of driving licences, signed at Rome on 17 July 2003 by the Government of the Argentine Republic and the Government of the Republic of Italy.

DONE at Buenos Aires on 27 April 2009 in two originals, in Spanish and Italian, both texts being equally authentic.

For the Government of the Argentine Republic:
VICTORIO TACCETTI
Ambassador
Secretary for Foreign Affairs

For the Government of the Republic of Italy:
VINCENZO SCOTTI
Ambassador
Deputy Secretary for Foreign Affairs

CONSULATE OF THE ARGENTINE REPUBLIC

CERTIFICATE OF VALIDITY AND AUTHENTICITY

IN ACCORDANCE WITH ARTICLE 6 OF THE AGREEMENT BETWEEN THE ARGENTINE REPUBLIC AND THE REPUBLIC OF ITALY ON RECIPROCAL RECOGNITION IN THE CONVERSION OF DRIVING LICENCES

DRIVING LICENCE HOLDER'S PERSONAL INFORMATION: FIRST NAME, SURNAME AND DATE AND PLACE OF BIRTH (COUNTRY, CITY)

Front of driving licence	Back of driving licence
Translation Prescribed medical requirements (such as mandatory wearing of eyeglasses and hearing aids)	

The driving licence is valid and authentic and authorizes the holder to drive vehicles with the following characteristics:

- Maximum mass:
- Maximum number of seats, excluding the driver:
- Possibility of towing a trailer with a mass of:
- Vehicle for the transport of cargo:
- Vehicle for the carriage of passengers:
- Cylinder capacity of engine (for two-wheeled vehicles):
- Other relevant notes: Date of issue of the first licence ____________________________

The licence is the result of the conversion of another issued on________________________

____

____

Mark a slash (-/-) next to any characteristics not used to describe the vehicle, in order to avoid alteration of the document.

Signature and stamp of Consul

INFORMATION ABOUT DRIVING LICENCES ISSUED IN ITALY

In Italy, driving licences are currently issued in accordance with the rules established in Council Directive 91/439/EEC and successive amendments thereto.

Categories of driving licences issued in Italy and vehicles they authorize the holder to drive:

Category A: Motorcycles with or without a sidecar

The minimum age for this category is 18 years. Persons aged between 18 and 21 years who obtain a driving licence in category A may, for two years thereafter, drive only mopeds of a power not exceeding 25 kW or with a power/weight ratio not exceeding 0.16 kW/kg.

Persons aged over 21 years who obtain a category A licence by passing the practical test on a moped of a power not exceeding 35 kW may, for two years thereafter, drive only mopeds with a power not exceeding 25 kW or a power/weight ratio not exceeding 0.16 kW/kg.

Persons aged over 21 years who obtain a category A licence by passing the practical test on a moped of a power of 35 kW or more, however, may drive all types of moped, with no power limit.

Category A driving licences authorize the driving of motor tricycles and quadricycles.

Category B

(a) Motor vehicles with a maximum authorised mass not exceeding 3,500 kg and eight seats in addition to that of the driver. Motor vehicles in this category may be combined with a trailer whose maximum authorised mass does not exceed 750 kg.

In Italy, category B licences also authorize the driving of light mopeds (with a cylinder capacity not exceeding 125 cm3 and of a power not exceeding 11 kW).

(b) Combinations of vehicles consisting of a drawing vehicle in category B and a trailer.

The maximum authorised mass of the combination of vehicles must not exceed 3,500 kg and the maximum authorised mass of the trailer must not exceed the unladen mass of the drawing vehicle.

A category B driving licence obtained before 1 January 1986 also authorizes the driving of mopeds without limitations.

Category B+E: Combinations of vehicles consisting of a drawing vehicle in category B and a trailer that does not meet the conditions for category B.

Category C: Motor vehicles, other than those in category D, whose maximum authorized mass exceeds 3,500 kg. Motor vehicles in this category may be combined with a trailer whose maximum authorised mass does not exceed 750 kg.

Category C+E: Combinations of vehicles consisting of a drawing vehicle in category C and a trailer whose maximum authorized mass exceeds 750 kg.

Category D: Motor vehicles designed for the carriage of passengers, with more than eight seats in addition to that of the driver. Motor vehicles in this category may be combined with a trailer whose maximum authorised mass does not exceed 750 kg.

Category D+E: Combinations of vehicles consisting of a drawing vehicle in category D and a trailer whose maximum authorized mass exceeds 750 kg.

Subcategories of driving licences issued in Italy and vehicles they authorize the holder to drive:

Subcategory A1: Light mopeds, i.e. those with a cylinder capacity not exceeding 125 cm^3 and of a power not exceeding 11 kW.

Previously, licences in subcategory A1 were automatically converted to category A when the holder reached the age of 18 years, with the limitations that the power of the moped must not exceed 25 kW and the power/weight ratio must not exceed 0.16 kW/kg.

On reaching the age of 20 years, the holder was able to drive mopeds with no limitations.

Under the new provisions, licences in subcategory A1 continue to be issued but are not automatically converted to "A with limitations" when the holder reaches the age of 18 years and subsequently to "A without limitations" when the holder reaches the age of 20 years. The licences currently issued in subcategory A1 authorize only the driving of light mopeds (i.e. those with a cylinder capacity not exceeding 125 cm^3 and of a power not exceeding 11 kW) and are not subsequently converted.

To move from subcategory A1 to category A, either with the limitations that the power must not exceed 25 kW and the power/weight ratio must not exceed 0.16 kW/Kg, or without limitations, the corresponding test must be passed.

Driving licences in category A1 authorize the driving of motor tricycles and quadricycles.

****

Licences in subcategories B1, C1 and D1 have not been issued since 29 March 1999, when they were abolished by Ministerial Decree. Licences issued in those subcategories under the previous regulations, however, remain valid, as will those issued in exchange for equivalent licences from other States.

Subcategory B1: Motor tricycles and quadricycles.

Subcategory C1: Motor vehicles other than those in category D, whose maximum authorized mass exceeds 3,500 kg but not 7,500 kg. Motor vehicles in this category may be combined with a trailer whose maximum authorized mass does not exceed 750 kg.

Subcategory C1+E: Combinations of vehicles consisting of a drawing vehicle in subcategory C1 and a trailer with a maximum authorized mass that exceeds 750 kg, provided that the maximum authorized mass of the combination does not exceed 12,000 kg and the maximum authorized mass of the trailer does not exceed the unladen mass of the drawing vehicle.

Subcategory D1: Motor vehicles designed for the carriage of passengers, with more than 8 but less than 16 seats in addition to that of the driver. Motor vehicles in this subcategory may be combined with a trailer whose maximum authorised mass does not exceed 750 kg.

Subcategory D1+E: Combinations of vehicles consisting of a drawing vehicle in subcategory D1 and a trailer whose maximum authorized mass exceeds 750 kg, provided that:

The maximum authorized mass of the combination does not exceed 12,000 kg, the maximum authorized mass of the trailer does not exceed the unladen mass of the drawing vehicle and the trailer is not used for the carriage of passengers.

****

Licences in category D requested from 1 October 2004 do not authorize the driving of vehicles for which a licence in category C is required, namely vehicles not intended for the carriage of passengers and whose maximum authorized mass exceeds 3,500 kg. This rule applies only to licences in category D requested from 1 October 2004. Licences in category D that authorize the driving of vehicles for which a licence in category C is required can easily be identified by checking whether the date of issue is stated in the space for category C.

****

It should also be noted that in Italy:

- Driving licences valid for categories C+E or D+E authorize the driving of all vehicles in category B+E. Licences in category C+E authorize the driving of vehicles in category D+E if the holder also has a category D licence.
- Holders of licences in category B or higher (C or D) obtained before 26 April 1988 may also drive mopeds for which a category A licence is required.

In addition, in accordance with article 124 of the Highway Code, the following licences are necessary to drive agricultural vehicles, except those controlled by a pedestrian, and construction vehicles:

- Category A: To drive agricultural vehicles or combinations thereof, whose dimensions and weight do not exceed the limits established for motor vehicles and whose maximum speed is 40 km/h, providing that they do not carry passengers other than the driver;
- Category B: To drive agricultural and construction vehicles;
- Category C: To drive exceptional construction vehicles.

MODELS OF DRIVING LICENCES

Models of driving licences issued in Italy, listed from the oldest to the most recent

(1) Model of licence MC 701/MEC, issued by the Prefect.

(2) Model of licence MC 701/N, issued by the Prefect.

(3) Model of licence MC 701/C, issued by the Prefect.

(4) Model of licence MC 701/D, issued by the Prefect.

(5) Model of licence MC 701/E, issued by the Inspectorate of Road Traffic and Concessionary Public Transport.

(6) Model of licence MC 701/F, issued from 1 July 1996 in accordance with Directive 91/439/EEC by the Inspectorate of Road Traffic and Concessionary Public Transport.

(7) Model of licence MC 701/F, issued by the Inspectorate of Road Traffic and Concessionary Public Transport with changes in the numbering of the data on p. 2 of the model referred to in No. 6 above.

(8) Model of licence MC 720/F, issued by the Inspectorate of Road Traffic and Concessionary Public Transport in accordance with Directive 96/47/EC.

(9) Model of licence MC 720/F, issued by the Inspectorate of Road Traffic and Concessionary Public Transport in accordance with Council Directive 96/47/EC. This model differs from the previous one in that the words "driving licence" are also provided in the languages of the 10 States that acceded to the European Union on 1 May 2004.

(10) Model of licence MC 720/F, issued by the Inspectorate of Road Traffic and Concessionary Public Transport in accordance with Council Directive 96/47/EC. This model differs from that referred to in No. 9 in that the number on the back of the document at the bottom right is not printed but engraved using a laser and can therefore be identified by touch.

[TRANSLATION – TRADUCTION]

ACCORD ENTRE LE GOUVERNEMENT DE LA RÉPUBLIQUE ARGENTINE ET LE GOUVERNEMENT DE LA RÉPUBLIQUE ITALIENNE RELATIF À LA RECONNAISSANCE MUTUELLE EN MATIÈRE DE CONVERSION DES PERMIS DE CONDUIRE

Le Gouvernement de la République argentine et le Gouvernement de la République italienne, ci-après dénommés les « Parties contractantes »,

Désireux d'améliorer la sécurité du transport de passagers et de faciliter la circulation routière sur le territoire des Parties contractantes,

Sont convenus de ce qui suit :

Article premier

Aux fins de la conversion des permis de conduire, chaque Partie contractante reconnaît les permis de conduire non-provisoires et en cours de validité délivrés par les autorités compétentes de l'autre Partie contractante conformément à la législation nationale de celle-ci aux titulaires de permis de conduire ayant établi leur résidence sur son territoire.

Article 2

Le permis de conduire délivré par les autorités compétentes d'une Partie contractante n'autorise plus à circuler sur le territoire de l'autre Partie contractante après un délai d'un an à compter de la date à laquelle le titulaire a établi sa résidence sur le territoire de l'autre Partie contractante.

Article 3

Aux fins de l'interprétation des articles du présent Accord, l'expression « résidence » se définit selon la réglementation applicable en vigueur de chaque Partie contractante.

Article 4

Tout titulaire d'un permis de conduire délivré par les autorités compétentes d'une Partie contractante ayant établi sa résidence sur le territoire de l'autre Partie a le droit de convertir son permis sans avoir à subir d'épreuves théoriques et pratiques, sauf dans des cas particuliers relatifs aux automobilistes handicapés.

Tout titulaire d'un permis de conduire argentin a le droit de convertir son permis de conduire sans avoir à subir d'épreuves théoriques et pratiques s'il réside en Italie depuis moins de quatre ans à la date de la demande de conversion.

Le présent article ne dispense nullement de l'obligation de produire, à la demande des autorités compétentes, un certificat médical attestant des conditions d'aptitude physique et mentale prescrites pour la catégorie visée.

Les restrictions à la conduite et les sanctions relatives à la date de délivrance du permis de conduire prévues, le cas échéant, par la législation interne des Parties contractantes s'appliquent à compter de la date de délivrance du permis originel qui fait l'objet de la demande de conversion.

Article 5

Les dispositions du premier paragraphe de l'article 4 ne s'appliquent qu'aux permis de conduire délivrés avant que le titulaire du permis de conduire n'ait établi sa résidence sur le territoire de l'autre Partie contractante et, dans le cas où il aurait été délivré à titre provisoire, les dispositions s'appliquent uniquement aux permis valides à titre permanent avant l'obtention de la résidence susmentionnée.

En outre, l'article 4 précité ne s'applique pas aux permis de conduire délivrés en remplacement de tout titre délivré par un autre État et non convertible sur le territoire de la Partie contractante devant procéder à la conversion.

Article 6

Tout titulaire d'un permis de conduire délivré par les autorités de la République italienne a le droit de le convertir contre un permis de conduire conforme à l'un des spécimens indiqués au troisième paragraphe du présent article. À cet effet, l'intéressé doit également produire une traduction officielle du permis de conduire. Les autorités compétentes argentines décident du type de permis à délivrer au moment de la conversion sur la base des informations relatives aux catégories de permis de conduire délivrés en Italie, annexées au présent Accord.

Tout titulaire d'un permis de conduire délivré par les autorités de la République argentine a le droit de le convertir. Outre le permis de conduire originel, l'intéressé doit fournir le certificat délivré par les représentations diplomatiques ou consulaires de l'Argentine en territoire italien, ainsi qu'une traduction et une photocopie dudit document. Les autorités compétentes italiennes décident du type de permis à délivrer sur la base de ce certificat, qui doit être établi sur le modèle annexé au présent Accord par les représentations diplomatiques ou consulaires de la République argentine auprès de la République italienne pour chaque permis de conduire faisant l'objet d'une demande de conversion.

Les informations relatives aux permis de conduire délivrés en Italie, la liste des spécimens de permis de conduire de la République italienne et le spécimen du certificat de validité et d'authenticité délivré par les représentations diplomatiques ou consulaires de la République argentine constituent les annexes techniques au présent Accord pouvant être modifiées par les autorités compétentes des Parties contractantes moyennant un échange de notes.

Les autorités compétentes chargées de la conversion des permis de conduire sont :

a) Pour la République italienne : la Direction des transports terrestres et du transport intermodal du Ministère des infrastructures et des transports;

b) Pour la République argentine : l'Autorité pour la circulation routière du lieu de résidence de l'intéressé.

Article 7

Aux fins du processus de conversion des permis de conduire, les autorités compétentes des Parties contractantes retirent les permis de conduire à convertir et les restituent aux autorités compétentes de l'autre Partie contractante via les représentations diplomatiques.

Article 8

En cas de doute quant à la validité, à l'authenticité du permis de conduire italien ou aux mentions qui y sont portées, les autorités compétentes argentines peuvent demander des informations aux autorités compétentes de l'autre Partie contractante via les représentations diplomatiques et consulaires.

Article 9

Les autorités compétentes de la Partie contractante qui reçoivent un permis de conduire originel à la suite de sa conversion informent l'autre Partie de toute anomalie de celui-ci en ce qui concerne sa validité, son authenticité ou les mentions qui y sont portées. Ce signalement se fait toujours par la voie diplomatique.

Article 10

Les Parties contractantes, au moins deux mois avant l'entrée en vigueur du présent Accord, se communiquent l'adresse de leurs autorités compétentes auxquelles les représentations diplomatiques doivent restituer tout permis de conduire retiré en vertu de l'article 7, ainsi que toutes informations y relatives, en vertu des articles 8 et 9.

En outre, chaque Partie contractante communique l'adresse de ses représentations diplomatiques et consulaires présentes sur le territoire de l'autre Partie, habilitées à agir en qualité d'intermédiaires aux fins des formalités visées aux articles 7, 8 et 9 précités et à délivrer les certificats prévus au paragraphe 2 de l'article 6.

Article 11

Le présent Accord et les annexes techniques y relatives entrent en vigueur 60 jours après la réception de la seconde des deux notifications par lesquelles les Parties contractantes se notifient l'accomplissement des formalités prescrites par leurs législations respectives.

Article 12

Le présent Accord peut être modifié d'un commun accord moyennant un échange de notes diplomatiques, les modifications convenues prenant effet selon les mêmes modalités que l'entrée en vigueur du présent Accord. Le présent Accord a une durée indéterminée, mais peut être dénoncé par notification écrite à tout moment par l'une des Parties contractantes, la dénonciation prenant effet six mois après réception de la notification.

Article 13

Le présent Accord, à compter de sa date d'entrée en vigueur, remplace l'Accord relatif à la reconnaissance mutuelle en matière de conversion des permis de conduire, signé à Rome, le 17 juillet 2003, entre le Gouvernement de la République argentine et le Gouvernement de la République italienne.

FAIT à Buenos Aires, le 27 avril 2009, en deux exemplaires originaux, en langues italienne et espagnole, les deux versions faisant également foi.

Pour le Gouvernement de la République argentine :

VICTORIO TACCETTI
Secrétaire aux affaires étrangères

Pour le Gouvernement de la République italienne :

VINCENZO SCOTTI
Sous-Secrétaire aux affaires étrangères

CONSULAT DE LA RÉPUBLIQUE ARGENTINE

CERTIFICAT D'AUTHENTICITÉ ET DE VALIDITÉ

En vertu de l'article 6 de l'Accord entre la République argentine et la République italienne relatif à la reconnaissance mutuelle en matière de conversion des permis de conduire

DONNÉES PERSONNELLES DU TITULAIRE DU PERMIS DE CONDUIRE : PRÉNOM, NOM, DATE ET LIEU DE NAISSANCE (PAYS, VILLE)

<table>
<tr><td>Permis de conduire (recto)</td><td>Permis de conduire (verso)</td></tr>
<tr><td colspan="2">Traduction

Prescriptions éventuelles : (par exemple, lunettes obligatoires, prothèses acoustiques, etc.)</td></tr>
</table>

Le permis de conduire est valide, authentique et autorise la conduite de véhicules répondant aux caractéristiques suivantes :

- Masse maximale autorisée :
- Nombre de sièges (maximum autorisé) à l'exclusion du siège du conducteur :
- Possibilité de transporter une remorque pesant :
- Véhicule pour le transport de marchandises :
- Véhicule pour le transport de passagers :
- Cylindrée (pour les deux roues) :
- Autres annotations utiles : date de délivrance du premier permis____________________

Le permis est issu de la conversion d'un autre permis délivré à_________________________

____

____

(Il est nécessaire d'inscrire une barre oblique -/- face aux éléments non utilisés pour décrire le véhicule, afin d'éviter d'éventuelles altérations du document.)

Signature du Consul et sceau

INFORMATIONS RELATIVES AUX PERMIS DE CONDUIRE DÉLIVRÉS EN ITALIE

En Italie, les permis de conduire sont actuellement délivrés conformément aux normes prévues par la Directive 91/439 CEE et ses amendements successifs.

Catégories de permis de conduire délivrés en Italie et catégories de véhicules qu'ils habilitent à conduire :

Catégorie A : motocyclettes, avec ou sans side-car.

Toute personne âgée de plus de 18 ans peut accéder à cette catégorie. Les personnes dont l'âge est compris entre 18 et 21 ans et qui ont obtenu un permis de conduire de catégorie A sont exclusivement autorisées à conduire des cyclomoteurs d'une puissance maximale de 25 kW ou d'un rapport puissance/poids inférieur à 0,16 kW/kg pendant deux ans.

Les personnes âgées de plus de 21 ans et qui ont obtenu un permis de conduire de catégorie A en passant l'examen pratique avec un cyclomoteur d'une puissance inférieure à 35 kW, sont exclusivement autorisées à conduire des cyclomoteurs d'une puissance maximale de 25 kW ou d'un rapport puissance/poids inférieur à 0,16 kW/kg pendant deux ans.

En revanche, toute personne âgée de plus de 21 ans qui a obtenu un permis de conduire de catégorie A en passant l'examen pratique avec un cyclomoteur d'une puissance égale ou supérieure à 35 kW est autorisée à conduire tout type de cyclomoteurs, sans limite de puissance.

Le permis de conduire de catégorie A autorise la conduite de tricycles et de quadricycles à moteur.

Catégorie B :

a) Automobiles dont la masse maximale autorisée ne dépasse pas 3 500 kg et dont le nombre de sièges, à l'exclusion du siège du conducteur, n'est pas supérieur à huit. Il est possible de tracter une remorque dont la masse maximale autorisée ne dépasse pas 750 kg avec une automobile de cette catégorie.

En Italie, le permis de conduire de catégorie B autorise également à conduire des cyclomoteurs légers (cylindrée inférieure à 125 cc et d'une puissance inférieure à 11 kW).

b) Ensemble de véhicules composés d'une semi-remorque appartenant à la catégorie B et d'une autre remorque.

La masse maximale autorisée de l'ensemble de véhicules ne doit pas dépasser 3 500 kg, et la masse maximale autorisée de la remorque ne doit pas dépasser la masse à vide de la semi-remorque.

Les permis de conduire de la catégorie B obtenus avant le 1er janvier 1986 autorisent également la conduite des cyclomoteurs sans limitation.

Catégorie B+E : ensemble de véhicules composés d'une semi-remorque de catégorie B et d'une remorque qui ne fait pas entièrement partie de la catégorie B.

Catégorie C : automobiles différentes de celles de la catégorie D, dont la masse maximale autorisée dépasse 3 500 kg. Les automobiles de cette catégorie peuvent transporter une remorque dont la masse maximale autorisée ne dépasse pas 750 kg.

Catégorie C+E : ensemble de véhicules composés d'une semi-remorque appartenant à la catégorie C et d'une remorque dont la masse maximale autorisée dépasse 750 kg.

Catégorie D : automobiles pour le transport de passagers, dont le nombre de sièges, à l'exclusion du siège conducteur, est supérieur à huit. Les automobiles de cette catégorie peuvent transporter une remorque dont la masse maximale autorisée ne dépasse pas 750 kg.

Catégorie D+E : ensemble de véhicules composés d'une semi-remorque appartenant à la catégorie D et d'une remorque dont la masse maximale autorisée dépasse 750 kg.

Sous-catégories de permis de conduire délivrés en Italie et catégories de véhicules qu'ils habilitent à conduire :

Sous-catégorie A1 : cyclomoteurs légers : cyclomoteurs cylindrés inférieurs à 125 cc et d'une puissance maximale inférieure à 11 kW.

Par le passé, lorsque le titulaire d'un permis de sous-catégorie A1 atteignait 18 ans, le permis se transformait automatiquement en catégorie A (avec des restrictions : cyclomoteurs d'une puissance maximale de 25 kW ou d'un rapport puissance/poids inférieur à 0,16 kW/kg).

À partir de l'âge de 20 ans, le titulaire pouvait conduire des cyclomoteurs sans limitation.

Il convient de souligner que selon les nouvelles dispositions, la délivrance des permis de conduire de sous-catégorie A1 se poursuit. En revanche, ce permis ne se transforme plus automatiquement après le délai prescrit en permis de catégorie « A avec restrictions » ni ultérieurement en permis de catégorie « A sans restriction ». De fait, le permis de conduire de catégorie A1 actuellement délivré autorise uniquement la conduite de cyclomoteurs légers (c'est-à-dire une cylindrée inférieure à 125 cm cubes et d'une puissance maximale inférieure à 11 kW) sans modification ultérieure.

Pour passer de la sous-catégorie A1 à la catégorie A, avec restrictions (d'une puissance maximale de 25 kW ou d'un rapport puissance/poids inférieur à 0,16 kW/kg) ou sans restriction, les dispositions actuelles prévoient le passage de l'examen correspondant.

Les permis de catégorie A1 autorisent la conduite de tricycles et de quadricycles à moteur.

****

Le décret ministériel du 29 mars 1999 stipule l'élimination des sous-catégories énumérées ci-dessous B1, C1 et D1, de sorte que les permis de conduire appartenant à ces catégories ne sont plus délivrés en Italie. Nonobstant, les permis délivrés lorsque les dispositions antérieures étaient en vigueur demeurent valides, tout comme ceux délivrés après échange de permis équivalent provenant d'autres États de la communauté.

Sous-catégorie B1 : tricycles et quadricycles à moteur.

Sous-catégorie C1 : automobiles différentes de celles de la catégorie D, dont la masse maximale autorisée est comprise entre 3 500 kg et 7 500 kg. Les automobiles de cette catégorie peuvent transporter une remorque dont la masse maximale autorisée ne dépasse pas 750 kg.

Sous-catégorie C1+E : ensemble de véhicules composés d'une semi-remorque appartenant à la sous-catégorie C1 et d'une remorque dont la masse maximale autorisée est supérieure à 750 kg, sous réserve que la masse maximale autorisée de l'ensemble des véhicules ne dépasse pas 12 000 kg et que la masse maximale autorisée de la remorque ne dépasse pas la masse à vide de la semi-remorque.

Sous-catégorie D1 : automobiles pour le transport de passagers, dont le nombre de sièges, à l'exclusion du conducteur, est compris entre huit et seize, à l'exclusion du siège du conducteur. Les automobiles de cette sous-catégorie sont autorisées à transporter une remorque dont la masse maximale autorisée est inférieure à 750 kg.

Sous-catégorie D1+E : ensemble de véhicules composés d'une semi-remorque appartenant à la sous-catégorie D1 et d'une remorque dont la masse maximale autorisée est inférieure à 750 kg, sous réserve que :

La masse maximale autorisée de l'ensemble des véhicules ne dépasse pas 12 000 kg, que la masse maximale autorisée de la remorque ne dépasse pas la masse à vide de la semi-remorque, et que la remorque ne serve pas au transport de passagers.

****

Les permis de conduire de la catégorie D demandés à partir du 1er octobre 2004 n'autorisent pas la conduite des véhicules habilités par la catégorie C, c'est-à-dire les automobiles (non utilisées pour le transport de passagers) dont la masse maximale autorisée est supérieure à 3 500 kg. Cette règle s'applique uniquement aux permis de conduire de la catégorie D demandés à partir du 1er octobre 2004. Il convient de souligner qu'il est possible de contrôler facilement si un permis de conduire de catégorie D englobe également la catégorie C en vérifiant si la date d'obtention est renseignée dans l'espace réservé à la catégorie C.

****

En outre, il convient de souligner qu'en Italie :

- Un permis de conduire valide pour les catégories C+E ou D+E autorise également la conduite de tous les véhicules dans les catégories B+E; un permis de conduire valide pour la catégorie C+E autorise également la conduite des véhicules de la catégorie D+E, si le titulaire est déjà en possession d'un permis de catégorie D.
- Les titulaires de permis de conduire appartenant à la catégorie B ou à une catégorie supérieure (C ou D) qui ont obtenu ledit permis avant le 26 avril 1988 sont autorisés à conduire des cyclomoteurs pour lesquels est requis le permis de catégorie A.

Pour plus d'informations, il convient de souligner qu'en vertu de l'article 124 du Code de la route, pour la conduite de machines agricoles, à l'exclusion des machines à conducteur à pied, ainsi que des engins de chantier, il est nécessaire d'être en possession d'un permis de :

- Catégorie A : machines agricoles ou leurs ensembles, qui ne dépassent pas les limites de taille et de poids fixées pour les automobiles et d'une vitesse inférieure à 40 km/h, sous réserve qu'elles ne transportent pas d'autres personnes que le conducteur;
- Catégorie B : machines agricoles et engins de chantier;
- Catégorie C : machines pour les ouvrages exceptionnels.

SPÉCIMENS DE PERMIS DE CONDUIRE

SPÉCIMENS DE PERMIS DE CONDUIRE DÉLIVRÉS EN ITALIE ÉNUMÉRÉS DU PLUS ANCIEN AU PLUS RÉCENT

1) Spécimen de permis de conduire MC 701/MEC. Autorité compétente en matière de délivrance : le Préfet.

2) Spécimen de permis de conduire MC 701/N. Autorité compétente en matière de délivrance : le Préfet.

3) Spécimen de permis de conduire MC 701/C. Autorité compétente en matière de délivrance : le Préfet.

4) Spécimen de permis de conduire MC 701/D. Autorité compétente en matière de délivrance : le Préfet.

5) Spécimen de permis de conduire MC 701/E. Autorité compétente en matière de délivrance : M.C.T.C. (Motorisation civile et transports en concession).

6) Spécimen de permis de conduire MC 701/F délivré à partir du 1er juillet 1996 en vertu de la Directive 91/439 CEE. Autorité compétente en matière de délivrance : M.C.T.C.

7) Spécimen de permis de conduire MC 701/F. La numérotation des données figurant à la page 2 relatives au spécimen en vertu du point 6 a été modifiée. Autorité compétente en matière de délivrance : M.C.T.C.

8) Spécimen de permis de conduire MC 720/F en vertu de la Directive 96/47. Autorité compétente en matière de délivrance : M.C.T.C.

9) Spécimen de permis de conduire MC 720/F en vertu de la Directive 96/47. Autorité compétente en matière de délivrance : M.C.T.C. Ce spécimen diffère du point précédent, car la légende « permis de conduire » est également indiquée dans les langues des dix États qui ont rejoint l'Union européenne le 1er mai 2004.

10) Spécimen de permis de conduire MC 720/F en vertu de la Directive 96/47. Autorité compétente en matière de délivrance : M.C.T.C. Ce spécimen diffère du modèle décrit au point 9, dans la mesure où le numéro apparaissant en bas à droite, au dos du document, n'a pas été imprimé, mais a été gravé au laser et est donc détectable au toucher.

No. 51931

Argentina and Ecuador

Agreement on cultural cooperation between the Argentine Republic and the Republic of Ecuador. Buenos Aires, 1 July 1965

Entry into force: *12 May 1970 by the exchange of the instruments of ratification, in accordance with article 15*

Authentic text: *Spanish*

Registration with the Secretariat of the United Nations: *Argentina, 30 May 2014*

Argentine et Équateur

Accord de coopération culturelle entre la République argentine et la République de l'Équateur. Buenos Aires, 1er juillet 1965

Entrée en vigueur : *12 mai 1970 par l'échange des instruments de ratification, conformément à l'article 15*

Texte authentique : *espagnol*

Enregistrement auprès du Secrétariat de l'Organisation des Nations Unies : *Argentine, 30 mai 2014*

[SPANISH TEXT – TEXTE ESPAGNOL]

CONVENIO DE COOPERACION CULTURAL

Los Gobiernos de la República del Ecuador y de la República Argentina, animados del propósito de fortalecer las relaciones culturales de los dos países,

HAN DECIDIDO concluir un Convenio, para lo cual han designado sus respectivos Plenipotenciarios, a saber:

La Junta Militar de Gobierno de la República del Ecuador, a Su Excelencia el señor Ministro de Relaciones Exteriores, Doctor D. GONZALO ESCUDERO MOSCOSO; y,

El Excelentísimo Señor Presidente de la República Argentina, a Su Excelencia el señor Ministro de Relaciones Exteriores y Culto, Doctor D. MIGUEL ANGEL ZAVALA ORTIZ;

QUIENES, luego de haber cambiado sus Plenos Poderes, encontrados en buena y debida forma, han convenido en lo siguiente:

ARTICULO 1°

Cada una de las Altas Partes Contratantes acordará todas las facilidades para el establecimiento, funcionamiento y desarrollo, en su propio territorio, de instituciones culturales y técnicas de la otra Parte autorizadas por sus respectivos gobiernos y cuyas actividades estén dirigidas a estimular tanto el conocimiento del otro país, como la investigación cultural o científica. El término "instituciones culturales y técnicas" comprende escuelas, bibliotecas, institutos y centros de cultura y de investigación.

ARTICULO 2°

Las Altas Partes Contratantes se otorgarán recíprocamente las necesarias excepciones de derecho aduanero para la importación de material didáctico, técnico y científico. Quedan comprendidos en esta disposición: las publicaciones la música impresa, las reproducciones artísticas. los discos y las cintas magnetofónicas, las muestras de artesanía y todo otro material no enumerado, en cuanto sea adecuado para los fines de este Convenio.

ARTICULO 3°

Los Ministerios de Relaciones Exteriores de ambos países se comprometen a gestionar, en un plazo que no excederá los ciento ochenta (180) días, a partir de la firma de este Convenio, lo siguiente:

a) Que los documentos expedidos por las Autoridades competentes de una de las Partes Contratantes que acrediten la aprobación de los diversos cursos de la enseñanza primaria, secundaria o técnica, sean reconocidos, previa autenticación por las autoridades de la otra Parte, para los fines de continuar los correspondientes estudios en los establecimientos educacionales en cualquiera de los dos países;

b) Que, asimismo, los documentos que acrediten la finalización de la enseñanza primaria o secundaria, expedidos por las Autoridades competentes de una de las Partes Contratantes sean válidos, previa autenticación de las correspondientes Autoridades de la otra Parte, para el ingreso en los establecimientos de instrucción secundaria o superior en cualquiera de los dos países;

c) Que, si los documentos referidos en los dos párrafos precedentes no acreditaren la aprobación de una o más asignaturas de las exigidas en los programas de estudios de la otra Parte, procedan exámenes de tales asignaturas, a juicio de las Autoridades locales; y,

d) Que los documentos expedidos por las Autoridades competentes de una de las Partes Contratantes, que acrediten la aprobación de estudios técnicos en establecimientos reconocidos oficialmente, tengan el mismo valor que los expedidos en similares establecimientos de la otra Parte.

Cumplido el mencionado plazo de ciento ochenta (180) días las dos Cancillerías se comunicarán, de inmediato, los resultados que hubieren alcanzado.

ARTICULO 4°

Las Altas Partes Contratantes se comprometen a realizar los trámites conducentes para lograr que las disposiciones referentes a límites numéricos, o cupos de matrículas, no se apliquen a los estudiantes nacionales de la otra Parte Contratante.

ARTICULO 5°

Las Altas Partes Contratantes concuerdan en la conveniencia de concederse, recíprocamente, becas en cursos de preparación superior y técnica y en establecimientos o cursos de especialización y perfeccionamiento.

Los becarios que obtuvieren título técnico o profesional en virtud de dichas becas, tienen derecho al reconocimiento de sus diplomas o títulos o certificados, previo cumplimiento de las disposiciones legales y reglamentarias de la respectiva Parte Contratante.

ARTICULO 6°

En caso de existencia de servicios de transporte oficial de cualquiera de las Partes, los becarios tendrán prioridad y sus pasajes no incidirán en los cupos que na Parte haya otorgado u otorgue a la otra de modo regular y permanente.

ARTICULO 7°

Las Altas Partes Contratantes promoverán contactos directos entre las Universidades, los establecimientos técnicos y los diversos organismos de cultura legalmente existentes.

Para ello, propiciarán el intercambio de profesores, conferenciantes, escritores, expertos, artistas y estudiantes e incrementarán, de modo especial la presencia de profesores y especialistas a cargo de cursos o cursillos universitarios y técnicos.

En lo referente al intercambio de títulos, reconocimiento de estudios, y demás aspectos concernientes a las relaciones entre las Partes Contratantes en el campo de la educación superior, las Partes se interesarán por obtener la más amplia y mutua cooperación de establecimientos universitarios, de acuerdo con la naturaleza de los estudios y de las normas legales que regulan su funcionamiento en ambos países.

ARTICULO 8°

Las Altas Partes Contratantes fomentarán exposiciones de libros de bellas artes de arte aplicado y de artesanías, así como las manifestaciones teatrales y musicales y las reuniones científicas o técnicas.

ARTICULO 9°

Las Altas Partes Contratantes promoverán el establecimiento en las principales bibliotecas públicas de los dos países, de secciones especiales, en las que se conservarán las publicaciones que sobre el otro país adquiera dicha biblioteca o reciba en virtud del intercambio previsto por este Convenio.

ARTICULO 10°

La República Argentina se compromete a prestar toda su cooperación experiencia, para la promoción del libro ecuatoriano en el exterior.

Las Comisiones Mixtas a que se refieren los Artículos 12° y 13° del presente Convenio, dirigirán sus esfuerzos para el mejor cumplimiento de esta disposición.

ARTICULO 11°

Las Altas Partes Contratantes procurarán la unificación de las disposiciones legales tendientes a proteger los derechos de autor en obras literarias, científicas y artísticas. La obra de un nacional de cualquiera de las Partes Contratantes o de un extranjero domiciliado en ella, cuyos derechos de autor hayan sido reconocidos conforme a la Ley nacional, recibirá la protección simultánea de los dos países, una vez lograda dicha unificación y en la medida que tal protección no hubiese sido objeto de convenios generales o especiales de carácter multilateral.

ARTICULO 12°

Para los fines de la aplicación del presente Convenio, así como de la formulación de cualquier proposición ulterior destinada a estimular el desarrollo de las relaciones culturales entre los dos países, las Partes Contratantes convienen en crear una Comisión Mixta Ecuatoriana-Argentina compuesta de dos secciones: una en Quito y la otra en Buenos Aires, la que deberá constituirse dentro del plazo de los sesenta días posteriores a la ratificación por ambas Partes del presente Convenio.

ARTICULO 13°

Cada una de las secciones de que se habla en el Artículo anterior estará compuesta por un Presidente, un Secretario y cuatro Miembros, quienes serán designados por el Gobierno del país en el que funcione la Sección respectiva, previo acuerdo con el Jefe de la Misión Diplomática del otro país acreditado ante ese Gobierno.

ARTICULO 14°

El presente Convenio será ratificado de acuerdo con el procedimiento constitucional en vigor en cada una de las Altas Partes Contratantes y el Canje de Ratificaciones se efectuará en la ciudad de Quito, a la brevedad posible.

ARTICULO 15°

El presente Convenio entrará en vigor simultáneamente para ambas Partes en la fecha de Canje de los respectivos instrumentos de Ratificación y podrá ser denunciado a la otra, con un año de anticipación por lo menos.

En fe de lo cual los Plenipotenciarios arriba mencionados firman y sellan el presente Convenio, en dos ejemplares igualmente auténticos, en la ciudad de Buenos Aires, el día primero de julio de mil novecientos sesenta y cinco.

Por la Junta Militar de Gobierno
de la República del Ecuador

GONZALO ESCUDERO MOSCOSO
Ministro de Relaciones Exteriores

Por el Gobierno de la
República Argentina

MIGUEL ANGEL ZAVALA ORTIZ
Ministro de Relaciones Exteriores
y Culto

[TRANSLATION – TRADUCTION]

AGREEMENT ON CULTURAL COOPERATION

The Governments of the Republic of Ecuador and the Argentine Republic, desirous of strengthening the cultural relations of the two countries,

Have decided to conclude an Agreement, for which they have designated their respective Plenipotentiaries, namely:

For the Governing Military Junta of the Republic of Ecuador: His Excellency the Minister for Foreign Affairs, Mr. Gonzalo Escudero Moscoso, and

For His Excellency the President of the Argentine Republic: His Excellency the Minister for Foreign Affairs and Worship, Mr. Miguel Ángel Zavala Ortiz,

Who, having communicated to one another their full powers, found in good and due form, have agreed as follows:

Article 1

Each of the High Contracting Parties shall facilitate in every way the establishment, functioning and development, in its own territory, of cultural and technical institutions of the other Party authorized by their respective Governments and whose activities are intended to stimulate knowledge of the other country and cultural or scientific research. The term "cultural and technical institutions" includes schools, libraries, institutes and cultural and research centres.

Article 2

The High Contracting Parties shall grant each other the necessary exemptions from customs duty for the import of teaching, technical and scientific material. This provision includes publications, sheet music, art reproductions, gramophone records and magnetic tapes, examples of handicrafts and all other material not listed herein, suitable for the purposes of this Agreement.

Article 3

The Ministries of Foreign Affairs of both countries undertake to make arrangements to ensure, within a period that shall not exceed 180 days, beginning from the signing of this Agreement:

(a) That the documents issued by the competent authorities of one of the Contracting Parties that accredit successful completion of the various subjects in primary, secondary or technical education are recognized, subject to authentication by the authorities of the other Party, for the purposes of continuing the corresponding studies in educational establishments in either of the two countries;

(b) That, in addition, the documents that accredit completion of primary or secondary education, issued by the competent authorities of one of the Contracting Parties, are valid, subject to authentication by the corresponding authorities of the other Party, for entry into secondary or higher education establishments in either of the two countries;

(c) That, if the documents referred to in the two preceding paragraphs do not accredit successful completion of one or more subjects out of those required by the curriculums of the other Party, examinations shall be held in those subjects, according to the criteria of the local authorities; and

(d) That the documents issued by the competent authorities of one of the Contracting Parties, accrediting successful completion of technical studies in officially recognized establishments, have the same value as those issued in similar establishments of the other Party.

Immediately upon expiration of the above-mentioned 180-day period, the two Ministries of Foreign Affairs shall inform each other of the results achieved.

Article 4

The High Contracting Parties undertake to carry out the necessary formalities to ensure that provisions referring to numerical limits or enrolment quotas do not apply to the students who are nationals of the other Contracting Party.

Article 5

The High Contracting Parties agree on the advisability of granting each other scholarships for higher and technical education courses and for specialized or advanced establishments or courses.

Holders of scholarships who obtain a technical or professional degree as a result of said scholarships have the right to have their diplomas or degrees or certificates recognized, subject to compliance with the legal and regulatory provisions of the respective Contracting Party.

Article 6

If either of the Parties has official transportation services, holders of scholarships shall be given priority and their transport costs shall not affect any quotas that a Party has granted or might grant to the other on a regular and permanent basis.

Article 7

The High Contracting Parties shall promote direct contacts among legally established universities, technical establishments and cultural bodies.

To that end, they shall facilitate the exchange of teachers, lecturers, writers, experts, artists and students and shall strive in particular to increase the presence of professors and specialists who teach university and technical courses or modules.

As regards the exchange of degrees, recognition of studies and other aspects concerning relations between the Contracting Parties in the field of higher education, the Parties shall cooperate to obtain the broadest mutual cooperation of university establishments, in accordance with the nature of the studies and the legal rules that regulate their functioning in both countries.

Article 8

The High Contracting Parties shall promote exhibitions of books, fine arts, applied arts and handicrafts, theatrical and musical performances, and scientific or technical meetings.

Article 9

In the main public libraries of both countries, the High Contracting Parties shall promote the establishment of special sections in which shall be held the publications relating to the other country which the said library acquires or receives as a result of the exchange provided for in this Agreement.

Article 10

The Argentine Republic undertakes to offer its full cooperation and expertise in order to promote Ecuadorian books abroad.

The Joint Commissions referred to in articles 12 and 13 of this Agreement shall work to ensure the fullest possible compliance with this provision.

Article 11

The High Contracting Parties shall endeavour to harmonize legal provisions protecting copyright in literary, scientific and artistic works. The work of a national of either of the Contracting Parties or of an alien domiciled therein, whose copyright has been recognized under domestic law, shall be simultaneously protected by both countries, once said harmonization has been achieved and to the extent that such protection has not been subject to general or special multilateral agreements.

Article 12

For the purposes of the implementation of this Agreement, and for the formulation of any future proposal to stimulate the development of cultural relations between the two countries, the Contracting Parties agree to establish an Ecuador-Argentina Joint Commission comprising two sections: one in Quito and one in Buenos Aires, which shall be constituted within the period of 60 days following ratification by both Parties of this Agreement.

Article 13

Each of the sections mentioned in the previous article shall comprise a Chair, a Secretary and four Members, who shall be designated by the Government of the country in which the respective section operates, subject to the agreement of the Head of the Diplomatic Mission of the other country accredited with that Government.

Article 14

This Agreement shall be ratified in accordance with the constitutional procedure in effect in each of the High Contracting Parties and the exchange of ratifications shall take place at Quito as soon as possible.

Article 15

This Agreement shall enter into force simultaneously for both Parties on the date of the exchange of the respective instruments of ratification and may be terminated by either Party by giving the other Party at least one year's notice.

IN WITNESS WHEREOF, the above-mentioned Plenipotentiaries have signed this Agreement in duplicate and have hereunto affixed their seals, both copies being equally authentic, at Buenos Aires, on 1 July 1965.

For the Governing Military Junta of the Republic of Ecuador:
GONZALO ESCUDERO MOSCOSO
Minister for Foreign Affairs

For the Government of the Argentine Republic:
MIGUEL ÁNGEL ZAVALA ORTIZ
Minister for Foreign Affairs and Worship

[TRANSLATION – TRADUCTION]

ACCORD DE COOPÉRATION CULTURELLE

Les Gouvernements de la République de l'Équateur et de la République argentine, animés du désir de renforcer les relations culturelles entre les deux pays,

Ont décidé de conclure un accord et ont, à cet effet, désigné leurs plénipotentiaires respectifs, à savoir :

Pour la junte militaire du Gouvernement de la République de l'Équateur : le Ministre des affaires étrangères, Gonzalo Escudero Moscoso, et

Pour le Président de la République argentine : le Ministre des affaires étrangères et du culte, Miguel Ángel Zavala Ortiz,

Lesquels, après s'être communiqué leurs pleins pouvoirs, reconnus en bonne et due forme, sont convenus de ce qui suit :

Article premier

Chacune des Hautes Parties contractantes s'efforce de faciliter par tous les moyens la création, le fonctionnement et le développement, sur son propre territoire, d'institutions culturelles et techniques de l'autre Partie qui sont autorisées par leurs Gouvernements respectifs et dont les activités visent à stimuler la connaissance de l'autre pays ainsi que la recherche culturelle ou scientifique. L'expression « institutions culturelles et techniques » comprend les écoles, bibliothèques, instituts et centres culturels et de recherche.

Article 2

Les Hautes Parties contractantes s'accordent les exonérations de droits de douane nécessaires à l'importation de documents didactiques, techniques et scientifiques. La présente disposition vise notamment les publications, partitions, reproductions artistiques, disques, bandes magnétiques, travaux d'artisanat et tout autre matériel non énuméré, se prêtant aux fins du présent Accord.

Article 3

Les Ministères des affaires étrangères des deux pays s'engagent à prendre des dispositions pour assurer, dans un délai ne dépassant pas 180 jours à compter de la signature du présent Accord, ce qui suit :

a) Les documents délivrés par les autorités compétentes de l'une des Parties contractantes qui attestent la réussite des différentes matières de l'enseignement primaire, secondaire ou technique sont reconnus, sous réserve de leur authentification par les autorités de l'autre Partie, aux fins de la poursuite des études équivalentes dans les établissements d'enseignement de chacun des deux pays;

b) En outre, les documents attestant l'achèvement des études primaires ou secondaires délivrés par les autorités compétentes de l'une des Parties contractantes sont considérés comme valables, sous réserve de leur authentification par les autorités correspondantes de l'autre Partie, aux fins de l'entrée dans les établissements d'enseignement secondaire ou supérieur de chacun des deux pays;

c) Si les documents visés aux deux paragraphes précédents n'attestent pas la réussite d'une ou de plusieurs matières parmi celles requises par les programmes d'études de l'autre Partie, des examens sont organisés dans ces matières, selon les critères des autorités locales; et

d) Les documents délivrés par les autorités compétentes de l'une des Parties contractantes qui attestent la réussite d'études techniques dans les établissements reconnus officiellement ont la même valeur que ceux qui sont délivrés par des établissements similaires de l'autre Partie.

Dès l'expiration du délai de 180 jours susmentionné, les deux Ministères des affaires étrangères s'informent mutuellement des résultats de leurs travaux.

Article 4

Les Hautes Parties contractantes s'engagent à accomplir les formalités nécessaires pour veiller à ce que les dispositions concernant les plafonds numériques ou les quotas d'inscription ne s'appliquent pas aux étudiants qui sont des ressortissants de l'autre Partie contractante.

Article 5

Les Hautes Parties contractantes conviennent de l'opportunité d'octroyer des bourses, sur une base réciproque, pour la poursuite d'études supérieures et techniques et pour les établissements ou les cours de spécialisation ou de perfectionnement.

Les titulaires de bourses qui obtiennent un diplôme technique ou professionnel grâce à ces bourses ont le droit de voir leurs diplômes ou certificats reconnus, sous réserve du respect des dispositions législatives et réglementaires de la Partie contractante concernée.

Article 6

Si l'une ou l'autre des Parties offre des services officiels de transport, la priorité est accordée aux boursiers et leurs frais de transport n'affectent pas les quotas qu'une Partie a accordés ou pourrait accorder à l'autre sur une base régulière et continue.

Article 7

Les Hautes Parties contractantes encouragent les contacts directs entre les universités, les établissements techniques et les organismes culturels légalement établis.

À cette fin, elles facilitent l'échange d'enseignants, de conférenciers, d'écrivains, d'experts, d'artistes et d'étudiants, et s'efforcent particulièrement de relever la présence d'enseignants et de spécialistes qui animent des cursus ou des modules universitaires et techniques.

En ce qui concerne la réciprocité des diplômes, la reconnaissance des études et les autres aspects des relations entre les Parties contractantes dans le domaine de l'enseignement supérieur, les Parties coopèrent en vue d'obtenir la coopération mutuelle la plus large entre les établissements universitaires, compte tenu de la nature des programmes d'étude et des règles juridiques régissant leur fonctionnement dans les deux pays.

Article 8

Les Hautes Parties contractantes veillent à promouvoir les expositions de livres, d'arts plastiques, d'arts appliqués et d'artisanat, les représentations théâtrales et musicales et les réunions scientifiques ou techniques.

Article 9

Les Hautes Parties contractantes favorisent la création dans les principales bibliothèques publiques des deux pays de sections spéciales où sont regroupées les publications relatives à l'autre pays que la bibliothèque acquiert ou reçoit dans le cadre des échanges prévus au titre du présent Accord.

Article 10

La République argentine s'engage à offrir son entière coopération et son expertise afin de promouvoir la littérature équatorienne à l'étranger.

Les comités mixtes visés aux articles 12 et 13 du présent Accord s'emploient à assurer le respect le plus complet possible de la présente disposition.

Article 11

Les Hautes Parties contractantes s'efforcent d'harmoniser les dispositions juridiques protégeant le droit d'auteur sur les œuvres littéraires, scientifiques et artistiques. Après ce travail d'harmonisation, l'œuvre d'un ressortissant de l'une ou l'autre des Parties contractantes ou d'un étranger qui y est domicilié, dont le droit d'auteur a été reconnu conformément à la législation nationale, est protégée simultanément par les deux pays, dans la mesure où cette protection n'a pas fait l'objet d'accords multilatéraux généraux ou particuliers.

Article 12

Aux fins de la mise en œuvre du présent Accord et de la formulation à l'avenir de toute proposition visant à stimuler le développement des relations culturelles entre les deux pays, les Parties contractantes conviennent de créer un Comité mixte Équateur-Argentine, composé de deux sections, l'une à Quito et l'autre à Buenos Aires, et constitué dans un délai de 60 jours après la ratification par les deux Parties du présent Accord.

Article 13

Chacune des sections mentionnées à l'article précédent est composée d'un président, d'un secrétaire et de quatre membres, qui sont désignés par le Gouvernement du pays de la section concernée, sous réserve de l'accord du chef de la mission diplomatique de l'autre pays accréditée auprès de ce Gouvernement.

Article 14

Le présent Accord est ratifié selon les procédures constitutionnelles en vigueur dans chacune des Hautes Parties contractantes et l'échange des instruments de ratification se fait à Quito dès que possible.

Article 15

Le présent Accord entre en vigueur simultanément pour les deux Parties à la date de l'échange des instruments de ratification respectifs et peut être dénoncé par l'une ou l'autre Partie au moyen d'un préavis d'au moins un an.

EN FOI DE QUOI, les plénipotentiaires susnommés signent et scellent le présent Accord, en deux exemplaires, les deux textes faisant également foi, dans la ville de Buenos Aires, le 1er juillet 1965.

Pour la junte militaire du Gouvernement de la République de l'Équateur :

GONZALO ESCUDERO MOSCOSO
Ministre des affaires étrangères

Pour le Gouvernement de la République argentine :

MIGUEL ÁNGEL ZAVALA ORTIZ
Ministre des affaires étrangères et du culte

No. 51932

Paraguay
and
Angola

General Agreement on economic, scientific, technical, and cultural cooperation between the Government of the Republic of Paraguay and the Government of the Republic of Angola. Asunción, 16 July 2008

Entry into force: *9 January 2014 by notification, in accordance with article 7*

Authentic texts: *Portuguese and Spanish*

Registration with the Secretariat of the United Nations: *Paraguay, 1 May 2014*

Paraguay
et
Angola

Accord général de coopération économique, scientifique, technique et culturelle entre le Gouvernement de la République du Paraguay et le Gouvernement de la République d'Angola. Asunción, 16 juillet 2008

Entrée en vigueur : *9 janvier 2014 par notification, conformément à l'article 7*

Textes authentiques : *portugais et espagnol*

Enregistrement auprès du Secrétariat de l'Organisation des Nations Unies : *Paraguay, 1er mai 2014*

[PORTUGUESE TEXT – TEXTE PORTUGAIS]

ACORDO GERAL DE COOPERAÇÃO ECONÓMICA, CIENTÍFICA, TÉCNICA E CULTURAL ENTRE O GOVERNO DA REPÚBLICA DE PARAGUAY E O GOVERNO DA REPÚBLICA DE ANGOLA

O Governo da República de Paraguay e o Governo da República de Angola, adiante designados "Partes",

DESEJOSOS de estabelecer e reforçar os laços de amizade e de cooperação entre os seus Povos e Governo, baseados nos princípios de igualdade, de respeito mútuo da sua soberania e de reciprocidade de vantagens;

TENDO EM CONSIDERAÇÃO o interesse comum no progresso económico de ambos os países e os esforços conjuntos no intercâmbio de conhecimentos, com vista a atingir o seu desenvolvimento económico, científico, técnico e cultural;

CONSCIENTES da necessidade de favorecer uma compreensão cada vez mais profunda entre os dois Estados e de contribuir para o reforço da paz e da segurança internacionais em conformidade com as disposições da Carta das Nações Unidas e demais princípios e normas de Direito Internacional universalmente aceites;

RECONHECENDO que tal cooperação contribuirá para o estabelecimento de relações privilegiadas entre os dois países no quadro da cooperação sul-sul, com vista a promover o progresso económico e social nos seus dois Estados e o aumento do bem-estar dos respectivos Povos,

ACORDAM o seguinte:

Artigo 1º

O presente Acordo cria as bases gerais para a promoção da cooperação entre as Partes, nos domínios económico, cientifico, técnico e cultural, de acordo com as normas do Direito Internacional aplicáveis e as leis e regulamentos vigentes em ambos os países e em conformidade com as disposições do presente Acordo.

Artigo 2º

1. A cooperação entre as Partes desenvolver-se-á nos domínios económico, científico, técnico e cultural, com base na experiência em várias áreas de cada Estado.

2. A cooperação referida no nº1 do presente artigo realizar-se-á através de instrumentos jurídicos complementares ao presente Acordo, a serem celebrados nos domínios específicos, em função das necessidades e possibilidades das Partes.

Artigo 3º

As Partes comprometem-se em estudar mecanismos apropriados para promover todas as formas de associação entre empresas ou organismos dos seus respectivos países e de estabelecer um regime mutuamente satisfatório de encorajamento e de promoção recíproca de investimentos.

Artigo 4º

De conformidade com as suas respectivas legislações internas, as Partes estudarão, para cada caso específico, mecanismos que permitam facilidades necessárias para a entrada e saída do pessoal, material e equipamento a ser empregue na execução dos acordos e projectos ao abrigo do presente Acordo.

Artigo 5º

1- As Partes constituem, através do presente Acordo, uma Comissão Bilateral de Cooperação Angolano-Paraguaya (adiante designada "a Comissão"), que servirá de quadro de concertação e de consultas entre os dois países.

2- As competências, composição, agenda de trabalho, periodicidade e presidência das reuniões da Comissão bem como outros aspectos inerentes ao seu funcionamento, serão definidos num acordo complementar a ser aprovado e assinado pelas Partes.

Artigo 6º

Qualquer controvérsia que surgir entre as Partes na interpretação ou aplicação do presente Acordo e dos acordos sectoriais que vierem a ser concluídos, será resolvida por via diplomática.

Artigo 7º

O presente Acordo entrará em vigor na data de recepção da última notificação escrita, a informar sobre a conclusão das formalidades legais internas necessárias para o efeito.

Artigo 8º

O presente Acordo é válido por um período de cinco (5) anos, automaticamente renováveis por iguais e sucessivos períodos, salvo se uma das Partes notificar a outra, por escrito e por via diplomática, a sua intenção de denunciá-lo, com pelo menos seis (6) meses de antecedência à data de expiração.

Artigo 9º

1. O presente Acordo poderá ser emendado ou modificado por consentimento mútuo entre as Partes.

2. As emendas ou modificações acordadas entre as Partes entrarão em vigor nos termos previstos no artigo 7º do presente Acordo.

Artigo 10º

Qualquer uma das Partes poderá, a qualquer momento, denunciar por escrito, o presente Acordo. A denúncia surtirá efeitos seis (6) meses após a sua notificação.

EM TESTEMUNHO DO QUE, os plenipotenciários, devidamente autorizados pelos seus respectivos Governos, assinam o presente Acordo.

FEITO em Assunção, aos 16 de Julho de 2008, em dois exemplares originais em línguas portuguesa e espanhola, sendo ambos os textos autênticos.

PELO GOVERNO DA REPÚBLICA DE PARAGUAY	PELO GOVERNO DA REPÚBLICA DE ANGOLA
RUBEN RAMIREZ LEZCANO Ministro das Relações Exteriores	**JOÃO BERNARDO DE MIRANDA** Ministro das Relações Exteriores

[SPANISH TEXT – TEXTE ESPAGNOL]

ACUERDO GENERAL DE COOPERACIÓN ECONÓMICA, CIENTÍFICA, TÉCNICA Y CULTURAL ENTRE EL GOBIERNO DE LA REPÚBLICA DEL PARAGUAY Y EL GOBIERNO DE LA REPÙBLICA DE ANGOLA

El Gobierno de la República del Paraguay y el Gobierno de la República de Angola, en adelante denominados "las Partes";

DESEOSOS de establecer y reforzar los lazos de amistad y de cooperación entre los Pueblos y Gobiernos, basados en los principios de igualdad, de respeto mutuo de sus soberanías y de reciprocidad de beneficios;

TENIENDO en consideración el interés común en el progreso económico de ambos países y los esfuerzos conjuntos en el intercambio de conocimiento, con vista a alcanzar el desarrollo económico, científico, técnico y cultural;

CONSCIENTES de la necesidad de favorecer una comprensión cada vez más profunda entre los dos Estados y de contribuir para el refuerzo de la paz y de la seguridad internacionales en conformidad con las disposiciones de la Carta de las Naciones Unidas y otros principios y normas del Derecho Internacional universalmente aceptados;

RECONOCIENDO que tal cooperación contribuirá para el establecimiento de relaciones privilegiadas entre los dos Países en el cuadro de la cooperación sur – sur, con vista a promover el progreso económico y social en los dos Estados y el aumento del bienestar de los respectivos pueblos;

ACUERDAN lo siguiente:

Artículo 1°

El presente Acuerdo crea las bases generales para la promoción de la cooperación entre las Partes en las áreas económica, científica, técnica y cultural, de acuerdo con las normas del Derecho Internacional aplicables y a disposiciones vigentes en ambos Países, así como de conformidad con el presente Acuerdo.

Artículo 2°

1- La cooperación entre las Partes se desarrollará en las áreas económica, científica, técnica y cultural, con base a la experiencia en varias áreas de cada Estado.

2- La cooperación a que se refiere el Inciso 1 del presente Artículo, se realizará a través de instrumentos jurídicos complementarios al presente Acuerdo General, a ser celebrados en las áreas específicas, en función de las necesidades y posibilidades de cada Parte.

Artículo 3°

Las Partes se comprometen en estudiar los mecanismos apropiados para promover todas las formas de asociación entre empresas u organismos de sus respectivos países, y de establecer un régimen satisfactorio de fortalecimiento y de promoción mutua de inversiones.

Artículo 4°

De conformidad con sus respectivas legislaciones internas, las Partes estudiarán para cada caso específico, mecanismos que permitan las facilidades necesarias para la entrada y salida del personal, el material y el equipamiento a ser utilizado en la ejecución de los convenios y proyectos, al amparo del presente Acuerdo.

Artículo 5°

1- Las Partes constituyen, a través del presente Acuerdo, una Comisión Bilateral de Cooperación Paraguaya – Angoleña (en adelante denominada "la Comisión"), que servirá de marco de concertación y de consulta entre los dos países.

2- Las competencias, composición, agenda de trabajo, periodicidad y presidencia de las reuniones de la Comisión, así como otros aspectos inherentes a su funcionamiento, serán definidos en un Acuerdo Complementario a ser aprobado y firmado por las Partes.

Artículo 6°

Cualquier controversia que pueda surgir entre las Partes en la interpretación o en la aplicación del presente Acuerdo y de los Acuerdos Sectoriales que lleguen a ser concluidos, será resuelta por la vía diplomática.

Artículo 7°

El presente Acuerdo entrará en vigor en la fecha de recepción de la última notificación escrita, al informar sobre la conclusión de las formalidades legales internas, necesarias para el efecto.

Artículo 8°

El presente Acuerdo será válido por un período de cinco (5) años, automáticamente renovables por iguales y sucesivos períodos, salvo que una de las Partes notifique a la otra, por escrito y por la vía diplomática, la intención de denunciarlo, por lo menos con seis (6) meses de antelación a su fecha de expiración.

Artículo 9°

1- El presente Acuerdo puede ser enmendado o modificado por mutuo consentimiento entre las Partes.

2- Las enmiendas y modificaciones acordadas entre las Partes entrarán en vigor en los términos previstos en el Artículo 7° del presente Acuerdo.

Artículo 10°

Cualquiera de las Partes podrá, en cualquier momento, denunciar por escrito el presente Acuerdo. La denuncia tendrá efecto seis (6) meses después de la notificación.

EN TESTIMONIO DE QUE, los plenipotenciarios, debidamente autorizados por sus respectivos Gobiernos, firman el presente Acuerdo.

HECHO en Asunción, a los 16 días del mes de julio de 2008, en dos ejemplares originales en español y portugués, siendo ambos textos auténticos.

POR EL GOBIERNO DE LA REPUBLICA DEL PARAGUAY

RUBÉN RAMÍREZ LEZCANO
Ministro de Relaciones Exteriores

POR EL GOBIERNO DE LA REPUBLICA DE ANGOLA

JOÃO BERNARDO DE MIRANDA
Ministro de Relaciones Exteriores

[TRANSLATION – TRADUCTION]

GENERAL AGREEMENT ON ECONOMIC, SCIENTIFIC, TECHNICAL AND CULTURAL COOPERATION BETWEEN THE GOVERNMENT OF THE REPUBLIC OF PARAGUAY AND THE GOVERNMENT OF THE REPUBLIC OF ANGOLA

The Government of the Republic of Paraguay and the Government of the Republic of Angola, hereinafter referred to as "the Parties",

Wishing to establish and strengthen the bonds of friendship and cooperation between their peoples and Governments, based on the principles of equality, mutual respect of sovereignty and reciprocity of benefits,

Considering the common interest in the economic progress of both countries and the joint efforts in exchanging knowledge, with a view to achieving economic, scientific, technical and cultural development,

Aware of the need to foster an ever deeper understanding between the two States and to contribute to the strengthening of international peace and security in accordance with the provisions of the Charter of the United Nations and other universally accepted principles and rules of international law,

Recognizing that such cooperation will contribute to the establishment of a special relationship between the two countries within the framework of South-South cooperation, with a view to promoting the economic and social progress of both States and the greater well-being of their respective peoples,

Have agreed as follows:

Article 1

This Agreement shall lay the general foundations for promoting cooperation between the Parties in the economic, scientific, technical and cultural fields, in accordance with the applicable rules of international law and the provisions in force in both countries, and in accordance with this Agreement.

Article 2

1. Cooperation between the Parties shall be developed in the economic, scientific, technical and cultural fields, based on the experience of each State in various areas.

2. The cooperation referred to in paragraph 1 of this article shall be implemented through legal instruments complementary to this General Agreement, which are to be concluded in specific areas according to the needs and possibilities of each Party.

Article 3

The Parties undertake to study the appropriate mechanisms for promoting all forms of partnership between the enterprises or entities of their respective countries, and to establish a suitable policy for the strengthening and mutual promotion of investments.

Article 4

In accordance with their respective national laws, the Parties shall study, in each specific case, the mechanisms for the requisite facilitation of the inward and outward movement of staff, material and equipment for use in the execution of agreements and projects covered by this Agreement.

Article 5

1. Under this Agreement, the Parties shall set up a Bilateral Commission for Cooperation between Paraguay and Angola (hereinafter referred to as "the Commission"), which shall serve as a framework for coordination and consultation between the two countries.

2. The Commission's competence, membership and agenda and the frequency and chairing of its meetings, as well as other aspects inherent to its functioning, shall be determined in a Complementary Agreement to be approved and signed by the Parties.

Article 6

Any dispute which may arise between the Parties regarding the interpretation or application of this Agreement or of any Sectoral Agreements as may be concluded shall be resolved by the diplomatic channel.

Article 7

This Agreement shall enter into force on the date of receipt of the last written notification confirming that the internal legal procedures required for its entry into force have been completed.

Article 8

This Agreement shall be valid for a period of five years and shall be renewed automatically for successive periods of equal duration, unless one of the Parties notifies the other, in writing, through the diplomatic channel, of its intention to terminate it, at least six months prior to its expiration date.

Article 9

1. This Agreement may be amended or modified by mutual consent of the Parties.

2. The amendments and modifications agreed to by the Parties shall enter into force in accordance with the provisions of article 7 of this Agreement.

Article 10

Either of the Parties may, at any time, provide written notification of its intention to terminate this Agreement. The termination shall take effect six months after notification.

IN WITNESS WHEREOF, the Plenipotentiaries, duly authorized by their respective Governments, have signed this Agreement.

DONE at Asunción, on 16 July 2008, in duplicate, in Spanish and Portuguese, both texts being authentic.

For the Government of the Republic of Paraguay:
RUBÉN RAMÍREZ LEZCANO
Minister for Foreign Affairs

For the Government of the Republic of Angola:
JOÃO BERNARDO DE MIRANDA
Minister for Foreign Affairs

[TRANSLATION – TRADUCTION]

ACCORD GÉNÉRAL DE COOPÉRATION ÉCONOMIQUE, SCIENTIFIQUE, TECHNIQUE ET CULTURELLE ENTRE LE GOUVERNEMENT DE LA RÉPUBLIQUE DU PARAGUAY ET LE GOUVERNEMENT DE LA RÉPUBLIQUE D'ANGOLA

Le Gouvernement de la République du Paraguay et le Gouvernement de la République d'Angola, ci-après dénommés « les Parties »,

Désireux d'établir et de consolider les liens d'amitié et de coopération entre les peuples et les Gouvernements, sur la base des principes d'égalité, de respect mutuel de leur souveraineté et de réciprocité des bénéfices,

Considérant l'intérêt commun pour le progrès économique des deux pays et les efforts conjoints en matière d'échange de connaissances en vue d'atteindre le développement économique, scientifique, technique et culturel,

Conscients de la nécessité de favoriser davantage la compréhension entre les deux États et de contribuer à la consolidation de la paix et de la sécurité internationales conformément aux dispositions de la Charte des Nations Unies, ainsi qu'aux autres principes et normes universellement reconnus du droit international,

Reconnaissant le fait qu'une telle coopération contribue à l'établissement de relations privilégiées entre les deux pays dans le cadre de la coopération Sud-Sud, en vue de promouvoir le progrès économique et social entre les deux États et d'améliorer le bien-être de leurs peuples respectifs,

Sont convenus de ce qui suit :

Article premier

Le présent Accord crée les bases générales aux fins de la promotion de la coopération entre les Parties dans les domaines économique, scientifique, technique et culturel, conformément aux normes applicables du droit international, aux dispositions en vigueur dans les deux pays, ainsi qu'au présent Accord.

Article 2

1. La coopération entre les Parties concerne les domaines économique, scientifique, technique et culturel en se fondant sur l'expérience de chaque État dans divers domaines.

2. Les Parties coopèrent, au titre du premier paragraphe du présent article, au moyen d'instruments juridiques complémentaires au présent Accord général conclus dans des domaines spécifiques, selon les nécessités et les possibilités de chaque Partie.

Article 3

Les Parties s'engagent à étudier les mécanismes appropriés afin de promouvoir toutes formes d'association entre les entreprises ou organismes de leurs pays respectifs et d'établir une politique satisfaisante de renforcement et de promotion mutuelle des investissements.

Article 4

Conformément à leurs législations nationales respectives, les Parties étudient pour chaque cas spécifique les mécanismes qui permettent de faciliter les entrées et sorties nécessaires du personnel, du matériel et de l'équipement servant à la mise en œuvre des conventions et des projets au titre du présent Accord.

Article 5

1. Les Parties établissent, au moyen du présent Accord, une commission bilatérale de coopération entre le Paraguay et l'Angola (ci-après dénommée « la Commission »), qui sert de cadre de concertation et de consultation entre les deux pays.

2. Les compétences, la composition, le programme de travail, la présidence et la fréquence des réunions de la Commission, tout comme d'autres aspects inhérents à son fonctionnement, sont définis dans un accord complémentaire devant être approuvé et signé par les Parties.

Article 6

Tout différend qui pourrait survenir entre les Parties concernant l'interprétation ou l'application du présent Accord et des accords sectoriels convenus est résolu par la voie diplomatique.

Article 7

Le présent Accord entre en vigueur à la date de réception de la dernière notification écrite faisant état de l'accomplissement des procédures juridiques internes nécessaires à cet effet.

Article 8

Le présent Accord demeure en vigueur pendant une période de cinq ans, puis est reconduit tacitement pour des périodes de même durée, à moins que l'une des Parties ne notifie à l'autre, par écrit et par la voie diplomatique, son intention de le dénoncer, au moins six mois avant la date d'expiration.

Article 9

1. Le présent Accord peut être modifié ou changé d'un commun accord entre les Parties.

2. Les modifications et changements convenus par les Parties entrent en vigueur conformément aux dispositions de l'article 7 du présent Accord.

Article 10

L'une ou l'autre des Parties peut dénoncer le présent Accord à tout moment au moyen d'une notification écrite. La dénonciation entre en vigueur six mois après la date de la notification.

EN FOI DE QUOI, les plénipotentiaires, à ce dûment autorisés par leurs Gouvernements respectifs, signent le présent Accord.

FAIT à Asunción, le 16 juillet 2008, en deux exemplaires originaux, en langues portugaise et espagnole, les deux textes faisant également foi.

Pour le Gouvernement de la République du Paraguay :

RUBÉN RAMÍREZ LEZCANO
Ministre des affaires étrangères

Pour le Gouvernement de la République d'Angola :

JOÃO BERNARDO DE MIRANDA
Ministre des affaires étrangères

No. 51933

Turkey
and
Romania

Agreement between the Republic of Turkey and Romania on legal assistance in civil matters. Ankara, 28 September 2005

Entry into force: *20 June 2008, in accordance with article 24*

Authentic texts: *English, Romanian and Turkish*

Registration with the Secretariat of the United Nations: *Turkey, 1 May 2014*

Turquie
et
Roumanie

Accord entre la République turque et la Roumanie relatif à l'entraide judiciaire en matière civile. Ankara, 28 septembre 2005

Entrée en vigueur : *20 juin 2008, conformément à l'article 24*

Textes authentiques : *anglais, roumain et turc*

Enregistrement auprès du Secrétariat de l'Organisation des Nations Unies : *Turquie, 1er mai 2014*

[ENGLISH TEXT – TEXTE ANGLAIS]

AGREEMENT
BETWEEN THE REPUBLIC OF TURKEY AND ROMANIA ON LEGAL ASSISTANCE IN CIVIL MATTERS

The Republic of Turkey and Romania hereinafter referred to as "Contracting Parties",

On the basis of the principles of national sovereignty, equality of rights and of non-interference in the internal affairs of Contracting Parties,

Wishing to further promote their cooperation in the field of legal assistance in civil matters,

Have decided to conclude this Agreement and for this purpose they agreed on the following;

CHAPTER ONE

GENERAL PROVISIONS

Article 1 - Purpose and definitions

(1) The purpose of the present Agreement is to regulate the legal protection of nationals of one Contracting Party in civil proceedings before the judicial authorities of the other Contracting Party, and the co-operation of judicial authorities of Contracting Parties in providing mutual legal assistance in civil matters and the matters of recognition and enforcement of court decisions in civil matters.

(2) For the purpose of this Agreement, the term of "civil matters" shall cover civil law cases, including family law cases, and commercial law cases.

Article 2 – Legal protection

(1) Nationals of one Contracting Party shall be entitled to legal protection in the proceedings before the judicial authorities of the other Contracting Party in civil matters on the same conditions as if they themselves were nationals of that Contracting Party.

(2) Nationals of one Contracting Party shall be entitled to free access to judicial authorities of the other Contracting Party to lodge claims in civil matters on the same conditions as if they themselves were nationals of that Contracting Party.

(3) Legal persons whose headquarters are located in the territory of one of the Contracting Parties and have been set up in accordance with the law of that Contracting Party shall be entitled to benefit from the provisions of the present Agreement.

Article 3 – Ways of communication

(1) Unless otherwise provided by the present Agreement, the judicial authorities of the Contracting Parties shall communicate with each other through the Central Authorities designated by the Contracting Parties. The Central Authority on the part of the Republic of Turkey is the Ministry of Justice. The Central Authority on the part of Romania is the Ministry of Justice.

(2) The provisions of the present Agreement shall not prevent the communication through diplomatic or consular channels.

(3) For the purposes of the present Agreement, the judicial authorities shall be determined in accordance with the internal law of each of the Contracting Parties.

Article 4 - Language

(1) The Central Authorities shall communicate with each other in the language of the requested Contracting Party or in English.

(2) Requests for legal assistance and their supporting documents thereof shall be drawn up in the language of the requesting Contracting Party and accompanied by certified translations into the language of the requested Contracting Party or into English.

(3) Any documents obtained through the execution of a request for legal assistance shall be transmitted in the language of the requested Contracting Party.

Article 5 – Exchange of information

The Ministries of Justice of the Contracting Parties shall, upon request, give information to each other on their law and practices in their countries with regard to legal problems that constitute the subject of the present Agreement.

CHAPTER TWO

LEGAL ASSISTANCE

Section 1

Legal assistance in civil matters

Article 6 – Scope of assistance

Judicial authorities of the Contracting Parties shall provide each other assistance in civil matters in particular serving documents, hearing parties and witnesses, examination of experts and performing any other judicial act under the legislation of the Contracting Parties.

Article 7 – Content of the request

(l) A request for legal assistance shall specify:

a) The name of the requesting judicial authority and the requested judicial authority, if known;

b) The nature of the proceedings for which assistance is required;

c) The names and addresses of the parties to the proceedings - in the case of legal persons their names and headquarters - and the names and addresses of their representatives, if any;

d) If the subject of the request is service of documents, the full address of the addressee and the documents to be served;

e) The names and addresses of the persons to be examined and their date of birth, nationality and occupation, if available;

f) The questions to be put to the persons giving evidence;

g) The nature of the evidence to be obtained or other judicial act to be performed;

h) Other information necessary to execute the request;

i) Documents or other subjects to be inspected.

(2) A request for judicial assistance shall be signed and officially sealed by the requesting authority. Its supporting documents shall be certified according to the law of the requesting Contracting Party.

Article 8 – Procedures of assistance

(1) The requested judicial authority shall apply the provisions of its own law for the execution of the request. However, it will follow a request of the requesting judicial authority that a special method or procedure be followed, unless this is incompatible with the internal law of the requested Contracting Party.

(2) The requesting judicial authority shall, if it so desires, be informed of the time when, and the place where the proceedings will take place in order that the parties concerned, and their representatives, if any, may be present.

(3) The requested judicial authority shall send the documents establishing the execution of the request to the requesting judicial authority or shall inform the latter where the request is not executed, about the reasons thereof and shall return all the attachments.

(4) The requested Contracting Party shall bear all the costs incurred in its territory in the execution of the request for assistance and shall not claim the reimbursement thereof.

Article 9 – Refusal of assistance

The execution of a request for legal assistance may be refused if it is deemed that granting such request would infringe sovereignty, security or public order of the requested Contracting Party.

Article 10 - Immunity

(1) A witness or expert, whatever his/her nationality, appearing on a summons before a judicial authority of the requesting Contracting Party shall not be liable to prosecution or detention, or subjected to any other restriction on his/her personal liberty, in the territory of the Contracting Party in respect of any act or conviction occurring before his/her arrival in that Contracting Party. A witness or expert shall also not be prosecuted, detained or subjected to execution of a sentence in respect of a witness testimony or an expert opinion.

(2) The immunity under paragraph (1) shall cease when the witness or expert, having had for a period of a seven consecutive days from the date when he/she was informed by the judicial authorities that his/her presence is no longer required an opportunity of leaving has nevertheless remained in the territory, or having left it, has returned voluntarily.

(3) The summons for witnesses or experts shall contain information about the conditions for the reimbursement of their travel expenses, subsistence allowances and expert fees under the law of the requesting Contracting Party. Upon request by such a person, an advance for travel and subsistence expenses shall be paid by the requesting judicial authority.

Section 2

Documents

Article 11 – Forwarding of Documents

Upon request of the judicial authority of one Contracting Party, the other Contracting Party shall forward copies of personal status certificates, other documents relating to personal affairs and interests of the nationals of the requesting Contracting Party, without translation and free of charge.

Article 12 – Validity of Documents

(1) Documents issued or certified and officially sealed in the territory of one of the Contracting Parties shall be exempted from any legalization in the proceedings before a judicial authority of the other Contracting Party.

(2) Documents issued by the official authorities of one of the Contracting Parties shall have the same force of official documents in the territory of the other Contracting Party.

Section 3

Exemption from payment of security (judicatum solvi)and costs of proceedings

Article 13 – Exemption from payment of security (judicatum Solvi)

Nationals of one Contracting Party shall not be required to pay security (Judicatum solvi) in the proceedings before the judicial authorities of the other Contracting Party solely for the reason that they are foreign nationals or that they are not resident in the territory of that other Contracting Party.

Article 14 – Legal aid

(I) Nationals of one of the Contracting Parties shall be entitled to benefit from legal aid for payment of judicial charges and costs of proceedings in the territory of the other Contracting Party under the same conditions as the latter's nationals.

(2) The legal aid under the present Agreement shall be granted on the basis of documents evidencing the personal, familial and economic situation of the applicant. The form of documents shall be determined according to the law of the Contracting Party where the applicant resides, or, if he/she does not reside on the territory of either Contracting Party, according to the law of the Contracting Party whose national he/she is.

Article 15 - Deadlines

If the judicial authority of a Contracting Party sets a deadline for an action to be taken by a person having residence in the territory of the other Contracting Party, such deadline shall start from the date of service of documents to that person.

CHAPTER THREE

RECOGNITION AND ENFORCEMENT OF JUDGEMENTS

Article 16 – Object of recognition and enforcement

(1) Contracting Parties shall recognize and enforce in their territory the following judgements rendered in the territory of the other Contracting Party in accordance with the provisions of the present Agreement:

a) Court judgements in civil matters;

b) Court judgements in criminal matters as far as they relate to compensation.

(2) Provisions of this chapter shall also be applied to the settlements in civil matters done before or approved by a court;

(3) Only judgements rendered after the entry into force of the present Agreement shall be subject to recognition and enforcement under its provisions.

Article 17 – Conditions of recognition and enforcement

Judgements mentioned in Article 16 shall be recognized and enforced if they are final and enforceable under the law of the Contracting Party where it has been rendered.

Article 18 – Refusal of recognition and enforcement

Recognition and enforcement of a judgement may nevertheless be refused in any of the following cases:

(1) If recognition and enforcement of the judgement is manifestly incompatible with the public order of the requested Contracting Party;

(2) If the parties of the proceedings have been deprived of the right to defend and have not been duly served of notice to appear before court and given opportunity to be represented where themselves have been unable to lodge claim and defence;

(3) If the judgement has been rendered on a subject which falls under the exclusive jurisdiction of the courts of the Contracting Party where recognition and enforcement is sought;

(4) If proceedings between the same parties, based on the same facts and having the same purpose:

a) are pending before a court of the requested Contracting Party and those proceedings are the first to be instituted, or

b) have resulted in a final judgement by a court of the requested Contracting Party.

Article 19 - Procedure of recognition and enforcement

(1) The application for recognition and enforcement shall be made by the party requesting recognition and enforcement in person or by legal representative directly to the competent court of the Contracting Party where recognition and enforcement is sought.

(2) The application shall be accompanied by the following documents:

a) a complete and authenticated copy of the judgement furnished with a certificate of finality and enforceability;

b) if the judgement was rendered by default, the originals or certified copies of the documents required to establish that the summons were duly served on the defaulting party;

c) a certified translation of the application and documents indicated in the sub-paragraphs (a) and (b) of this Article into the language of the Contracting Party where the judgement is sought to be recognized and enforced or into English.

Article 20 – Applicable Law

(1) The procedure for recognition and enforcement of judgements shall be governed by the law of the Contracting Party where recognition and enforcement is sought.

(2) The court which decides on recognition and enforcement shall only take into consideration the Articles 17 - 19 of this Agreement and shall not review the merits of the judgement.

Article 21 – Transfer of money and property

The provisions of the present Agreement relating to recognition and enforcement shall not prejudice the provisions of the law of the Contracting Parties concerning the transfer abroad of money and property obtained as a result of enforcement of a foreign judgement.

CHAPTER FOUR

FINAL PROVISIONS

Article 22- Relation with international instruments

The present Agreement shall not affect other international instruments containing provisions on the matters governed by this Agreement to which the Contracting Parties are, or shall become, Parties.

Article 23- Settlement of difficulties

Any difficulty which may arise in connection with the application of the present Agreement between the Contracting Parties shall be settled through diplomatic channels.

Article 24- Entry into force and validity

(1) The present Agreement shall be ratified by the Contracting Parties and enter into force 30 days after the exchange of the instruments of ratification.

(2) On the date of entry into force of the present Agreement "The Convention on Mutual Legal Assistance in Civil and Criminal Matters between the Republic of Turkey and the Socialist Republic of Romania" signed in Ankara on 25 November 1968 shall terminate.

(3) The present Agreement shall remain in force for an unlimited period.

(4) Each Contracting Party may denounce the Agreement by giving a written notice. In that case the Agreement shall remain in force for the duration of twelve months from the date the notification of denouncement is received by the other Contracting Party.

In witness whereof the undersigned, being duly authorised thereto, have signed this Agreement.

Done in Ankara on September 28, 2005, in two original copies, each one in Turkish, Romanian and English languages, all texts being equally authentic. In case of divergence of interpretation, the English text shall prevail.

For the REPUBLIC OF TURKEY	For ROMANIA
Abdullah GÜL **Deputy Prime Minister and** **Minister of Foreign Affairs**	**Monica Luisa MACOVEI** **Minister of Justice**

[ROMANIAN TEXT – TEXTE ROUMAIN]

ACORD ÎNTRE REPUBLICA TURCIA ŞI ROMÂNIA PRIVIND ASISTENŢA JUDICIARĂ ÎN MATERIE CIVILĂ

Republica Turcia şi România, denumite în continuare Părţi Contractante,

în conformitate cu principiile suveranităţii naţionale, egalităţii în drepturi şi neamestecului în treburile interne ale Părţilor Contractante,

în dorinţa de a dezvolta, în continuare, cooperarea în domeniul asistenţei judiciare în materie civilă,

au hotărât să încheie prezentul Acord şi, în acest scop, au convenit asupra următoarelor:

CAPITOLUL I
DISPOZIŢII GENERALE

Articolul 1
Obiectul Acordului şi definiţii

(1) Obiectul prezentului Acord îl constituie reglementarea ocrotirii juridice, în materie civilă, a cetăţenilor unei Părţi Contractante, în faţa autorităţilor judiciare ale celeilalte Părţi Contractante şi cooperarea judiciară între Părţile Contractante privind acordarea asistenţei judiciare în materie civilă, precum şi recunoaşterea şi executarea hotărârilor judecătoreşti, în materie civilă.

(2) În sensul prezentului Acord, prin termenul „materie civilă" se înţeleg cauzele de drept civil, inclusiv cauzele de dreptul familiei şi de drept comercial.

Articolul 2
Ocrotirea juridică

(1) Cetăţenii unei Părţi Contractante beneficiază, în procedurile iniţiate în faţa autorităţilor judiciare ale celeilalte Părţi Contractante, de ocrotire juridică, în aceleaşi condiţii ca şi cetăţenii proprii ai acestei Părţi Contractante.

(2) Cetăţenii unei Părţi Contractante au dreptul să se adreseze liber autorităţilor judiciare ale celeilalte Părţi Contractante, în vederea formulării de acţiuni în materie civilă în aceleaşi condiţii ca şi cetăţenii proprii ai acestei Părţi Contractante.

(3) Persoanele juridice al căror sediu se află pe teritoriul uneia dintre Părţile Contractante şi care au fost înfiinţate în conformitate cu legea acestei Părţi Contractante, beneficiază de prevederile prezentului Acord.

Articolul 3
Modul de legătură

(1) În afară de cazul în care prezentul Acord dispune altfel, autorităţile judiciare ale Părţilor Contractante vor comunica între ele prin intermediul autorităţilor centrale desemnate de Părţile Contractante. Autoritatea centrală pentru Republica Turcia este Ministerul Justiţiei. Autoritatea centrală pentru România este Ministerul Justiţiei.

(2) Prevederile prezentului Acord nu împiedică legătura pe cale diplomatică sau consulară.

(3) În temeiul prezentului Acord, autorităţile judiciare se vor stabili conform legii interne a fiecărei Părţi Contractante.

Articolul 4
Limba folosită

(1) Autorităţile centrale vor comunica între ele în limba Părţii Contractante solicitate sau în limba engleză.

(2) Cererea de asistenţă judiciară şi actele anexate acesteia vor fi redactate în limba Părţii Contractante solicitante şi vor fi însoţite de traduceri certificate în limba Părţii Contractante solicitate sau în limba engleză.

(3) Toate actele întocmite în îndeplinirea cererii de asistenţă vor fi transmise în limba Părţii Contractante solicitate.

Articolul 5
Schimbul de informații

Ministerele de Justiție ale Părților Contractante își transmit, la cerere, informații privind legislația și practica lor judiciară, referitor la aspectele care formează obiectul prezentului Acord.

CAPITOLUL II
ASISTENȚA JUDICIARĂ

SECȚIUNEA I
Asistența judiciară în materie civilă

Articolul 6
Obiectul asistenței

Autoritățile judiciare ale Părților Contractante își acordă asistență reciprocă în materie civilă, în special în ceea ce privește transmiterea documentelor, audierea părților, a martorilor și a experților, precum și îndeplinirea oricărui alt act judiciar, în conformitate cu legislația Părților Contractante.

Articolul 7
Conținutul cererii

(1) Cererea de asistență judiciară va menționa următoarele:

a) denumirea autorității judiciare solicitante și a autorității judiciare solicitate, dacă aceasta din urmă este cunoscută;

b) natura procedurii pentru care este solicitată asistența;

c) numele și adresa părților – în cazul persoanelor juridice, denumirea și sediul acestora – și numele și adresa reprezentanților acestora, dacă este cazul;

d) adresa completă a destinatarului și actele care se solicită a fi înmânate, dacă obiectul cererii îl constituie înmânarea de acte;

e) numele și adresa persoanelor care se solicită a fi audiate, data nașterii, cetățenia și ocupația acestora, dacă sunt cunoscute;

f) întrebările care vor fi puse persoanelor a căror audiere este solicitată;

g) natura probelor care trebuie obținute sau a altui act judiciar a cărui îndeplinire este solicitată;

h) alte informații necesare îndeplinirii cererii de asistență judiciară;

i) documente sau alte aspecte a căror analizare este solicitată.

(2) Cererea de asistență judiciară va fi semnată și va purta sigiliul oficial al autorității solicitante. Documentele anexă vor fi certificate conform legii Părții Contractante solicitante.

Articolul 8
Proceduri de asistență

(1) Autoritatea judiciară solicitată va aplica prevederile propriei legi în îndeplinirea cererii de asistență. Cu toate acestea, ea va da curs unei cereri a autorității judiciare solicitante care necesită folosirea unei proceduri sau metode speciale, cu excepția cazului în care aceasta este incompatibilă cu legea internă a Părții Contractante solicitate.

(2) Autoritatea judiciară solicitantă va fi informată, la cerere, despre data și locul de desfășurare a procedurilor, pentru ca părțile interesate și reprezentanții acestora, dacă este cazul, să fie prezente.

(3) Autoritatea judiciară solicitată va trimite documentele întocmite în îndeplinirea cererii autorității judiciare solicitante sau o va informa, în cazul în care cererea nu poate fi îndeplinită, menționând și motivele pentru aceasta și înapoind actele anexate.

(4) Partea Contractantă solicitată va suporta toate cheltuielile efectuate pe teritoriul său pentru executarea cererii de asistență și nu va solicita rambursarea acestora.

Articolul 9
Refuzul asistenței judiciare

Executarea unei cereri de asistență juridică poate fi refuzată dacă se consideră că sunt încălcate suveranitatea, securitatea sau ordinea publică a Părții Contractante solicitate.

Articolul 10
Imunitate

(1) Martorul sau expertul, indiferent de cetăţenie, care, fiind citat, se prezintă în faţa autorităţii judiciare a Părţii Contractante solicitante, nu va putea fi urmărit penal sau arestat ori supus vreunei alte măsuri privative de libertate, pe teritoriul Părţii Contractante în legătură cu orice faptă sau condamnare care a avut loc înainte de sosirea sa pe teritoriul Părţii Contractante respective. Martorul sau expertul nu va fi, de asemenea, urmărit penal, arestat şi nici supus executării unei sentinţe în legătură cu declaraţia sau opinia sa.

(2) Imunitatea prevăzută la paragraful (1) va înceta în cazul în care martorul sau expertul, beneficiind de o perioadă de 7 zile consecutive de la data de când a fost informat de către autorităţile judiciare că prezenţa sa nu mai este necesară, deşi a avut posibilitatea de a părăsi teritoriul, a rămas, totuşi, pe teritoriul Părţii Contractante sau l-a părăsit şi s-a întors de bună voie.

(3) Citaţia pentru martor sau expert va conţine informaţii privind condiţiile de rambursare a cheltuielilor de călătorie, diurnă şi a onorariului de expert conform legii Părţii Contractante solicitante. La cererea acestora, autoritatea judiciară solicitantă va achita un avans pentru cheltuielile de călătorie şi diurnă.

SECŢIUNEA II
Documente

Articolul 11
Transmiterea actelor

La cererea autorităţii judiciare a uneia dintre Părţile Contractante, cealaltă Parte Contractantă va transmite copii ale certificatelor de stare civilă, alte acte privind drepturile şi interesele cetăţenilor Părţii Contractante solicitante, fără traduceri şi fără taxe.

Articolul 12
Valabilitatea actelor

(1) Documentele emise sau certificate şi ştampilate oficial pe teritoriul uneia dintre Părţile Contractante vor fi scutite de orice formă de legalizare în cadrul procedurii care se desfăşoară în faţa unei autorităţi judiciare din cealaltă Parte Contractantă.

(2) Documentele emise de către autoritățile publice ale unei Părți Contractante vor avea aceeași forță probantă ca și documentele oficiale emise pe teritoriul celeilalte Părți Contractante.

SECȚIUNEA III
Scutirea de plata asigurării (*judicatum solvi*) și a cheltuielilor de judecată

Articolul 13
Scutirea de plata asigurării (*judicatum solvi*)

Cetățenii unei Părți Contractante nu vor trebui să plătească asigurare (*judicatum solvi*) în procedurile care se desfășoară în fața autorităților judiciare ale celeilalte Părți Contractante doar pentru motivul că sunt cetățeni străini sau că nu sunt rezidenți pe teritoriul celeilalte Părți Contractante.

Articolul 14
Asistența juridică gratuită

(1) Cetățenii unei Părți Contractante vor avea dreptul să beneficieze de asistență juridică gratuită, de scutirea de la plata taxelor judiciare și a cheltuielilor de judecată pe teritoriul celeilalte Părți Contractante, în aceleași condiții ca și cetățenii proprii ai acestei din urmă Părți Contractante.

(2) Asistența juridică gratuită în temeiul prezentului Acord va fi oferită pe baza documentelor în care este prezentată situația personală, familială și economică a solicitantului. Forma documentelor va fi cea prevăzută de legea Părții Contractante unde locuiește solicitantul sau, în cazul în care acesta nu locuiește pe teritoriul nici uneia dintre Părțile Contractante, de legea Părții Contractante al cărui cetățean este.

Articolul 15
Termene

În cazul în care Autoritățile judiciare ale unei Părți Contractante stabilesc un termen limită pentru acțiunea unei persoane cu domiciliul pe teritoriul celeilalte Părți Contractante, termenul va începe să curgă de la data notificării documentelor acestei persoane.

CAPITOLUL III

RECUNOAŞTEREA ŞI EXECUTAREA HOTĂRÂRILOR JUDECĂTOREŞTI

Articolul 16
Obiectul recunoaşterii şi executării

(1) Părţile Contractante vor recunoaşte şi executa pe teritoriul lor următoarele hotărâri judecătoreşti pronunţate pe teritoriul celeilalte Părţi Contractante în conformitate cu prevederile prezentului Acord:

a) hotărâri judecătoreşti în materie civilă;

b) hotărâri judecătoreşti în materie penală în măsura în care se referă la despăgubiri;

(2) Prevederile prezentului capitol sunt aplicabile şi tranzacţiilor în materie civilă încheiate în faţa autorităţilor judiciare.

(3) Sunt supuse recunoaşterii şi executării, în conformitate cu prevederile prezentului Acord, hotărârile judecătoreşti care au fost pronunţate după intrarea acestuia în vigoare.

Articolul 17
Condiţiile recunoaşterii şi executării

Hotărârile prevăzute la Articolul 16 vor fi recunoscute şi executate dacă sunt definitive şi executorii potrivit legii Părţii Contractante unde au fost pronunţate.

Articolul 18
Refuzul recunoaşterii şi executării

Recunoaşterea şi executarea unei hotărâri judecătoreşti poate fi refuzată în oricare din următoarele cazuri:

(1) Dacă recunoaşterea şi executarea hotărârii sunt vădit incompatibile cu ordinea publică a Părţii Contractante solicitate;

(2) Dacă părţile obligate prin hotărâre au fost private de dreptul la apărare nefiind înştiinţate cu privire la necesitatea prezentării în instanţă pentru a formula cereri şi apărări, iar în cazul în care acest lucru nu era posibil să li se fi dat posibilitatea de a fi reprezentate în proces;

(3) Dacă hotărârea a fost pronunţată în legătură cu o cauză care era de competenţa exclusivă a instanţei Părţii Contractante unde se doreşte recunoaşterea sau executarea;

(4) Dacă există un proces între aceleaşi părţi, întemeiat pe aceleaşi fapte şi având acelaşi obiect:

a) care să fie pe rolul unei instanţe a Părţii Contractante solicitate, care a fost prima sesizată, sau

b) s-a pronunţat o hotărâre definitivă de către o instanţă a Părţii Contractante solicitate.

Articolul 19
Procedura recunoaşterii şi executării

(1) Cererea de recunoaştere şi executare se va face de partea care solicită recunoaşterea şi executarea, personal sau prin reprezentant legal, direct la instanţa competentă a Părţii Contractante unde se solicită recunoaşterea şi executarea.

(2) Cererea va fi însoţită de următoarele documente:

a) copia completă şi autentificată a hotărârii definitive şi executorii;

b) dacă hotărârea a fost pronunţată în lipsă, originalele sau copiile certificate ale documentelor care dovedesc că partea lipsă a fost legal citată;

c) traducerea certificată a cererii şi a documentelor prevăzute la literele a) şi b) ale prezentului articol traduse în limba Părţii Contractante unde se solicită recunoaşterea sau executarea sau în limba engleză.

Articolul 20
Legea aplicabilă

(1) Procedura privind recunoaşterea şi executarea hotărârilor este reglementată de legea Părţii Contractante unde se solicită recunoaşterea şi executarea.

(2) Instanţa care hotărăşte asupra recunoaşterii şi executării se va limita la verificarea condiţiilor prevăzute de articolele 17-19 din Acord, fără a examina fondul hotărârii.

Articolul 21
Transferul sumelor de bani şi transmiterea proprietăţii

Prevederile prezentului Acord referitoare la recunoaştere şi executare nu aduc atingere prevederilor din legea Părţilor Contractante privind transferul sumelor de bani şi transmiterea, în străinătate, a proprietăţii obţinute ca urmare a executării unei hotărâri judecătoreşti străine.

CAPITOLUL IV

DISPOZIŢII FINALE

Articolul 22
Relaţia cu tratatele internaţionale

Prezentul Acord nu aduce atingere celorlalte tratate internaţionale care conţin prevederi în materia reglementată de Acord, la care Părţile Contractante sunt sau vor deveni Părţi.

Articolul 23
Soluţionarea divergenţelor

Orice divergenţă între Părţile Contractante care poate rezulta din aplicarea prezentului Acord va fi soluţionată pe cale diplomatică.

Articolul 24
Intrarea în vigoare şi valabilitatea

(1) Prezentul Acord va fi ratificat de către Părţile Contractante şi va intra în vigoare la 30 de zile după schimbul instrumentelor de ratificare.

(2) La data intrării în vigoare a prezentului Acord „Convenţia de asistenţă juridică în materie civilă şi penală între Republica Turcia şi Republica Socialistă România", semnată la Ankara la 25 noiembrie 1969, îşi încetează valabilitatea.

(3) Prezentul Acord va rămâne în vigoare pentru o perioadă nedeterminată.

(4) Fiecare Parte poate denunţa Acordul prin notificare scrisă. În acest caz, Acordul va rămâne în vigoare pentru o durată de 12 luni de la data primirii de către cealaltă Parte a notificării privind denunţarea.

Drept pentru care subsemnații, legal împuterniciți în acest scop, au semnat prezentul Acord.

Semnat la Ankara, la 28 septembrie 2005, în două exemplare originale, fiecare în limbile turcă, română și engleză, toate textele fiind egal autentice. În caz de divergențe de interpretare va prevala textul în limba engleză.

Pentru
REPUBLICA TURCIA

Abdullah GÜL
Vice Prim Ministru
Ministrul Afacerilor Externe

Pentru
ROMÂNIA

Monica Luisa MACOVEI
Ministrul Justiției

[TURKISH TEXT – TEXTE TURC]*

TÜRKİYE CUMHURİYETİ İLE ROMANYA ARASINDA HUKUKÎ KONULARDA ADLÎ YARDIMLAŞMA ANLAŞMASI

Türkiye Cumhuriyeti ile Romanya (bundan böyle "Âkit Taraflar" olarak anılacaklardır),

Ulusal egemenlik, haklarda eşitlik ve Âkit Tarafların içişlerine karışmama ilkelerine dayanarak,

Hukukî konulardaki adlî yardımlaşma alanında işbirliğini daha ilerletmek arzusu ile,

Bu Anlaşmanın akdedilmesine karar vermişler ve bu amaçla aşağıdaki hususlarda mutabık kalmışlardır;

KISIM BİR

GENEL HÜKÜMLER

Madde 1-Amaç ve Tanımlar

(1) İşbu Anlaşmanın amacı, bir Âkit Tarafın vatandaşlarının, diğer Âkit Tarafın adlî makamları önündeki hukukî işlemlerinde yasal korunması, Âkit Tarafların adlî makamlarınca hukukî konularda karşılıklı adlî yardımın sağlanmasında işbirliği yapılması ve hukukî konularda mahkeme kararlarının tanınması ve tenfîzi hususlarını düzenlemektir.

2) Bu Anlaşma kapsamında; "Hukuki konular" terimi, aile hukukunu da kapsayan özel hukuk davalarını ve ticaret hukuku davalarını ifade eder.

Madde 2- Yasal Korunma

(1) Bir Âkit Tarafın vatandaşları, diğer Âkit Tarafın adlî makamları önünde yapılan hukukî konulardaki işlemlerde, bu Âkit Tarafın vatandaşları ile aynı şartlarla yasal korunma hakkına sahip olacaklardır.

(2) Bir Âkit Tarafın vatandaşları diğer Âkit Tarafın adlî makamlarına, hukukî konularda dava açmak için bu Âkit tarafın vatandaşlarının tabî olduğu şartlarla serbestçe müracaat hakkına sahip olacaklardır.

(3) Âkit Taraflardan birinin ülkesinde idare merkezî bulunan ve bu Âkit Tarafın mevzuatına uygun olarak kurulmuş tüzel kişiler, işbu Anlaşmanın hükümlerinden yararlanma hakkına sahip olacaklardır.

* Published as submitted -- Publié tel que soumis.

Madde 3- İletişim Yolları

(1) İşbu Anlaşmada aksi öngörülmediği takdirde, Âkit Tarafların adlî makamları birbirleriyle Âkit Taraflarca tayın edilen Merkezî Makamlar aracılığı ile iletişim kuracaklardır. Türkiye Cumhuriyeti yönünden Merkezî Makam Adalet Bakanlığı'dır. Romanya yönünden Merkezî Makam Adalet Bakanlığı'dır.

(2) İşbu Anlaşma hükümleri diplomatik veya konsolosluk kanalı ile iletişim kurulmasına engel teşkil etmeyecektir.

(3) İşbu Anlaşma kapsamında; adlî makamlar, her bir Âkit Tarafın iç hukukuna göre belirlenecektir.

Madde 4- Dil

(1) Merkezî Makamlar birbirleriyle talepte bulunulan Âkit Tarafın dilinde veya İngilizce iletişim kuracaklardır.

(2) Adlî yardım talepleri ve ekli belgeler, talepte bulunan Âkit Tarafın dilinde düzenlenecek ve bunlara talepte bulunulan Âkit Tarafın dilinde veya İngilizce yapılmış onaylı tercümeleri eklenecektir.

(3) Bir adlî yardım talebinin yerine getirilmesi sonucu elde edilen belgeler, talepte bulunulan Âkit Tarafın dilinde iletilecektir.

Madde 5 - Bilgi Değişimi

Âkit Tarafların Adalet Bakanlıkları, talep üzerine, işbu Anlaşmaya konu teşkil eden adlî sorunlarla ilgili olarak ülkelerindeki mevzuat ve uygulamalar hakkında birbirlerine bilgi vereceklerdir.

KISIM İKİ

ADLİ YARDIMLAŞMA

BÖLÜM 1

HUKUKÎ KONULARDA ADLÎ YARDIMLAŞMA

Madde 6 – Yardımın Kapsamı

Âkit Tarafların adlî makamları, hukukî konularda özellikle belgelerin tebliği, tarafların ve tanıkların dinlenmesi, bilirkişi incelemesi hususlarında ve Âkit Tarafların mevzuatlarında öngörülen diğer herhangi bir adlî işlemin yerine getirilmesinde birbirlerine yardım sağlayacaklardır.

Madde 7- Talebin İçeriği

(1) Bir adlî yardım talebi şu hususları ihtiva edecektir:

a) Eğer bilinmekte ise; talepte bulunan adlî makam ve talepte bulunulan adlî makamın adı;
b) Adlî yardımı gerekli kılan davanın niteliği;

c) Davanın taraflarının isim ve adresleri -tüzel kişilerde bunların isimleri ve idare merkezleri- ve varsa, temsilcilerinin isim ve adresleri;

d) Eğer talebin konusu belgelerin tebliğine ilişkin ise, muhatabın tam adresi ve tebliğ edilecek belgeler;

e) İfadelerine başvurulacak kişilerin isim ve adresleri ile eğer mevcutsa doğum tarihleri, vatandaşlıkları ve meslekleri;

f) İfadelerine başvurulacak kişilere yöneltilecek sorular;

g) Sağlanacak delilin niteliği veya yerine getirilecek diğer adlî işlem;

h) Talebin yerine getirilmesi için gerekli diğer bilgiler;

i) İncelenecek diğer hususlar veya belgeler.

(2) Bir adlî yardım talebi, talepte bulunan makam tarafından imzalanacak ve resmî olarak mühürlenecektir. Talebe ekli belgeler, talepte bulunan Âkit Tarafın hukukuna göre onaylanacaktır.

Madde 8- Yardımın Usulü

(1) Talepte bulunulan Adlî makam, talebin yerine getirilmesinde kendi mevzuat hükümlerini uygulayacaktır. Bununla birlikte, söz konusu Adlî makam, talepte bulunan adlî makamın özel bir usul veya yöntem izlenmesini istemesi durumunda, talepte bulunulan Âkit Tarafın iç hukukuna aykırı olmamak şartıyla bu usul veya yöntemi takip edecektir.

(2) Talepte bulunan adlî makamın istemesi durumunda, ilgili tarafların ve eğer varsa temsilcilerinin hazır bulunabilmeleri için, işlemlerin yapılacağı tarih ve yer hakkında bilgi verilecektir.

(3) Talepte bulunulan adlî makam, talebin yerine getirildiğini tespit eden belgeleri talepte bulunan adlî makama gönderecek veya talebin yerine getirilemediği durumlarda bunun sebepleri hakkında talepte bulunan makama bilgi verecek ve tüm ekleri iade edecektir.

(4) Talepte bulunulan Âkit Taraf, kendi ülkesinde adlî yardım talebinin yerine getirilmesi sebebiyle yapılan bütün masrafları üstlenecek ve bu masrafların ödenmesini talep etmeyecektir.

Madde 9- Yardımın Reddi

Bir adlî yardım talebinin yerine getirilmesi, talepte bulunulan Âkit Tarafın egemenliğine, güvenliğine ve kamu düzenine zarar verebilecek nitelikte görülmekte ise böyle bir talebin yerine getirilmesi reddedilebilir.

Madde 10 - Dokunulmazlık

(1) Talepte bulunan Âkit Tarafın bir adlî makamı huzurunda hazır bulunmak üzere çağrılan bir tanık veya bilirkişi hakkında, hangi uyrukta olursa olsun, Âkit Tarafın ülkesinde, bu Taraf ülkesine girmeden önce vukuu bulan herhangi bir mahkumiyet veya fiilden dolayı kovuşturma yapılamaz veya tutuklanamaz veya kişisel özgürlüğü hakkında diğer herhangi bir kısıtlama getirilemez. Bir tanık veya bilirkişi, tanıklık beyanı ya da bilirkişilik görevinden dolayı ayrıca kovuşturmaya, tutuklamaya ya da mahkûmiyet cezasının uygulanmasına da tâbi tutulmayacaktır.

(2) 1. fıkradaki dokunulmazlık, tanık veya bilirkişinin ülkeyi terk etme olanağı bulunduğu halde adlî makamlarca hazır bulunmasının artık gerekmediği kendisine bildirildiği tarihten itibaren 7 günlük sürenin sonunda Talepte bulunan Âkit Tarafın sınırlarını terk etmemesi ya da terk ettiği halde kendi isteği ile geri dönmesi halinde sona erecektir.

(3) Bir tanık veya bilirkişi için çıkarılan çağrı yazısında, talepte bulunan Âkit Tarafın mevzuatında seyahat, ikamet masrafları ve bilirkişilik ücretinin ödenmesi için öngörülen şartlar belirtilecektir. Böyle bir kişinin talebi üzerine, yol ve ikamet giderlerinin karşılanması için talepte bulunan adlî makamca bir avans ödenecektir.

BÖLÜM 2

BELGELER

Madde 11 – Belgelerin Gönderilmesi

Bir Âkit Taraf adlî makamının talebi üzerine, diğer Âkit Taraf, talepte bulunan Âkit Tarafın vatandaşlarının şahsî durumlarına ilişkin kayıtların, şahsî işleri ve menfaatleri ile ilgili diğer belgelerin suretlerini tercümesiz ve ücretsiz gönderecektir.

Madde 12 – Belgelerin Geçerliği

1. Âkit Taraflardan birinin ülkesinde düzenlenmiş veya onaylanmış ve resmî mühür taşıyan belgeler diğer Âkit Tarafın bir adlî makamı önündeki işlemlerde tasdikten muaf tutulacaktır.

2. Âkit Taraflardan birinin resmî makamlarınca düzenlenen belgeler, diğer Âkit Taraf ülkesindeki resmî belgelerle aynı güce sahip olacaktır.

BÖLÜM 3

YARGILAMA MASRAFLARI VE TEMİNATTAN MUAFİYET (JUDICATUM SOLVI)

Madde 13 – Teminattan Muafiyet (Judicatum Solvi)

Bir Âkit Tarafın vatandaşları, diğer Âkit Tarafın adlî makamları önündeki işlemlerinde, salt yabancı olmaları veya diğer Âkit Taraf ülkesinde ikametgâhları bulunmamasından ötürü teminat akçesi (judicatum solvi) vermekle yükümlü tutulmayacaklardır.

Madde 14 – Adlî Müzaheret

(1) Âkit Taraflardan birinin vatandaşları, diğer Âkit Tarafın ülkesinde yargılama harç ve masraflarının ödenmesi için, bu Tarafın vatandaşları ile aynı şartlar altında adlî yardımdan yararlanmaya hak kazanacaklardır.

(2) İşbu Anlaşma gereğince adlî müzaherete, başvuruda bulunanın ekonomik, ailevi ve şahsi durumlarını gösteren belgelere bağlı olarak hak kazanılacaktır. Belgelerin düzenlenişinde, başvuruda bulunanın ikamet ettiği Âkit Tarafın hukuku veya başvuruda bulunan her iki Âkit Taraf ülkesinde ikamet etmemekte ise vatandaşı olduğu Âkit Tarafın hukuku uygulanacaktır.

Madde 15 - Süreler

Eğer bir Âkit Tarafın adlî makamı, diğer Âkit Tarafın ülkesinde ikamet etmekte olan bir kişiye bir işlemi yapması için belli bir süre vermiş ise, bu süre belgelerin söz konusu kişiye tebliğ tarihinden itibaren işlemeye başlayacaktır.

KISIM ÜÇ

KARARLARIN TANINMASI VE TENFİZİ

Madde 16 – Tanıma ve Tenfizin Amacı

(1) Âkit Taraflar, diğer Âkit Taraf ülkesinde verilmiş aşağıda gösterilen kararları, işbu Anlaşma hükümlerine uygun olarak kendi ülkelerinde tanıyacak ve tenfiz edeceklerdir:

a) Hukukî konularda verilmiş mahkeme kararları;

b) Cezaî konularda tazminata ilişkin olarak verilmiş mahkeme kararları.

(2) Bu Kısım hükümleri, hukukî konularda bir mahkeme önünde yapılmış veya mahkemece onaylanmış sulh anlaşmalarına da uygulanacaktır.

(3) Ancak işbu Anlaşmanın yürürlüğe girmesinden sonra verilen kararlar, bu Anlaşma hükümleri uyarınca tanıma ve tenfize tâbi olacaktır.

Madde 17 – Tanıma ve Tenfizin Şartları

İşbu Anlaşmanın 16. maddesinde belirtilen kararlar, kararın verildiği Âkit Taraf hukuku uyarınca kesin ve icra edilebilir olduğu takdirde tanınacak ve tenfiz edilecektir.

Madde 18- Tanıma ve Tenfizin Reddi

Bir kararın tanınması ve tenfizi aşağıdaki hallerden birinin varlığı halinde reddedilebilir:

(1) Kararın tanınması ve tenfizi, tanıma ve tenfiz talepte bulunulan Âkit Tarafın kamu düzenine açıkça aykırı ise;

(2) Davanın tarafları savunma hakkından yoksun bırakılmış ve kendilerine mahkeme önüne çıkmak için usulüne uygun şekilde tebligat yapılmamış ve bizzat iddialarını ileri sürme ve savunma yapma imkânsızlıkları halinde kendilerine temsil edilebilme olanağı tanınmamış ise;

(3) Karar, tanıma ve tenfizin talep edildiği Âkit Tarafın mahkemelerinin münhasır yetkisine giren bir konuda verilmiş ise;

(4) Aynı taraflar arasında, aynı sebep ve konuya dayalı olarak;

a) Tanıma ve tenfizin talep edildiği Âkit Taraf mahkemesinde daha önce açılmış ve görülmekte olan bir dava, veya

b) Talep edilen Âkit Taraf mahkemesince sonuçlandırılmış nihaî bir karar mevcut ise.

Madde 19 – Tanıma ve Tenfiz Usulü

(l) Tanıma ve tenfiz başvurusu, tanıma ve tenfizin talep edildiği Âkıt Tarafın yetkili mahkemesine, tanıma ve tenfiz talep eden tarafından bizzat ya da yasal temsilci aracılığıyla doğrudan yapılacaktır.

(2) Başvuruya aşağıdaki belgeler eklenecektir:

a) Kararın kesinleşmiş ve icra kuvvetini haiz olduğunu tevsik eden bir şerh ile tam ve aslına uygunluğu onaylanmış bir örneği;

b) Karar gıyapta verilmiş ise, gıyabında karar verilen tarafın usulüne uygun olarak çağrıldığını tespit eden gerekli belgelerin aslı veya onaylanmış örnekleri;

c) Bu maddenin (a) ve (b) bentlerinde belirtilen başvuru ve belgelerin, kararın tanınmasının ve tenfizinin talep edildiği Âkit Tarafın dilinde veya İngilizce onaylanmış çevirisi.

Madde 20 – Uygulanacak Hukuk

(1) Kararların tanınması ve tenfizine ilişkin usule, tanıma ve tenfizin talep edildiği Âkit Tarafın hukuku uygulanacaktır.

(2) Tanıma ve tenfize karar veren mahkeme, sadece işbu Anlaşmanın 17-19. maddelerini göz önünde tutacak ve kararın esasını incelemeyecektir.

Madde 21 – Para ve Eşyanın Transferi

İşbu Anlaşmanın tanıma ve tenfize ilişkin hükümleri, Âkit Tarafların yabancı bir kararın icrası sonucu elde edilen para ve eşyanın yurtdışına transferi ile ilgili mevzuat hükümlerine hâlel getirmeyecektir.

KISIM DÖRT

NİHAÎ HÜKÜMLER

Madde 22 – Uluslararası Belgelerle İrtibat

İşbu Anlaşma, Âkit Tarafların katılmış olduğu veya katılacağı bu Anlaşma ile düzenlenen konulara ilişkin hükümleri içeren diğer uluslararası belgeleri ihlâl etmeyecektir.

Madde 23 – Sorunların Çözümü

Âkit Taraflar arasında işbu Anlaşmanın uygulanması ile ilgili olarak ortaya çıkabilecek sorunlar, diplomatik kanaldan çözümlenecektir.

Madde 24 – Yürürlüğe Giriş ve Geçerlilik

(1) İşbu Anlaşma, Âkit Taraflarca onaylanacak ve onay belgelerinin teati edilmesinden 30 gün sonra yürürlüğe girecektir.

(2) İşbu Anlaşmanın yürürlüğe girdiği tarihte 25 Kasım 1968'de Ankara'da imzalanan "Türkiye Cumhuriyeti ile Romanya Sosyalist Cumhuriyeti Arasında Hukuki ve Cezai İşlerde Adlî Yardım Sözleşmesi" sona erecektir.

(3) İşbu Anlaşma süresiz olarak yürürlükte kalacaktır.

(4) Her Âkit Taraf, yazılı bildirimde bulunmak suretiyle Anlaşmayı feshedebilir. Bu halde Anlaşma, diğer Âkit Tarafın yazılı bildirimi aldığı tarihten itibaren on iki aylık süre boyunca yürürlükte kalacaktır.

İşbu hükümlerin kanıtı olarak Âkit Tarafların yetkili temsilcileri işbu anlaşmayı imzalamışlardır.

Ankara'da 28 Eylül 2005 günü her biri Türkçe, Romence ve İngilizce dillerinde ikişer nüsha halinde düzenlenmiş olan tüm metinler aynı derecede geçerlidir. Yorumda aykırılık halinde, İngilizce metin geçerli olacaktır.

TÜRKİYE CUMHURİYETİ ADINA

Abdullah GÜL
Dışişleri Bakanı ve Başbakan Yardımcısı

ROMANYA ADINA

Monica Luisa MACOVEI
Adalet Bakanı

[TRANSLATION – TRADUCTION]

ACCORD ENTRE LA RÉPUBLIQUE TURQUE ET LA ROUMANIE RELATIF À L'ENTRAIDE JUDICIAIRE EN MATIÈRE CIVILE

La République turque et la Roumanie (ci-après dénommées les « Parties contractantes »),

Sur la base des principes de la souveraineté nationale, de l'égalité des droits et de la non-ingérence dans les affaires intérieures des Parties contractantes,

Désireuses de renforcer leur coopération dans le domaine de l'entraide judiciaire en matière civile,

Ont décidé de conclure le présent Accord et, à cette fin, sont convenues de ce qui suit :

CHAPITRE PREMIER. GÉNÉRALITÉS

Article premier. Objet et définitions

1) Le présent Accord a pour objet de réglementer la protection juridique des ressortissants d'une Partie contractante dans les procédures civiles menées devant les autorités judiciaires de l'autre Partie contractante, la coopération des autorités judiciaires des Parties contractantes dans le cadre de l'entraide judiciaire en matière civile et les questions de reconnaissance et d'exécution des décisions de justice en matière civile.

2) Aux fins du présent Accord, l'expression « matière civile » désigne les affaires de droit civil, notamment celles qui relèvent du droit de la famille et du droit commercial.

Article 2. Protection juridique

1) Les ressortissants d'une Partie contractante peuvent prétendre à la protection juridique dans les procédures en matière civile menées devant les autorités judiciaires de l'autre Partie contractante, au même titre que les ressortissants de cette dernière.

2) Les ressortissants d'une Partie contractante sont en droit d'accéder librement aux autorités judiciaires de l'autre Partie contractante pour déposer une plainte en matière civile, au même titre que les ressortissants de cette dernière.

3) Les personnes morales dont le siège est établi sur le territoire de l'une des Parties contractantes et qui ont été créées conformément au droit de ladite Partie contractante peuvent bénéficier des dispositions du présent Accord.

Article 3. Moyens de communication

1) Sauf dispositions contraires du présent Accord, les autorités judiciaires des Parties contractantes communiquent entre elles par l'intermédiaire des autorités centrales désignées par chaque Partie contractante. Les autorités centrales désignées par la République turque et par la Roumanie sont leurs Ministères de la justice respectifs.

2) Rien dans le présent Accord n'empêche les Parties de communiquer par la voie diplomatique ou consulaire.

3) Aux fins du présent Accord, les autorités judiciaires sont déterminées conformément à la législation interne de chaque Partie contractante.

Article 4. Langue

1) Les autorités centrales communiquent entre elles dans la langue de la Partie contractante requise ou en anglais.

2) Les demandes d'entraide judiciaire et leurs pièces justificatives sont rédigées dans la langue de la Partie contractante requérante et sont accompagnées de leur traduction certifiée dans la langue de la Partie contractante requise ou en anglais.

3) Tout document obtenu en exécution d'une demande d'entraide judiciaire est communiqué dans la langue de la Partie contractante requise.

Article 5. Échange d'informations

Sur demande, les Ministères de la justice des Parties contractantes s'échangent des informations relatives à leur législation et aux pratiques en vigueur dans leur pays concernant des questions juridiques faisant l'objet du présent Accord.

CHAPITRE II. ENTRAIDE JUDICIAIRE

SECTION 1. ENTRAIDE JUDICIAIRE EN MATIÈRE CIVILE

Article 6. Portée de l'entraide

Les autorités judiciaires des Parties contractantes se prêtent une assistance judiciaire mutuelle en matière civile, notamment en ce qui concerne la signification des actes, l'audition des parties et des témoins, l'examen des experts et l'exécution de tout autre acte judiciaire conformément à la législation des Parties contractantes.

Article 7. Contenu de la demande

1) Toute demande d'entraide judiciaire précise les éléments suivants :

a) Le nom de l'autorité judiciaire requérante et celui de l'autorité judiciaire requise, s'il est connu;

b) La nature de la procédure pour laquelle l'entraide est demandée;

c) Les noms et adresses des parties impliquées dans la procédure (en cas de personnes morales, leurs noms et leurs sièges) et les noms et adresses de leurs représentants, le cas échéant;

d) Si l'objet de la demande d'entraide est la signification d'actes, l'adresse complète du destinataire et les actes à signifier;

e) Les noms et adresses des personnes à interroger, ainsi que leur date de naissance, leur nationalité et leur profession, si ces informations sont disponibles;

f) Les questions à poser aux personnes qui sont appelées à témoigner;

g) La nature des preuves à obtenir ou des actes judiciaires à exécuter;

h) Toutes les autres informations nécessaires pour satisfaire la demande;

i) Les documents ou les autres questions à examiner.

2) La demande d'entraide judiciaire est revêtue de la signature et du sceau officiel de l'autorité requérante. Ses pièces justificatives sont certifiées conformément à la législation de la Partie contractante requise.

Article 8. Procédures d'entraide

1) L'autorité judiciaire requise applique les dispositions de sa propre législation pour l'exécution de la demande. Elle cherche cependant à obliger l'autorité judiciaire requérante si cette dernière lui demande de suivre une procédure ou une méthode particulière, à moins que celle-ci ne soit pas compatible avec sa législation interne.

2) L'autorité judiciaire requérante peut, si elle le désire, être informée de la date, de l'heure et du lieu où se déroule la procédure, afin de permettre aux parties concernées et à leurs représentants, le cas échéant, d'être présents.

3) L'autorité judiciaire requise envoie à l'autorité judiciaire requérante les documents confirmant l'exécution de la demande ou l'informe quand cette demande n'est pas exécutée en lui précisant les raisons de cette inexécution, et lui renvoie toutes les pièces jointes.

4) La Partie contractante requise prend en charge tous les frais encourus sur son territoire pour l'exécution de la demande d'entraide et n'en demande pas le remboursement.

Article 9. Refus de l'entraide

La Partie contractante requise peut refuser d'exécuter la demande d'entraide judiciaire si elle considère que cette demande porte atteinte à sa souveraineté nationale ou menace sa sécurité ou son ordre public.

Article 10. Immunité

1) Un témoin ou un expert, quelle que soit sa nationalité, qui est convoqué devant les autorités judiciaires de la Partie contractante requérante ne peut pas être poursuivi, détenu ou soumis à une restriction quelconque de sa liberté individuelle sur le territoire de ladite Partie contractante pour des condamnations ou des faits antérieurs à son entrée sur ledit territoire. Un témoin ou un expert n'est pas non plus poursuivi, détenu ou soumis à l'exécution d'une peine pour avoir témoigné ou donné son opinion d'expert.

2) L'immunité prévue au paragraphe précédent est levée lorsque le témoin ou l'expert, ayant disposé d'une période de sept jours consécutifs pour quitter le territoire après avoir été informé par les autorités judiciaires que sa présence n'était plus requise, y est néanmoins demeuré ou y est revenu volontairement après l'avoir quitté.

3) La convocation des témoins ou des experts doit préciser les conditions de remboursement de leurs frais de voyage, de leurs indemnités de subsistance et de leur rémunération d'experts conformément à la législation de la Partie contractante requérante. À la demande de l'intéressé, l'autorité judiciaire requérante octroie une avance pour les frais de voyage et les indemnités de subsistance.

SECTION 2. DOCUMENTS

Article 11. Transmission de documents

À la demande de l'autorité judiciaire d'une Partie contractante, l'autre Partie contractante lui transmet des copies des certificats de situation personnelle ou des autres documents relatifs aux affaires et aux intérêts personnels des ressortissants de la Partie contractante requérante, non traduits et sans frais.

Article 12. Validité des documents

1) Les documents délivrés ou certifiés et revêtus d'un sceau officiel sur le territoire d'une Partie contractante sont dispensés de légalisation aux fins de la procédure menée devant une autorité judiciaire de l'autre Partie contractante.

2) Les documents délivrés par les autorités officielles d'une Partie contractante ont la même valeur probante d'actes publics sur le territoire de l'autre Partie contractante.

SECTION 3. EXONÉRATION DE LA CAUTION (JUDICATUM SOLVI) ET DES FRAIS DE PROCÉDURE

Article 13. Exonération de la caution (judicatum solvi)

Les ressortissants d'une Partie contractante ne sont pas tenus, au seul motif qu'ils n'ont pas la nationalité ou ne résident pas sur le territoire de l'autre Partie contractante, de payer une caution (judicatum solvi) dans le cadre d'une procédure menée devant les autorités judiciaires de cette dernière.

Article 14. Aide juridictionnelle

1) Les ressortissants d'une Partie contractante peuvent prétendre à une aide juridictionnelle aux fins du règlement des frais de justice et de procédure engagés sur le territoire de l'autre Partie contractante, aux mêmes conditions que celles dont bénéficient les ressortissants de cette dernière.

2) L'aide juridictionnelle au titre du présent Accord est accordée sur la base de justificatifs précisant la situation personnelle, familiale et économique de la personne qui en fait la demande. La forme que doivent prendre les justificatifs dépend de la législation de la Partie contractante où cette personne réside ou, si elle ne réside sur le territoire d'aucune des deux Parties contractantes, de la législation de la Partie contractante dont elle possède la nationalité.

Article 15. Délais

Si l'autorité judiciaire d'une Partie contractante fixe un délai pour qu'une personne qui réside sur le territoire de l'autre Partie contractante accomplisse une action, ce délai court à compter de la date de signification ou de notification des actes à ladite personne.

CHAPITRE III. RECONNAISSANCE ET EXÉCUTION DES DÉCISIONS JUDICIAIRES

Article 16. Objet de la reconnaissance et de l'exécution

1) Chaque Partie contractante reconnaît et exécute les décisions judiciaires ci-après lorsqu'elles sont rendues sur le territoire de l'autre Partie contractante conformément aux dispositions du présent Accord :

a) Décisions de justice en matière civile;

b) Décisions de justice en matière pénale, dans la mesure où elles se rapportent à une indemnisation.

2) Les dispositions du présent chapitre s'appliquent aussi aux règlements en matière civile conclus devant une juridiction ou approuvés par une juridiction;

3) Seules les décisions judiciaires rendues après l'entrée en vigueur du présent Accord sont reconnues et exécutées conformément à ses dispositions.

Article 17. Conditions de la reconnaissance et de l'exécution

Les décisions de justice visées à l'article 16 sont reconnues et exécutées si elles sont définitives et exécutoires en application de la législation de la Partie contractante où elles ont été rendues.

Article 18. Refus de la reconnaissance et de l'exécution

La reconnaissance et l'exécution d'une décision judiciaire peuvent toutefois être refusées dans l'un des cas suivants :

1) Si elles ne sont manifestement pas compatibles avec l'ordre public de la Partie contractante requise;

2) Si les parties à la procédure ont été privées de leur droit à se défendre et qu'elles n'ont pas été dûment citées à comparaître ni eu la possibilité de se faire représenter quand elles n'ont pas pu elles-mêmes porter plainte ou se défendre;

3) Si la décision a été rendue sur un sujet qui relève de la compétence juridictionnelle exclusive des tribunaux de la Partie contractante où sont demandées la reconnaissance et l'exécution;

4) Si une procédure entre les mêmes parties, pour les mêmes faits et ayant le même objet :

   a) Est en instance devant une juridiction de la Partie contractante requise, où elle a été engagée en premier lieu; ou

b) A été tranchée par une décision finale d'une juridiction de la Partie contractante requise.

Article 19. Modalités de la reconnaissance et de l'exécution

1) La Partie contractante requérante fait, en personne ou par l'intermédiaire d'un représentant légal, une demande de reconnaissance et d'exécution directement auprès de la juridiction compétente de la Partie contractante où sont demandées la reconnaissance et l'exécution.

2) La demande est accompagnée des documents suivants :

a) Une copie complète et certifiée conforme de la décision judiciaire accompagnée d'un certificat attestant sa finalité et son caractère exécutoire;

b) Si la décision a été rendue par défaut, les originaux ou les copies certifiées conformes des documents nécessaires pour établir que les citations à comparaître ont été dûment signifiées à la partie en défaut;

c) Une traduction certifiée de la demande et des documents mentionnés aux alinéas a) et b) du présent article dans la langue de la Partie contractante où sont demandées la reconnaissance et l'exécution du jugement, ou en anglais.

Article 20. Législation applicable

1) Les modalités de la reconnaissance et de l'exécution sont régies par la législation de la Partie contractante où celles-ci sont demandées.

2) La juridiction qui statue sur la reconnaissance et l'exécution d'une décision judiciaire ne prend en compte que les articles 17 à 19 du présent Accord et n'examine pas la décision sur le fond.

Article 21. Transfert d'espèces et de biens

Les dispositions du présent Accord relatives à la reconnaissance et à l'exécution des jugements sont sans préjudice des dispositions légales des Parties contractantes concernant le transfert à l'étranger de capitaux et de biens acquis du fait de l'exécution d'une décision de justice rendue à l'étranger.

CHAPITRE IV. DISPOSITIONS FINALES

Article 22. Relation avec les instruments internationaux

Le présent Accord ne déroge pas aux instruments internationaux auxquels les Parties contractantes sont ou deviendront parties et qui contiennent des dispositions relatives aux matières qu'il régit.

Article 23. Règlement des difficultés

Toute difficulté qui s'élèverait à l'occasion de l'application du présent Accord par les Parties contractantes est réglée par la voie diplomatique.

Article 24. Entrée en vigueur et validité

1) Le présent Accord est ratifié par les Parties contractantes et entre en vigueur 30 jours après l'échange des instruments de ratification.

2) À la date d'entrée en vigueur du présent Accord, la « Convention relative à l'entraide judiciaire en matière civile et pénale entre la République turque et la République socialiste de Roumanie », signée à Ankara, le 25 novembre 1968, prend fin.

3) Le présent Accord est conclu pour une durée indéfinie.

4) Chaque Partie contractante peut dénoncer le présent Accord moyennant une notification écrite. Dans ce cas, l'Accord reste en vigueur pendant 12 mois à compter de la date de réception de la notification envoyée par la Partie contractante souhaitant le dénoncer.

EN FOI DE QUOI, les soussignés, à ce dûment autorisés, ont signé le présent Accord.

FAIT à Ankara, le 28 septembre 2005, en deux exemplaires originaux, en langues anglaise, roumaine et turque, tous les textes faisant également foi. En cas de divergence d'interprétation, le texte anglais prévaut.

Pour la République turque :

ABDULLAH GÜL
Vice-Premier Ministre et Ministre des affaires étrangères

Pour la Roumanie :

MONICA LUISA MACOVEI
Ministre de la justice

No. 51934

International Development Association
and
Uzbekistan

Financing Agreement (Alat and Karakul Water Supply Project) between the Republic of Uzbekistan and the International Development Association (with schedules, appendices and International Development Association General Conditions for Credits and Grants, dated 31 July 2010). Tashkent, 18 July 2013

Entry into force: *13 February 2014 by notification*

Authentic text: *English*

Registration with the Secretariat of the United Nations: *International Development Association, 30 May 2014*

Not published in print, in accordance with article 12(2) of the General Assembly regulations to give effect to Article 102 of the Charter of the United Nations, as amended.

Association internationale de développement
et
Ouzbékistan

Accord de financement (Projet d'approvisionnement en eau d'Alat et Karakul) entre la République d'Ouzbékistan et l'Association internationale de développement (avec annexes, appendices et Conditions générales applicables aux crédits et aux dons de l'Association internationale de développement, en date du 31 juillet 2010). Tachkent, 18 juillet 2013

Entrée en vigueur : *13 février 2014 par notification*

Texte authentique : *anglais*

Enregistrement auprès du Secrétariat de l'Organisation des Nations Unies : *Association internationale de développement, 30 mai 2014*

Non disponible en version imprimée, conformément au paragraphe 2 de l'article 12 du règlement de l'Assemblée générale destiné à mettre en application l'Article 102 de la Charte des Nations Unies, tel qu'amendé.

No. 51935

International Bank for Reconstruction and Development and Russian Federation

Loan Agreement (Public Finance Management Technical Assistance Project) between the Russian Federation and the International Bank for Reconstruction and Development (with schedules, appendix and International Bank for Reconstruction and Development General Conditions for Loans, dated 12 March 2012). Moscow, 6 December 2013

Entry into force: *19 March 2014 by notification*

Authentic text: *English*

Registration with the Secretariat of the United Nations: *International Bank for Reconstruction and Development, 30 May 2014*

Not published in print, in accordance with article 12(2) of the General Assembly regulations to give effect to Article 102 of the Charter of the United Nations, as amended.

Banque internationale pour la reconstruction et le développement et Fédération de Russie

Accord de prêt (Projet d'assistance technique relatif à la gestion des finances publiques) entre la Fédération de Russie et la Banque internationale pour la reconstruction et le développement (avec annexes, appendice et Conditions générales applicables aux prêts de la Banque internationale pour la reconstruction et le développement, en date du 12 mars 2012). Moscou, 6 décembre 2013

Entrée en vigueur : *19 mars 2014 par notification*

Texte authentique : *anglais*

Enregistrement auprès du Secrétariat de l'Organisation des Nations Unies : *Banque internationale pour la reconstruction et le développement, 30 mai 2014*

Non disponible en version imprimée, conformément au paragraphe 2 de l'article 12 du règlement de l'Assemblée générale destiné à mettre en application l'Article 102 de la Charte des Nations Unies, tel qu'amendé.

No. 51936

International Development Association
and
Comoros

Financing Agreement (Electricity Sector Recovery Project) between the Union of the Comoros and the International Development Association (with schedules, appendix and International Development Association General Conditions for Credits and Grants, dated 31 July 2010). Moroni, 24 September 2013

Entry into force: *13 March 2014 by notification*

Authentic text: *English*

Registration with the Secretariat of the United Nations: *International Development Association, 30 May 2014*

Not published in print, in accordance with article 12(2) of the General Assembly regulations to give effect to Article 102 of the Charter of the United Nations, as amended.

Association internationale de développement
et
Comores

Accord de financement (Projet relatif au recouvrement du secteur de l'électricité) entre l'Union des Comores et l'Association internationale de développement (avec annexes, appendice et Conditions générales applicables aux crédits et aux dons de l'Association internationale de développement, en date du 31 juillet 2010). Moroni, 24 septembre 2013

Entrée en vigueur : *13 mars 2014 par notification*

Texte authentique : *anglais*

Enregistrement auprès du Secrétariat de l'Organisation des Nations Unies : *Association internationale de développement, 30 mai 2014*

Non disponible en version imprimée, conformément au paragraphe 2 de l'article 12 du règlement de l'Assemblée générale destiné à mettre en application l'Article 102 de la Charte des Nations Unies, tel qu'amendé.

No. 51937

International Development Association
and
Nigeria

Financing Agreement (First Agriculture Development Policy Financing) between the Federal Republic of Nigeria and the International Development Association (with schedules, appendix and International Development Association General Conditions for Credits and Grants, dated 31 July 2010). Abuja, 9 September 2013

Entry into force: *11 October 2013 by notification*

Authentic text: *English*

Registration with the Secretariat of the United Nations: *International Development Association, 30 May 2014*

Not published in print, in accordance with article 12(2) of the General Assembly regulations to give effect to Article 102 of the Charter of the United Nations, as amended.

Association internationale de développement
et
Nigéria

Accord de financement (Premier financement relatif à la politique de développement agricole) entre la République fédérale du Nigéria et l'Association internationale de développement (avec annexes, appendice et Conditions générales applicables aux crédits et aux dons de l'Association internationale de développement, en date du 31 juillet 2010). Abuja, 9 septembre 2013

Entrée en vigueur : *11 octobre 2013 par notification*

Texte authentique : *anglais*

Enregistrement auprès du Secrétariat de l'Organisation des Nations Unies : *Association internationale de développement, 30 mai 2014*

Non disponible en version imprimée, conformément au paragraphe 2 de l'article 12 du règlement de l'Assemblée générale destiné à mettre en application l'Article 102 de la Charte des Nations Unies, tel qu'amendé.

No. 51938

International Bank for Reconstruction and Development
and
Panama

Loan Agreement (Third Programmatic Fiscal Management and Efficiency of Expenditures Development Policy Loan) between the Republic of Panama and the International Bank for Reconstruction and Development (with schedules, appendix and International Bank for Reconstruction and Development General Conditions for Loans, dated 12 March 2012). Panama City, 28 January 2014

Entry into force: *19 March 2014 by notification*

Authentic text: *English*

Registration with the Secretariat of the United Nations: *International Bank for Reconstruction and Development, 30 May 2014*

Not published in print, in accordance with article 12(2) of the General Assembly regulations to give effect to Article 102 of the Charter of the United Nations, as amended.

Banque internationale pour la reconstruction et le développement
et
Panama

Accord de prêt (Troisième prêt d'appui aux politiques de développement de la gestion fiscale programmatique et de l'efficacité des dépenses) entre la République du Panama et la Banque internationale pour la reconstruction et le développement (avec annexes, appendice et Conditions générales applicables aux prêts de la Banque internationale pour la reconstruction et le développement, en date du 12 mars 2012). Panama, 28 janvier 2014

Entrée en vigueur : *19 mars 2014 par notification*

Texte authentique : *anglais*

Enregistrement auprès du Secrétariat de l'Organisation des Nations Unies : *Banque internationale pour la reconstruction et le développement, 30 mai 2014*

Non disponible en version imprimée, conformément au paragraphe 2 de l'article 12 du règlement de l'Assemblée générale destiné à mettre en application l'Article 102 de la Charte des Nations Unies, tel qu'amendé.

No. 51939

International Bank for Reconstruction and Development and The former Yugoslav Republic of Macedonia

Loan Agreement (Skills Development and Innovation Support Project) between the former Yugoslav Republic of Macedonia (Borrower) and the International Bank for Reconstruction and Development (with schedules, appendix and International Bank for Reconstruction and Development General Conditions for Loans, dated 12 March 2012). Skopje, 7 February 2014

Entry into force: *11 March 2014 by notification*

Authentic text: *English*

Registration with the Secretariat of the United Nations: *International Bank for Reconstruction and Development, 30 May 2014*

Not published in print, in accordance with article 12(2) of the General Assembly regulations to give effect to Article 102 of the Charter of the United Nations, as amended.

Banque internationale pour la reconstruction et le développement et Ex-République yougoslave dc Macédoine

Accord de prêt (Projet de développement des capacités et d'appui aux innovations) entre l'ex-République yougoslave de Macédoine et la Banque internationale pour la reconstruction et le développement (avec annexes, appendice et Conditions générales applicables aux prêts de la Banque internationale pour la reconstruction et le développement, en date du 12 mars 2012). Skopje, 7 février 2014

Entrée en vigueur : *11 mars 2014 par notification*

Texte authentique : *anglais*

Enregistrement auprès du Secrétariat de l'Organisation des Nations Unies : *Banque internationale pour la reconstruction et le développement, 30 mai 2014*

Non disponible en version imprimée, conformément au paragraphe 2 de l'article 12 du règlement de l'Assemblée générale destiné à mettre en application l'Article 102 de la Charte des Nations Unies, tel qu'amendé.

No. 51940

International Development Association and Ethiopia

Financing Agreement (Sustainable Land Management Project II) between the Federal Democratic Republic of Ethiopia and the International Development Association (with schedules, appendix and International Development Association General Conditions for Credits and Grants, dated 31 July 2010). Addis Ababa, 10 December 2013

Entry into force: *7 April 2014 by notification*

Authentic text: *English*

Registration with the Secretariat of the United Nations: *International Development Association, 30 May 2014*

Not published in print, in accordance with article 12(2) of the General Assembly regulations to give effect to Article 102 of the Charter of the United Nations, as amended.

Association internationale de développement et Éthiopie

Accord de financement (Projet II sur la gestion durable des sols) entre la République fédérale démocratique d'Éthiopie et l'Association internationale de développement (avec annexes, appendice et Conditions générales applicables aux crédits et aux dons de l'Association internationale de développement, en date du 31 juillet 2010). Addis-Abeba, 10 décembre 2013

Entrée en vigueur : *7 avril 2014 par notification*

Texte authentique : *anglais*

Enregistrement auprès du Secrétariat de l'Organisation des Nations Unies : *Association internationale de développement, 30 mai 2014*

Non disponible en version imprimée, conformément au paragraphe 2 de l'article 12 du règlement de l'Assemblée générale destiné à mettre en application l'Article 102 de la Charte des Nations Unies, tel qu'amendé.

No. 51941

International Development Association and Ethiopia

Least Developed Countries Trust Fund Grant Agreement (Sustainable Land Management Project II) between the Federal Democratic Republic of Ethiopia and the International Development Association (acting as administrator of the Least Developed Countries Fund Trust Fund) (with schedules, appendix and Standard Conditions for Grants made by the World Bank out of various funds, dated 15 February 2012). Addis Ababa, 10 December 2013

Entry into force: *7 April 2014 by notification*

Authentic text: *English*

Registration with the Secretariat of the United Nations: *International Development Association, 30 May 2014*

Not published in print, in accordance with article 12(2) of the General Assembly regulations to give effect to Article 102 of the Charter of the United Nations, as amended.

Association internationale de développement et Éthiopie

Accord de don du fond fiduciaire des pays les moins avancés (Projet II sur la gestion durable des sols) entre la République fédérale démocratique d'Éthiopie et l'Association internationale de développement (agissant en tant qu'administrateur du fonds d'affectation spéciale pour les pays les moins avancés) (avec annexes, appendice et Conditions standard pour les dons consentis par la Banque mondiale sur divers fonds, en date du 15 février 2012). Addis-Abeba, 10 décembre 2013

Entrée en vigueur : *7 avril 2014 par notification*

Texte authentique : *anglais*

Enregistrement auprès du Secrétariat de l'Organisation des Nations Unies : *Association internationale de développement, 30 mai 2014*

Non disponible en version imprimée, conformément au paragraphe 2 de l'article 12 du règlement de l'Assemblée générale destiné à mettre en application l'Article 102 de la Charte des Nations Unies, tel qu'amendé.

No. 51942

International Development Association and Ethiopia

Ethiopia Sustainable Land Management Project (Phase II) Multi Donor Trust Fund Grant Agreement (Sustainable Land Management Project II) between the Federal Democratic Republic of Ethiopia and the International Development Association (acting as administrator of the Ethiopia Sustainable Land Management Project (Phase II) Multi Donor Trust Fund) (with schedules, appendix and Standard Conditions for Grants made by the World Bank out of various funds, dated 15 February 2012). Addis Ababa, 10 December 2013

Entry into force: *7 April 2014 by notification*

Authentic text: *English*

Registration with the Secretariat of the United Nations: *International Development Association, 30 May 2014*

Not published in print, in accordance with article 12(2) of the General Assembly regulations to give effect to Article 102 of the Charter of the United Nations, as amended.

Association internationale de développement et Éthiopie

Accord de don du fonds fiduciaire multidonateur au projet de gestion durable des sols d'Éthiopie (Phase II) (Projet II sur la gestion durable des sols) entre la République fédérale démocratique d'Éthiopie et l'Association internationale de développement (agissant en tant qu'administrateur du fonds fiduciaire multidonateur du projet de gestion durable des sols d'Éthiopie (Phase II)) (avec annexes, appendice et Conditions standard pour les dons consentis par la Banque mondiale sur divers fonds, en date du 15 février 2012). Addis-Abeba, 10 décembre 2013

Entrée en vigueur : *7 avril 2014 par notification*

Texte authentique : *anglais*

Enregistrement auprès du Secrétariat de l'Organisation des Nations Unies : *Association internationale de développement, 30 mai 2014*

Non disponible en version imprimée, conformément au paragraphe 2 de l'article 12 du règlement de l'Assemblée générale destiné à mettre en application l'Article 102 de la Charte des Nations Unies, tel qu'amendé.

No. 51943

International Bank for Reconstruction and Development
and
Ethiopia

Global Environment Facility Grant Agreement (Sustainable Land Management Project II) between the Federal Democratic Republic of Ethiopia and the International Bank for Reconstruction and Development (acting as an implementing Agency of the Global Environment Facility) (with schedules, appendix and Standard Conditions for Grants made by the World Bank out of various funds, dated 15 February 2012). Addis Ababa, 10 December 2013

Entry into force: *7 April 2014 by notification*

Authentic text: *English*

Registration with the Secretariat of the United Nations: *International Bank for Reconstruction and Development, 30 May 2014*

Not published in print, in accordance with article 12(2) of the General Assembly regulations to give effect to Article 102 of the Charter of the United Nations, as amended.

Banque internationale pour la reconstruction et le développement
et
Éthiopie

Accord de don du Fonds pour l'environnement mondial (Projet II sur la gestion durable des sols) entre la République fédérale démocratique d'Éthiopie et la Banque internationale pour la reconstruction et le développement (agissant en qualité d'agence d'exécution du Fonds pour l'environnement mondial) (avec annexes, appendice et Conditions standard pour les dons consentis par la Banque mondiale sur divers fonds, en date du 15 février 2012). Addis-Abeba, 10 décembre 2013

Entrée en vigueur : *7 avril 2014 par notification*

Texte authentique : *anglais*

Enregistrement auprès du Secrétariat de l'Organisation des Nations Unies : *Banque internationale pour la reconstruction et le développement, 30 mai 2014*

Non disponible en version imprimée, conformément au paragraphe 2 de l'article 12 du règlement de l'Assemblée générale destiné à mettre en application l'Article 102 de la Charte des Nations Unies, tel qu'amendé.

No. 51944

International Development Association
and
India

Financing Agreement (Uttarakhand Disaster Recovery Project) between India and the International Development Association (with schedules, appendix and International Development Association General Conditions for Credits and Grants, dated 31 July 2010). New Delhi, 9 January 2014

Entry into force: *7 February 2014 by notification*

Authentic text: *English*

Registration with the Secretariat of the United Nations: *International Development Association, 30 May 2014*

Not published in print, in accordance with article 12(2) of the General Assembly regulations to give effect to Article 102 of the Charter of the United Nations, as amended.

Association internationale de développement
et
Inde

Accord de financement (Projet de rétablissement en cas de sinistre en Uttarakhand) entre l'Inde et l'Association internationale de développement (avec annexes, appendice et Conditions générales applicables aux crédits et aux dons de l'Association internationale de développement, en date du 31 juillet 2010). New Delhi, 9 janvier 2014

Entrée en vigueur : *7 février 2014 par notification*

Texte authentique : *anglais*

Enregistrement auprès du Secrétariat de l'Organisation des Nations Unies : *Association internationale de développement, 30 mai 2014*

Non disponible en version imprimée, conformément au paragraphe 2 de l'article 12 du règlement de l'Assemblée générale destiné à mettre en application l'Article 102 de la Charte des Nations Unies, tel qu'amendé.

No. 51945

International Bank for Reconstruction and Development and India

Loan Agreement (Second Gujarat State Highway Project) between India and the International Bank for Reconstruction and Development (with schedules, appendix and International Bank for Reconstruction and Development General Conditions for Loans, dated 12 March 2012). New Delhi, 12 February 2014

Entry into force: *19 March 2014 by notification*

Authentic text: *English*

Registration with the Secretariat of the United Nations: *International Bank for Reconstruction and Development, 30 May 2014*

Not published in print, in accordance with article 12(2) of the General Assembly regulations to give effect to Article 102 of the Charter of the United Nations, as amended.

Banque internationale pour la reconstruction et le développement et Inde

Accord de prêt (Deuxième projet relatif au secteur routier de l'État de Gujarat) entre l'Inde et la Banque internationale pour la reconstruction et le développement (avec annexes, appendice et Conditions générales applicables aux prêts de la Banque internationale pour la reconstruction et le développement, en date du 12 mars 2012). New Delhi, 12 février 2014

Entrée en vigueur : *19 mars 2014 par notification*

Texte authentique : *anglais*

Enregistrement auprès du Secrétariat de l'Organisation des Nations Unies : *Banque internationale pour la reconstruction et le développement, 30 mai 2014*

Non disponible en version imprimée, conformément au paragraphe 2 de l'article 12 du règlement de l'Assemblée générale destiné à mettre en application l'Article 102 de la Charte des Nations Unies, tel qu'amendé.

No. 51946

International Development Association and India

Financing Agreement (Rajasthan Road Sector Modernization Project) between India and the International Development Association (with schedules, appendix and International Development Association General Conditions for Credits and Grants, dated 31 July 2010). New Delhi, 2 January 2014

Entry into force: *10 March 2014 by notification*

Authentic text: *English*

Registration with the Secretariat of the United Nations: *International Development Association, 30 May 2014*

Not published in print, in accordance with article 12(2) of the General Assembly regulations to give effect to Article 102 of the Charter of the United Nations, as amended.

Association internationale de développement et Inde

Accord de financement (Projet de modernisation du secteur routier du Rajasthan) entre l'Inde et l'Association internationale de développement (avec annexes, appendice et Conditions générales applicables aux crédits et aux dons de l'Association internationale de développement, en date du 31 juillet 2010). New Delhi, 2 janvier 2014

Entrée en vigueur : *10 mars 2014 par notification*

Texte authentique : *anglais*

Enregistrement auprès du Secrétariat de l'Organisation des Nations Unies : *Association internationale de développement, 30 mai 2014*

Non disponible en version imprimée, conformément au paragraphe 2 de l'article 12 du règlement de l'Assemblée générale destiné à mettre en application l'Article 102 de la Charte des Nations Unies, tel qu'amendé.

No. 51947

International Bank for Reconstruction and Development and Republic of Moldova

Loan Agreement (First Development Policy Loan) between the Republic of Moldova and the International Bank for Reconstruction and Development (with schedules, appendix and International Bank for Reconstruction and Development General Conditions for Loans, dated 12 March 2012). Chisinau, 3 April 2014

Entry into force: *29 April 2014 by notification*

Authentic text: *English*

Registration with the Secretariat of the United Nations: *International Bank for Reconstruction and Development, 30 May 2014*

Not published in print, in accordance with article 12(2) of the General Assembly regulations to give effect to Article 102 of the Charter of the United Nations, as amended.

Banque internationale pour la reconstruction et le développement et République de Moldova

Accord de prêt (Premier prêt relatif à la politique de développement) entre la République de Moldova et la Banque internationale pour la reconstruction et le développement (avec annexes, appendice et Conditions générales applicables aux prêts de la Banque internationale pour la reconstruction et le développement, en date du 12 mars 2012). Chisinau, 3 avril 2014

Entrée en vigueur : *29 avril 2014 par notification*

Texte authentique : *anglais*

Enregistrement auprès du Secrétariat de l'Organisation des Nations Unies : *Banque internationale pour la reconstruction et le développement, 30 mai 2014*

Non disponible en version imprimée, conformément au paragraphe 2 de l'article 12 du règlement de l'Assemblée générale destiné à mettre en application l'Article 102 de la Charte des Nations Unies, tel qu'amendé.

No. 51948

International Development Association
and
Republic of Moldova

Financing Agreement (First Development Policy Financing) between the Republic of Moldova and the International Development Association (with schedules, appendix and International Development Association General Conditions for Credits and Grants, dated 31 July 2010). Chisinau, 3 April 2014

Entry into force: *29 April 2014 by notification*

Authentic text: *English*

Registration with the Secretariat of the United Nations: *International Development Association, 30 May 2014*

Not published in print, in accordance with article 12(2) of the General Assembly regulations to give effect to Article 102 of the Charter of the United Nations, as amended.

Association internationale de développement
et
République de Moldova

Accord de financement (Premier financement relatif à la politique de développement) entre la République de Moldova et l'Association internationale de développement (avec annexes, appendice et Conditions générales applicables aux crédits et aux dons de l'Association internationale de développement, en date du 31 juillet 2010). Chisinau, 3 avril 2014

Entrée en vigueur : *29 avril 2014 par notification*

Texte authentique : *anglais*

Enregistrement auprès du Secrétariat de l'Organisation des Nations Unies : *Association internationale de développement, 30 mai 2014*

Non disponible en version imprimée, conformément au paragraphe 2 de l'article 12 du règlement de l'Assemblée générale destiné à mettre en application l'Article 102 de la Charte des Nations Unies, tel qu'amendé.

No. 51949

International Development Association and Kyrgyzstan

Financing Agreement (Sector Support for Education Reform Project) between the Kyrgyz Republic and the International Development Association (with schedules, appendix and International Development Association General Conditions for Credits and Grants, dated 31 July 2010). Bishkek, 9 October 2013

Entry into force: *25 March 2014 by notification*

Authentic text: *English*

Registration with the Secretariat of the United Nations: *International Development Association, 30 May 2014*

Not published in print, in accordance with article 12(2) of the General Assembly regulations to give effect to Article 102 of the Charter of the United Nations, as amended.

Association internationale de développement et Kirghizistan

Accord de financement (Projet d'appui au secteur de la réforme de l'éducation) entre la République kirghize et l'Association internationale de développement (avec annexes, appendice et Conditions générales applicables aux crédits et aux dons de l'Association internationale de développement, en date du 31 juillet 2010). Bichkek, 9 octobre 2013

Entrée en vigueur : *25 mars 2014 par notification*

Texte authentique : *anglais*

Enregistrement auprès du Secrétariat de l'Organisation des Nations Unies : *Association internationale de développement, 30 mai 2014*

Non disponible en version imprimée, conformément au paragraphe 2 de l'article 12 du règlement de l'Assemblée générale destiné à mettre en application l'Article 102 de la Charte des Nations Unies, tel qu'amendé.

No. 51950

International Bank for Reconstruction and Development and Colombia

Loan Agreement (Subnational Institutional Strengthening Project) between the Republic of Colombia and the International Bank for Reconstruction and Development (with schedules, appendix and International Bank for Reconstruction and Development General Conditions for Loans, dated 12 March 2012). Bogotá, 24 December 2013

Entry into force: *24 January 2014 by notification*

Authentic text: *English*

Registration with the Secretariat of the United Nations: *International Bank for Reconstruction and Development, 30 May 2014*

Not published in print, in accordance with article 12(2) of the General Assembly regulations to give effect to Article 102 of the Charter of the United Nations, as amended.

Banque internationale pour la reconstruction et le développement et Colombie

Accord de prêt (Projet infranational de renforcement des institutions) entre la République de Colombie et la Banque internationale de reconstruction et de développement (avec annexes, appendice et Conditions générales applicables aux prêts de la Banque internationale pour la reconstruction et le développement, en date du 12 mars 2012). Bogota, 24 décembre 2013

Entrée en vigueur : *24 janvier 2014 par notification*

Texte authentique : *anglais*

Enregistrement auprès du Secrétariat de l'Organisation des Nations Unies : *Banque internationale pour la reconstruction et le développement, 30 mai 2014*

Non disponible en version imprimée, conformément au paragraphe 2 de l'article 12 du règlement de l'Assemblée générale destiné à mettre en application l'Article 102 de la Charte des Nations Unies, tel qu'amendé.

No. 51951

International Development Association and Liberia

Financing Agreement (Accelerated Electricity Expansion Project) between the Republic of Liberia and the International Development Association (with schedules, appendix and International Development Association General Conditions for Credits and Grants, dated 31 July 2010). Monrovia, 3 July 2013

Entry into force: *25 November 2013 by notification*

Authentic text: *English*

Registration with the Secretariat of the United Nations: *International Development Association, 30 May 2014*

Not published in print, in accordance with article 12(2) of the General Assembly regulations to give effect to Article 102 of the Charter of the United Nations, as amended.

Association internationale de développement et Libéria

Accord de financement (Projet d'expansion accélérée de l'électricité) entre la République du Libéria et l'Association internationale de développement (avec annexes, appendice et Conditions générales applicables aux crédits et aux dons de l'Association internationale de développement, en date du 31 juillet 2010). Monrovia, 3 juillet 2013

Entrée en vigueur : *25 novembre 2013 par notification*

Texte authentique : *anglais*

Enregistrement auprès du Secrétariat de l'Organisation des Nations Unies : *Association internationale de développement, 30 mai 2014*

Non disponible en version imprimée, conformément au paragraphe 2 de l'article 12 du règlement de l'Assemblée générale destiné à mettre en application l'Article 102 de la Charte des Nations Unies, tel qu'amendé.

No. 51952

United Nations and Austria

Exchange of letters constituting an agreement between the United Nations and the Government of Austria for the hosting of the United Nations Global Training-of-Trainers Course on Protection of Civilians and Child Protection, to be held in Stagtschlaining, Austria, from 5 to 16 May 2014. New York, 23 April 2014 and 29 April 2014

Entry into force: *29 April 2014 by the exchange of the said letters, in accordance with their provisions*

Authentic text: *English*

Registration with the Secretariat of the United Nations: *ex officio, 1 May 2014*

Not published in print, in accordance with article 12(2) of the General Assembly regulations to give effect to Article 102 of the Charter of the United Nations, as amended.

Organisation des Nations Unies et Autriche

Échange de lettres constituant un accord entre l'Organisation des Nations Unies et le Gouvernement d'Autriche sur la tenue du cours mondial de l'Organisation des Nations Unies pour la formation des instructeurs sur la protection des civiles et des enfants, devant avoir lieu à Stagtschlaining, Autriche, du 5 au 16 mai 2014. New York, 23 avril 2014 et 29 avril 2014

Entrée en vigueur : *29 avril 2014 par l'échange desdites lettres, conformément à leurs dispositions*

Texte authentique : *anglais*

Enregistrement auprès du Secrétariat de l'Organisation des Nations Unies : *d'office, 1er mai 2014*

Non disponible en version imprimée, conformément au paragraphe 2 de l'article 12 du règlement de l'Assemblée générale destiné à mettre en application l'Article 102 de la Charte des Nations Unies, tel qu'amendé.

No. 51953

United Nations (United Nations Population Fund) and Lao People's Democratic Republic

Exchange of letters constituting an agreement between the Government of the Lao People's Democratic Republic ("the Government") and the United Nations Population Fund ("UNFPA") on the application mutatis mutandis of the Basic Assistance Agreement between the Government and the United Nations Development Programme signed on 10 October 1988, to the activities and personnel of UNFPA in the Lao People's Democratic Republic. New York, 21 January 2014, and Vientiane, 4 April 2014

Entry into force: *4 April 2014 by the exchange of the said letters, in accordance with their provisions*

Authentic text: *English*

Registration with the Secretariat of the United Nations: *ex officio, 1 May 2014*

Not published in print, in accordance with article 12(2) of the General Assembly regulations to give effect to Article 102 of the Charter of the United Nations, as amended.

Organisation des Nations Unies (Fonds des Nations Unies pour la population) et République démocratique populaire lao

Échange de lettres constituant un accord entre le Gouvernement de la République démocratique populaire lao (le « Gouvernement ») et le Fonds des Nations Unies pour la population (« FNUAP ») concernant l'application mutatis mutandis de l'Accord d'assistance de base entre le Gouvernement et le Programme des Nations Unies pour le développement signé le 10 octobre 1988, aux activités et au personnel du FNUAP en République démocratique populaire lao. New York, 21 janvier 2014, et Vientiane, 4 avril 2014

Entrée en vigueur : *4 avril 2014 par l'échange desdites lettres, conformément à leurs dispositions*

Texte authentique : *anglais*

Enregistrement auprès du Secrétariat de l'Organisation des Nations Unies : *d'office, 1er mai 2014*

Non disponible en version imprimée, conformément au paragraphe 2 de l'article 12 du règlement de l'Assemblée générale destiné à mettre en application l'Article 102 de la Charte des Nations Unies, tel qu'amendé.

No. 51954

Mozambique
and
United Nations (United Nations Population Fund)

Exchange of letters constituting an agreement between the Government of the Republic of Mozambique (the "Government") and the United Nations Population Fund ("UNFPA") on the application mutatis mutandis of the Basic Assistance Agreement between the Government and the United Nations Development Programme signed on 15 September 1976, to the activities and personnel of UNFPA in the Republic of Mozambique. Maputo, 25 July 2006 and 7 February 2007

Entry into force: *7 February 2007 by the exchange of the said letters, in accordance with their provisions*

Authentic text: *Portuguese*

Registration with the Secretariat of the United Nations: *ex officio, 1 May 2014*

Not published in print, in accordance with article 12(2) of the General Assembly regulations to give effect to Article 102 of the Charter of the United Nations, as amended.

Mozambique
et
Organisation des Nations Unies (Fonds des Nations Unies pour la population)

Échange de lettres constituant un accord entre le Gouvernement de la République mozambicaine (le « Gouvernement ») et le Fonds des Nations Unies pour la population (« FNUAP ») concernant l'application mutatis mutandis de l'Accord d'assistance de base entre le Gouvernement et le Programme des Nations Unies pour le développement signé le 15 septembre 1976, aux activités et au personnel du FNUAP en la République du Mozambique. Maputo, 25 juillet 2006 et 7 février 2007

Entrée en vigueur : *7 février 2007 par l'échange desdites lettres, conformément à leurs dispositions*

Texte authentique : *portugais*

Enregistrement auprès du Secrétariat de l'Organisation des Nations Unies : *d'office, 1er mai 2014*

Non disponible en version imprimée, conformément au paragraphe 2 de l'article 12 du règlement de l'Assemblée générale destiné à mettre en application l'Article 102 de la Charte des Nations Unies, tel qu'amendé.

No. 51955

United Nations (United Nations Population Fund) and Central African Republic

Exchange of notes constituting an agreement between the Government of the Central African Republic (the "Government") and the United Nations Population Fund ("UNFPA") on the application mutatis mutandis of the Basic Assistance Agreement between the Government and the United Nations Development Programme, signed on 21 August 1976, to the activities and personnel of UNFPA in the Central African Republic. New York, 17 September 1996, and Bangui, 24 May 2007 and 17 September 2007

Entry into force: *17 September 2007, in accordance with the provisions of the said notes*

Authentic text: *French*

Registration with the Secretariat of the United Nations: *ex officio, 1 May 2014*

Not published in print, in accordance with article 12(2) of the General Assembly regulations to give effect to Article 102 of the Charter of the United Nations, as amended.

Organisation des Nations Unies (Fonds des Nations Unies pour la population) et République centrafricaine

Échange de notes constituant un accord entre le Gouvernement de la République centrafricaine (le « Gouvernement ») et le Fonds des Nations Unies pour la population (« FNUAP ») concernant l'application mutatis mutandis de l'Accord d'assistance de base entre le Gouvernement et le Programme des Nations Unies pour le développement, signé le 21 août 1976, aux activités et au personnel du FNUAP en République centrafricaine. New York, 17 septembre 1996, et Bangui, 24 mai 2007 et 17 septembre 2007

Entrée en vigueur : *17 septembre 2007, conformément aux dispositions desdites notes*

Texte authentique : *français*

Enregistrement auprès du Secrétariat de l'Organisation des Nations Unies : *d'office, 1er mai 2014*

Non disponible en version imprimée, conformément au paragraphe 2 de l'article 12 du règlement de l'Assemblée générale destiné à mettre en application l'Article 102 de la Charte des Nations Unies, tel qu'amendé.